21世纪高等院校
人力资源管理精品教材
Elaborate Textbooks on HRM for Higher Education

U0674898

石伟 / 主编

葛珺沂 田轶男 穆润璋 张石磊 / 副主编

人才培训与开发

Talents Training and Development Management

管理

东北财经大学出版社
Dongbei University of Finance & Economics Press

大连

图书在版编目（CIP）数据

人才培训与开发管理 / 石伟主编 . 一大连：东北财经大学出版社，2022.10

（21世纪高等院校人力资源管理精品教材）

ISBN 978-7-5654-4554-5

Ⅰ. 人…　Ⅱ. 石…　Ⅲ. 人才–培训–高等学校–教材　Ⅳ.C961

中国版本图书馆 CIP 数据核字（2022）第 173148 号

东北财经大学出版社出版

（大连市黑石礁尖山街217号　邮政编码　116025）

网　　　址：http://www.dufep.cn

读者信箱：dufep@dufe.edu.cn

大连天骄彩色印刷有限公司印刷　东北财经大学出版社发行

幅面尺寸：185mm×260mm　字数：314千字　印张：15.75

2022年10月第1版　　2022年10月第1次印刷

责任编辑：石真珍　　　　　　　责任校对：伊　心

封面设计：冀贵收　　　　　　　版式设计：钟福建

定价：45.00元

总序

    改革开放以来，我国经济和社会发展取得了举世瞩目的巨大成就。从人力资源开发的角度来看，我国改革开放的一切成就无不得益于人性解放所爆发出的社会与经济能量。正是在市场经济条件下，人力资源向人力资本转化并不断积聚和集中，从而形成巨大的物质力量，推动了中国经济社会的强劲发展。确立建设人力资源强国战略和持续投入人力资本，是进一步推动国家发展、社会进步、人民生活水平提高的不竭动力。纵观历史，劳动力转化为商品、人力资源转化为人力资本的当代，是人类历史上最为辉煌的时代。从世界范围来看，所有发达国家都高度重视人力资本的投入，发展最快的发展中国家都处在人力资源利用效率最高的历史时期。展望未来30年，世界经济的竞争将是人力资本的较量，支撑中国和平崛起的根本动力是人力资源开发所释放出来的巨大能量。

    中华人民共和国成立70多年尤其是改革开放40多年的历史，是一部转变人的分工角色、社会身份的历史，是不断解放人的思想、调整分配关系、提高人力资源利用效率的历史。因此，无论是短期设计还是从长计议，都必须深入贯彻以人为本的发展观，大幅度提高社会保障度，大幅度提高劳动者的工资，积极转变人们的社会身份，把世界上最丰富的人力资源转化为人力资本，迅速增加人力资本的存量和流量，大力推进人力资源管理向人力资本经营转化。显然，人力资源开发与管理的理论研究和实际应用，是一项充满挑战和希望的伟大事业；建立具有中国特色、与国际接轨的人力资源开发与管理体系，是我们追求的宏大目标。

    目前，我国高水平的人力资源管理专业人才与经济社会发展的需求之间存在很大缺口，编撰一套好的教材是推进人力资源管理专业发展和提升我国人力资源开发与管理水平的需要。为此，东北财经大学出版社组织多所知名高校人力资源管理专业的资深教师，联合打造了"21世纪高等院校人力资源管理精品教材"。本系列中各本书的主编均为学有成就的教授和博士生导师，他们丰硕的科研成果和教学经验，足以保证这套教材达到精品水平。

    有优秀作者的大力支持，有策划者的努力付出，有良好的财经教育出版平台，相信本套教材的出版能创造很好的社会价值，对我国人力资源管理实践的发展、人力资源管理学科的发展和人力资源管理专业人才的培养产生积极的作用。

中国人力资源开发研究会原会长

刘福垣

前言

2021年9月27日至28日，中央人才工作会议在北京召开。中共中央总书记、国家主席、中央军委主席习近平出席会议并发表重要讲话。习近平总书记强调："做好新时代人才工作，必须坚持党管人才，坚持面向世界科技前沿、面向经济主战场、面向国家重大需求、面向人民生命健康，深入实施新时代人才强国战略，全方位培养、引进、用好人才，加快建设世界重要人才中心和创新高地，为2035年基本实现社会主义现代化提供人才支撑，为2050年全面建成社会主义现代化强国打好人才基础。"①

习近平总书记的讲话具有重要意义，为我国向第二个百年奋斗目标进军的新征程中的人才工作指明了前进方向。对于党政机关、企事业单位和其他社会组织而言，全方位培养人才就意味高水平的人才培训与开发管理。在新时代，党政机关和企事业单位、其他社会组织更需要重视人才自主培养体系建设，这是我国高质量发展的基础，人才培训与开发管理要在国家和社会层面发挥作用，还要与时俱进，更上一层楼。

本书正是在新时代背景下完成的。作为一本人才培训与开发管理的系统化、多角度、跨学科的教材，本书根据人才成长的客观规律，以学习理论和管理理论为依托，以组织中的实际岗位要求为基础，详细介绍了组织进行人才培训与开发的实用方法与操作要领，有助于党政机关、企事业单位和其他社会组织加强人才培训与开发管理，发挥人才的积极作用。

本书的写作特色主要体现在以下方面：

第一，系统性。本书将人才培训与开发上升到教育学、教育管理学的高度，内容围绕管理的主线展开，管理的计划、组织、领导、控制四大功能和人才培训与开发的需求调查、方案制订、方案实施、方案评估相对应，在理论上不乏创新。同时，针对党政机关、企事业单位和其他社会组织的工作实际，本书加入了培训与开发成果迁移、培训与开发的外包和内部培训师的培养等内容，有助于解决人才培训与开发的实际问题。

第二，可读性。本书内容丰富，案例生动，每章都设有与教学内容相匹配的导入案例和案例分析题，同时在"人才思政堂"栏目中融入鲜活的思政案例。这些案例大都是党政机关、企事业单位和其他社会组织中人才培训与开发的真实案例，而且来源于作者的原创或实际参与的培训项目，融理论与实践为一体，既方便教师开展情景教学，也方便学生合作学习。

---

① 习近平. 深入实施新时代人才强国战略　加快建设世界重要人才中心和创新高地［J］. 求是，2021（24）.

第三，实践性。本书在阐述人才培训与开发的各个环节时，详细介绍了执行的流程、步骤、方法，参与主体和所需要的资源等信息，为读者提供了系统可靠的工具，如人才盘点、人才画像、人才社区等内容，为职场上的管理者提升管理水平提供了又一便捷的途径。

第四，实用性。本书配备了微课、电子课件、章后习题解答思路等数字化教学资源，方便、实用，有利于任课教师进行课堂拓展和互动教学。

本书凝结了多人的心血。中国人民大学劳动人事学院石伟教授担任主编，负责设计大纲、总纂定稿；中国开放大学葛珺沂副教授，中国人民大学劳动人事学院博士生穆润璋、田佚男、张石磊担任副主编。各章写作分工如下：石伟负责第1章，葛珺沂负责第2、3章，穆润璋负责第4、5章，田佚男负责第6、7章，张石磊负责第8、9章，中国音乐学院音乐管理系硕士生付屹璇负责第10章。全书微课由葛珺沂副教授精心录制。中国人民大学劳动人事学院2021级博士生王一江在资料收集和整理方面投入了大量精力。

感谢中国人民大学劳动人事学院的领导和同事在本书的写作中提出宝贵的建议和意见，并在时间上和工作中给予我各种支持，使我能够置身其间——求学三年、工作三十三年的职业生涯，以及在人才培训与开发领域身体力行是我一生的荣幸！感谢家人给予我的关爱，儿子果果的茁壮成长更是让我对所有人和世界满怀感恩之情！

近五年来人才培训与开发管理领域的研究成果颇丰，编者在写作本书时难免挂一漏万，恳请各位人才学研究领域的学人和人才培训与开发的管理者不吝赐教，给予指正和批评。

石　伟

2022年6月

于中国人民大学求是楼228

目　录

第1章 人才管理和人才培训与开发管理

学习目标

✓ 理解人力资源、人才的概念
✓ 掌握人才与人力资源的差异
✓ 掌握人才培训与开发的概念与作用
✓ 理解人才培训与开发的历史演进与趋势

导入案例

华为成立总干部部，与人力资源部权责分离
——任正非为什么对人力资源部"动刀"？

"把原来在人力资源部具体管人的权限拿出来，建立一个总干部部。"在华为2018年7月份的总裁办邮件中，任正非指出，华为现在的人力资源过于权力中心化，容易"指鹿为马"，未来华为的人资体系包括人力资源体系和干部部体系两个系统。这不禁让人开始思考，在战略人力资源管理的地位和作用普遍为中国企业所认同的今天，华为的人力资源管理为什么要主动求变呢？在任正非2018年4月20日的电邮讲话中，我们能够看到他的睿智和雄心：

现在（的问题）是人力资源管控过度，干部部来自业务一线的人员较少，对业务的具体运作、变化的战略洞察知之的更少。未来人力资源管理总的体系要进行结构性的调整，把决策权、管理权、执行权分开。

要让懂业务（人力资源专业管理能力+主航道业务洞察水平等）、有能力的人员上位担责，不懂的要赶快补课。人力资源优化变革的主力部队，应该从在一线实践优秀、具有很强洞察与思维能力的指挥员群体或优秀专业人员群体中产生。

总体来说，公司人力资源管理这30年来有很大贡献，但是还不够科学……

以前我们的人力资源整体是政策规则要管，具体的人也要管，变得过于权力中心化，也造成两件事都没有完全管好。

首先要明确，未来人力资源总的体系的整体定位是为公司找英雄、找领袖，鼓励员工冲锋的，管缺点的是道德遵从委员会，管坏人坏事的是审计部。

我们一定要首先将HR整体的工作方向明确下来，而且我调查了一些基层HR，（他们）基本上不主动学主航道业务，工作时间、业余时间也不下战场，用

主观意识管控行使权力，而不是服务。不懂业务怎么服务呢？你不懂什么人是人才，怎么用好他呢？每年流走许多人，流走的会不会是"油"呢？那么人力资源专业人员应该怎样为业务服务呢？

首先，自己要深刻明白人力资源管理的模板、方法，帮助业务主管识别员工、评价员工。怎么帮助？你不懂作战，如何对选拔的干部、专家、职员做客观的评价呢？如果主管一对照模板，觉得画得挺像，就照着模板自己画，也学会了用模板去看干部，这样你的作用就发挥了。

主管重要的是管什么？主管就是要管干部，管干部能做出主要贡献，能作战、会管理，不是找"内衣模特"。如果你都不会识别、认识干部，怎么能做得成功呢？最后的结果就是日常管理的僵化。

我强调"立法"权高于行政权，主张政策制定的权力在董事会，人力资源部管规则与监督，干部部管人。

人力资源政策管理和干部管理都是推动公司前进的动力，因此，未来公司人力资源管理总的体系包括人力资源体系和干部部体系两个系统（到了基层组织，两个系统可以融合，以提高效率与协同），它们不是对立的关系，而是两个分工各有侧重、相互协同的系统。我没有说绝对要画一条线来区隔两个系统的责任边界，但要有各自的工作重点。

总体上，人力资源体系主要负责公司人力资源政策与规则的体系性、专业化的建设，而干部部体系主要负责在人力资源政策与规则框架下，将政策与规则和业务部门的实际相结合，具体执行人的管理，最终让政策的效果能达到预期，符合差异化实际需求。

所以，在顶层组织设计上，我们要把原来在人力资源部具体管人的权限拿出来，建立一个总干部部。总干部部本身是要管人的，管全局范围协调干部队伍，管跨领域成长、流动，管干部能力成长，管干部的后备平衡体系。

资料来源　关于人力资源组织运作优化的讲话——任正非与总干部部及人力资源部相关主管的沟通纪要（华为技术有限公司总裁办第62号文件）.

问题：

1.读完任正非的讲话内容，你有什么心得与体会？

2.通过以上案例，你如何理解人力资源管理和人才管理的不同？

3.你如何理解任正非讲话中的干部培养的内容？

1.1　人力、人才与人力资源管理

微课1-1

人力、人才与人力资源管理

进入21世纪以来，随着社会主要矛盾与外部环境的变化，我国经济已由高速增长阶段转向高质量发展阶段，以生产经营为目的的组织也从粗放型逐渐走向精细化，努力实现创新发展。在这种转变下，组织管理模式和员工管理模式都表现出了明显的变化，组织已经不再追求员工规模，而是注重员工素质，重视人才。人才已经成为组织现阶段发展的核心。

1.1.1 人才的概念与类别

1.人才的概念

"人才"一词古已有之。在我国古代，通常以是否具备德行、才能和学问三项素质来界定人才。《辞源》对"人才"一词的解释有三：人的才能、有才学的人、人的品貌。在我国人才工作实践的早期阶段，党和国家就对人才进行过定义。《国务院批转国家计划委员会关于制定长远规划工作安排的通知》（国发〔1982〕149号文件）规定，人才包括以下两类人：一是具有中专或以上学历者；二是具有技术员或相当于技术员及以上专业技术职称者。这一概念作为计划经济体制下和特定历史条件下的产物，在当时按照受教育程度和职称去量化标准，对于培养和造就各领域优秀人才、制定有关政策具有一定意义和合理性。然而，随着现代社会经济和教育的发展，这种人才概念愈发显得不合时宜，不仅标准太低，也缺乏科学的依据，并没有全面、客观地界定人才概念的内涵和外延。

2010年，中共中央、国务院颁布了我国第一个中长期人才发展规划即《国家中长期人才发展规划纲要（2010—2020年）》，进一步完善了人才的定义："人才是指具有一定的专业知识或专门技能、进行创造性劳动并对社会做出贡献的人，是人力资源中能力和素质较高的劳动者。人才是我国经济社会发展的第一资源。"这一概念为人才赋予了新的时代内涵，开启了科学人才观。

结合我国对人才最新的定义，本书将"人才"界定为能够创造价值的人力资源。无论是党政人才、企业经营管理人才、专业技术人才，还是技能型人才，不论他们在公有部门，还是在非公有制经济组织，只要为社会主义现代化建设事业付出劳动、做出贡献、创造价值，都是组织所需要的人才。因此，人才是人力资源范畴内的一个动态概念。对人才的研究，不在于对人才数量的统计，关键在于研究如何培养人才、开发人才和使用人才。

在把握人才概念时，本书强调人才是一个特殊的社会群体，是人力资源中最具社会价值的部分，要提倡科学的人才观，把能力、业绩作为界定人才的重要标准，不能简单以学历、职称、资历、身份等做标准，要树立人人可以成才的观念。在这一视角下，人才具有以下特征：

（1）创造性

创造性是人才和人员的显著区别。人才具备坚定的创新动机，能够多侧面、多角度地进行思考，敢于提出问题并创造性地解决问题。他们渴望从事创造性的劳动，将创新思维转化为创造实践，不断产出新成果、新技术。如果只安排人才进行简单重复的劳动，就会极大地削弱他们的工作积极性。

（2）先进性

先进性是人才的本质属性之一。与一般员工相比，他们具有更加丰富的知识

（knowledge）、娴熟的技能（skill）、完成工作的能力（ability），以及主动性、责任心等其他个性特征（other characteristics）（这四个方面在人力资源管理上简称KSAO）。正是这四个方面使得人才对企业乃至全社会起到积极的推动作用，与一般员工有着本质上的差异。

（3）时代性

一定历史条件下的人才具有该历史时期的局限性，我们不能超越时代对人才进行评判，更不能把某一历史时期或某一社会形态的人才特殊标准和人才运动特殊规律作为一般的标准和规律，套用到各个历史时期或各个社会形态中。例如，汉朝的"举孝廉"制度将孝顺父母作为衡量人才的首要标准，但对现代人才来说，只做到孝远远不够。因此，我们对人才进行界定时一定要结合时代背景，进行历史的、具体的分析。

（4）相对性

人才是相对于某一领域而言的，是特定专业领域里具有深厚造诣的个体。在现代科学高度专业化、分工高度精细化的趋势下，学科分类更加细致，大多数人才只进行某一学科的研究，是精通某一专业的专才，即使是高水平的通用人才也只可能精通某几个专业。因此，我们谈论人才时不能超出个体的专业范围对人才进行工作安排和横向比较，更不能求全责备、要求人才"面面俱到"，只有在对应的领域中，人才才能最大限度地发挥能力。

（5）动态性

人才是一个动态的概念，总是处于不断的变化之中。首先，人才可以在层次上进行变化：普通员工能够通过学习和实践成为某领域的人才，初级人才可以通过积累经验和转变思维成为高级人才；相反，个体也会因为知识陈旧、态度消极退出人才的行列。其次，不同类型的人才之间在一定条件下可以互相转化，例如国企的高级管理人员前往政府部门工作，从经营管理人才转化为党政人才。

2.人才的类别

对人才进行分类，有助于组织做到人岗匹配，将人才安排在合适的位置上。人才分类的标准多种多样，并没有统一的定义。不同类型的组织会从自身需求出发，选择合适的方式对人才进行划分，甚至将不同分类结果结合使用，从而获得对人才更准确的评价。

（1）根据能力范围分类

依据能力范围对人才进行划分是最普遍的分类方式，是对人才的一种初步认识。一般来说，在对人才知识的广度与深度进行考察后，可以将人才分为专业型人才、复合型人才及通用型人才。

①专业型人才。专业型人才是指精通一门特定专业技术，能在技能领域内进行深入钻研，为组织的发展做出贡献的人才。专业型人才的知识掌握程度较为精深，可以在对口的专业岗位上做出成绩。

②复合型人才。复合型人才是指精通两个（或两个以上，但一般是两个）专业的知识或技能的人才。复合型人才主要有三种类型：跨一级学科复合型人才，跨二级学科复合型人才，以及以精通某一专业为主同时了解多门学科知识的复合型人才。[①]

③通用型人才。通用型人才是高水平的复合型人才，是兼顾知识广度与深度的人才。然而，随着专业分工日趋细致、学科壁垒越来越高，对融会贯通多个领域的通用型人才难以培养。现在的通用型人才也指对多种学科知识或技能具有一定了解、发散性思维和知识迁移能力强的人才。

（2）根据技能水平分类

技能水平在一定程度上体现了人才的价值。通过查询政府部门以及相关单位对技能等级的认证，组织可以直接判断人才的技能情况。当然，认证并不代表一个人的能力，同时并非所有技能都有相对应的资格证书，仅仅凭借这种方式进行人才的分类具有一定的狭隘性。

①初级人才。初级人才指具有中专毕业至大学本科毕业文化程度或同等文化程度，具有助教、技术员职称或相当于同级职称的各种人才。

②中级人才。中级人才指具有硕士研究生文化程度或同等文化程度，具有讲师、工程师、助理研究员或相当于同级职称的各种人才。

③高级人才。高级人才指具有博士研究生文化程度或同等文化程度，具有副教授、高级工程师、副研究员职称或相当于同级职称及以上的各种人才。

（3）根据工作内容分类

根据中国劳动力市场的情况和发展需要，《国家中长期人才发展规划纲要（2010—2020年）》以工作内容为划分标准，将人才队伍分为六大类，对于各级政府推进人才管理工作，各类组织培养、发展人才具备普遍的指导意义。

①党政人才。党政人才是在国家机关、群团组织以及参照公务员法管理的事业单位中从事行政管理或事务管理工作，具有一定知识或技能，取得一定工作业绩，得到群众认可的公务员。

②企业经营管理人才。企业经营管理人才是在依法纳税、重合同、守信用的企业中从事经营管理工作，具有一定的企业经营管理知识和管理能力，在企业生产经营活动中取得一定的成效，为市场和出资人所认可的管理人员。

③专业技术人才。专业技术人才指经过专业培养或职业培训，掌握现代大生产专业分工中某一领域的专业知识和技能，在各种经济成分的机构中专门从事各种专业性工作和科学技术工作的人员。

④高技能人才。高技能人才指在生产、运输和服务等领域岗位一线，掌握专门知识和操作技能、解决工作实践中关键性操作技术和工艺难题的从业人员。

① 潘柳燕.复合型人才及其培养模式刍议［J］.广西高教研究，2001（6）：51-54.

⑤ 农村实用人才。农村实用人才指具有一定的知识或技能，为农村经济和科技、教育、卫生、文化等各项社会事业发展提供服务、做出贡献，起到示范或带动作用的农村劳动者。

⑥ 社会工作人才。社会工作人才指具有良好的思想道德素质和一定的社会工作专业知识或技能，在社会服务、社会管理及社会工作专业教育和理论研究等方面创造性地开展工作并做出积极贡献的人员。

1.1.2 人才管理与人力资源管理

在了解人才的特点与类型后，如何管理人才、使用人才就成为组织思考的问题。通过结合组织对人力资源管理实践的总结以及对人才的认识，人才管理的概念与内容被提出，并逐渐被组织应用。

1.人才管理的概念

人才管理的提出与人力资源管理的发展密不可分。人力资源管理是指对人力资源的取得、开发、保持和利用等方面进行计划、组织、指挥、协调和控制的活动，包括人力资源规划、招聘与录用、培训与开发、绩效管理、薪酬管理和劳动关系管理六大模块。然而，随着经济全球化和人才竞争的日趋激烈，传统人力资源管理中相互独立的几大模块的功能已不能完全满足组织的发展需要，对组织人才的可持续发展和供应提出了挑战。

人才管理最初起源于人才争夺引起的组织对人才招募工作的重视，后来逐渐发展成为一种涉及范围更大的管理实践。[①]从字面意义上来看，人才管理是对人才进行的管理活动，但实际上，它的内涵更为丰富。本书认为，人才管理是通过有效的技术和管理手段去招募、识别、发展、管理和留任关键人才，从而帮助组织和个人最佳地发挥其长期优势，为组织持续供应人才。可以说，人才管理强化了人才可持续发展和继任的重要理念，实现了对人力资源管理的有效升华。

人才管理的实施是从搞清楚三个问题开始的：组织的战略目标是什么？人才填补的职位与承担的工作任务是什么？员工具备怎样的特点和胜任素质？围绕着这三个核心问题，组织采取人才招募与配置、人才培训与开发管理、人才梯队建设管理、绩效管理、薪酬管理和人才服务来进行人才管理（如图1-1所示），实现对人才的引进、开发、使用与保留。

2.人才管理与人力资源管理的区别

人才管理是组织建立了基础的人力资源体系后，必然进入的一个新的阶段，是人力资源管理按其自身逻辑进一步发展的必然结果。虽然人才管理和人力资源管理不可避免地存在较为密切的联系，但从根本上来讲，二者又具有较为显著的差别。

---

① 王昊. 继承与发展：人才管理与人力资源管理的关系浅析［J］. 时代经贸，2012（13）：139.

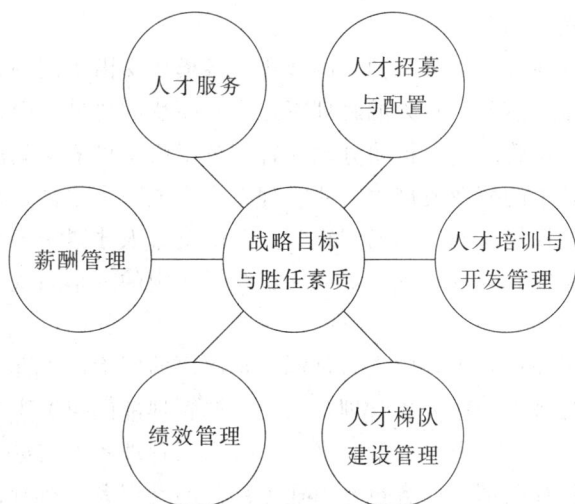

图1-1　人才管理的内容

（1）管理对象不同

人力资源管理与人才管理的对象是不同的。从宏观层面来说，人力资源是一个国家或地区的总人口减去丧失劳动能力的人口，而人才资源是一个国家或地区的劳动力资源中具有某种突出能力的、高素质的、高潜能的人力资源（如图1-2所示）。从组织层面来说，前者是对组织中所有员工的管理，而后者是针对具备一定素质且有潜力创造价值的员工。

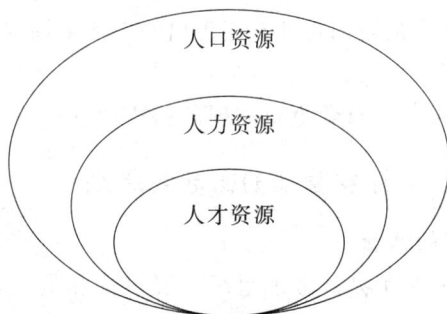

图1-2　人才资源、人力资源、人口资源的关系

（2）工作目标不同

人力资源管理以"任务"为出发点对各大模块进行分割，目的在于使人力资源管理的各项工作有条不紊地开展，体现了对功能实现的重视。而人才管理的关注点是人才，更加注重核心人才的招募、保留与发展，强调不同群体的不同需求，超出了为工作而工作的范畴，是以一种创造性的工作方式去实现组织发展中持续的人才供应。[①]

---

① 邢赛鹏，赵琛徽．西方发达国家关于人才管理的研究述评与展望［J］．当代经济管理，2020（3）：71-77．

（3）管理方式不同

人力资源管理往往被划分为独立的模块，各模块交由不同的人员实施，形成了不同的管理分工。然而，对人的管理不是多个模块的机械组合，而是一个有机的系统，将人力资源管理进行模块分割和管理分工将不可避免地削弱各模块之间的联系，不利于员工的职业发展。人才管理将人看成一个整体，在明确管理分工的同时，加强不同模块之间的沟通与统筹，并围绕着人才紧密耦合，这就使人才管理不仅成为对关键人才的管理，更成为组织运转中的一个系统。

（4）负责人不同

人力资源管理往往是组织中人力资源管理部门的职责，大部分的工作都由部门内部进行决策与操作，而人才管理是人力资源管理部门与组织的高层管理者共同的责任。人才管理所涉及的资源更多，需要高层管理者参与进来，给予大力支持。同时，人才管理的部分内容也要由业务部门的管理者来执行，人力资源部负责设计与宣传系统，并检验结果。

微课 1-2

人才培训与
开发管理及其
演进与趋势

1.2 人才培训与开发管理的概念、原则与作用

我国的人力资源管理经历了由行政管理、人事管理到战略性人力资源管理的不同发展阶段，其中，作为人力资源管理的重要手段，培训和开发也在不断发展，日益引人注目。从人员培训与开发衍生出的人才培训与开发，不断与日新月异的科技相适应，与组织和人的动态变化相匹配。在人才强国的背景下，人才的"培养"——培训与开发——有着重要的理论和实践意义。

1.2.1 人才培训与开发管理的概念与原则

1.培训与开发管理的概念

培训与开发管理是指在综合考虑组织发展目标和员工个人发展目标的基础上，针对员工有计划、有组织地实施系统学习和挖掘潜力的行为过程，通过员工知识、技能、态度乃至行为的定向改进以及潜力的发挥，确保员工能够按照预期的标准或水平完成工作任务。在现代管理中，培训与开发是组织获得高质量人力资源、提升员工能力、调动员工积极性、增强组织竞争力、提高组织经济效益的较为有效的手段。

培训与开发的根本目的都在于提高人力资源的质量，但两者在目标和关注点等方面仍有一定的差别。首先，培训是让员工实现知识和技能从无到有的过程，培训内容集中于人员的知识和技能，而开发是让员工实现技能、态度、价值观、职业性向等从有到优的过程，二者的侧重点各不相同。其次，培训更侧重近期目标，着重在短期内培养员工完成当前工作的能力，开发则面向未来的职业能力，是一个长期的过程，帮助员工为适应其他职位做准备。最后，培训通常是为了员工的知识增长、技能增强，针对的是组织中普遍的人员（在党政机关被称为职员），而开发通常针对的是人员中层级较高的管理和技术人员、领导者。

然而，随着人力资源管理的发展，组织对培训提出了更高的要求，培训同组织发展和经营战略的关系越来越密切，这就导致培训和开发之间的界限日益模糊。越来越多的组织认为，要想通过培训获得竞争优势，培训就不能局限于基本技能的开发，还要关注员工，提高员工分析和解决工作中发生的实际问题的能力，满足现代组织对速度和灵活性的要求。另外，培训还要从单纯地向员工传授具体技能转变为营造一种知识共享的氛围，使员工能自发地分享知识，创造性地应用知识以满足客户的需求。在现代意义下，培训与开发都注重员工当下和未来的发展，一般员工和管理人员必须同时接受培训与开发，人们已经习惯把两者并称为培训，因此在本书后面的章节中，对"培训"与"开发"也不做特别的区分。

2.人才培训与开发管理的概念

人才培训与开发管理是依据一定目的，采取教育、培训、管理、文化建设等方式对潜在或现实的人才进行培养、塑造、改造、挖掘、提高、发展的活动过程，是人才管理的重要组成部分。开发是相对于未开发而言的，人才培训与开发的指向是人才未开发的领域。未开发的人才缺乏一定的知识和能力，是潜在的、可能性的人才，现实的人才是已经得到阶段性的开发、具有一定知识和能力并为社会做出贡献的人才。对潜在的人才，组织要进行培养、塑造、改造，提升他们的知识和技能水平，对仍有潜力或潜能的现实的人才，组织要进行挖掘、提高、发展，提升他们的素质。

开宗明义，作为一本教材，本书在论述人才的培训与开发管理时，通常仅使用"人才培训"一词，这实际上包含了相应的开发的内涵，同时，本书中的"员工"也指组织中潜在的人才。这样做除了在理论上和我们学习过的管理学、人力资源管理、绩效管理、薪酬管理中的"培训"保持一致，在实际工作中，也与职场上的人力资源管理者的理解相一致。具体来说，人才培训的含义包括以下几个方面的内容：

（1）人才培训是一种人才资本投资

人才资本是继工业经济之后出现的与知识经济相对应的新的资本形态，是组织发展乃至社会进步的决定性因素。人才资本不是自然形成的，而是需要经历一个投资与开发的过程，这一过程就是培训活动。通过培训，人才能够在知识、技能、态度等方面得到提升。其中，知识的培训与开发是人才培训与开发的主要方面，主要任务是对受训者所拥有的知识进行更新，如明确岗位职责，熟悉与工作相关的技术领域的发展现状，了解组织的经营状况及发展战略等。

技能的培训与开发针对的是人才在具体工作中必备的操作性能力，主要任务是对受训者所具有的能力加以补充，例如熟练掌握职位所需要的技能，形成有意识、有条理地应用策略和程序对工作问题进行思考、计划、检查和评价的能力，能够创造性地提出解决问题的方案等。态度是影响个体绩效和组织效益的重要因素，态度的培训与开发包括认识自我，处理好个人与他人、个人与组织的关系，正确看待挑战、变化和责任等方面。此外，创造性思维等也是人才培训的重要内容。

（2）人才培训的主要目标是促进组织能力的提升

从本质上来看，组织是能力的集合体，无论是有形的物质，还是无形的规则资源，对组织而言都是表面的和载体性质的构成，只有蕴藏在物质资源和规则资源背后的人才资源才是组织活的优势。因此，组织能力的强弱取决于人才队伍的整体能力与水平，而人才队伍整体能力与水平的提高依赖于组织培训与开发实践的有效展开。由于培训与开发工作直接面向每个人才，个体能力的差异就决定了培训的实践要因材施教、因势利导，帮助学习者找到适合他自己的学习方法和学习进度，使每个人的能力都能得到有效、正确的发挥，从而使人才队伍的整体功能大于个体能力的简单相加，促进组织能力的提升。

（3）人才培训是有计划、有步骤的系统管理行为

人才培训与开发必须确立特定的培训目标，提供特殊的资源条件，遵循科学的培训方法和步骤，进行专门的组织和管理。它包括培训需求分析、培训计划设计、培训方案实施、培训效果评价与培训成果转化等环节。从管理的全过程来看，人才培训与开发既是一种管理手段，也是一个管理过程。

（4）人才培训是挖掘潜力和实现自我价值的需要

潜能是个体存在但未被开发与利用的能力，每个人都具有无限的潜能，它就如一座待开发的金矿，价值无穷。有效的培训能够挖掘出人才的潜力，提升人才的职业能力，拓展人才的发展空间。这不仅能够推动组织的发展，更能促进优秀人才的脱颖而出。无论是知识、技能等的培训，还是素质、思维潜能等的开发，都是人才不断成长、证明自我价值的过程。

3.人才培训与开发管理的原则

人才培训作为人才管理的重要手段，可以为组织创造价值，但要实现这种价值，组织在实施培训的过程中还要遵循一些基本的原则。遵循这些原则也是顺利完成人才培训、实现培训目标的重要保证。

（1）第一资源原则

当今，人才资源已成为组织发展的核心要素，是实现创新的动力源泉，在所有的社会资源中具有基础性、战略性和决定性作用。人才资源不仅是人力资源中最有价值的组成部分，更是带动其他资源发挥作用的催化剂。因此，只有把组织人才资源放在发展各种资源的首要位置上，确立人才资源开发相对于物质资源、环境资源、资金资源以及其他资源开发的优先地位，组织才会重视人才培训，制

订详细的培训计划。

（2）理论联系实际原则

与高校的教育不同，组织的人才培训只有和实际相结合才能产生较好的效果。理论联系实际就是要求组织根据自身实际经营情况和战略需要对人才进行培训，既要讲授专业知识和一般原理，又要解决组织实际存在的问题。此外，组织也要用实践来检验人才。人才出自实践，是实践的产物，人才培训的成果要以人才的实践活动效果作为最终的衡量标准。

（3）人人皆可成才原则

人人皆可成才就是相信每个员工都拥有无限的潜能，组织只要进行合理的培训，就能将他们的潜在才能转化为显性才能。因此，组织在设置培训目标时，要有计划、有步骤地对各类人员进行培训，而不是只培训管理人员或有"天赋"的员工。当然，大范围的培训不等于没有重点，在实行全员培训时，要重点培训一批技术骨干和管理骨干，让这些人才发挥"火车头"式的带领作用。

（4）因材施教原则

因材施教是培训中的一个重要原则，它首先要求组织承认个体之间的差异，这对于制订有针对性的培训计划是非常重要的。因此，组织要根据员工的不同状况，选择不同的培训内容，采取不同的培训方式。另外，即使是对同一个体，在不同的发展阶段，其培训内容也应有差异。

（5）长期性原则

人才素质的提高不是一朝一夕的成果，需要组织投入大量的人力和物力，尤其是在信息化时代，知识更新的速度加快，人才更需要进行持续的学习，以适应外界环境的变化。因此，组织要正确认识培训的长期性和持续性，以"以人为本"的经营理念来组织人才培训。

（6）激励原则

激励原则指在人才培训中，培训组织者要善于把培训的要求转化为人才的内在需要，运用激励手段，充分调动个体学习的积极性和主观能动性，善于提出问题、提供情况，启发他们进行观察、思考、探索和推断，提高独立发现问题、分析问题和解决实际问题的能力。

（7）协调发展原则

组织在人才培训的过程中，要注重协调与可持续。一方面，组织要处理好人才数量、质量与组织需求之间的关系，保证人才数量与组织规模相适应，人才质量与组织发展相协调，超前和滞后的人才培训都会制约组织的发展；另一方面，组织要注重人才培训的连续性和持久性，明确育人部门和用人部门的分工职责，将现实急需人才和长远发展人才的培训相结合，提高人才贡献率。

1.2.2　人才培训与开发管理的作用

随着组织对人才重要性的认识不断加深，人才培训逐渐成为组织经营策略的重要组成部分。虽然大部分组织都会开展人才培训活动，但是其在不同组织中的地位和作用存在一定差异。总体来看，人才培训在组织中的作用主要有如下方面：

1.开发人才潜能

培训可以进一步开发和利用现有人才资源潜能，促进职业生涯系统的建立，有利于使组织对人才资源的利用达到最佳状态。培训可以帮助员工提高胜任工作的能力，也可以帮助组织改变有缺陷的管理实践，从而使员工对组织建立新的认识，在一定程度上改变员工的工作态度，缓解波动情绪。同时，通过培训，员工可以更好地规划在组织中的发展，最大限度地发挥人才资源的价值。

2.提升人才工作绩效

培训有助于提高人才的工作绩效，降低成本，减少设备操作故障，树立组织良好形象，增强组织盈利能力。组织通过对人才进行有效的培训，使他们的知识结构得到更新，工作技能明显提高，人际关系得到改善。经过培训的员工，往往掌握了新的知识结构，获取了新的工作方法，能够直接促进工作质量和劳动生产率的提高，也能降低各种损耗，并减少事故的发生；同时，其工作技能有了显著提高，劳动熟练程度加强，劳动效率也会相应地提高。经过培训后，员工的人际关系得到改善，进而使员工在工作中增强合作意识，工作热情高涨，对组织的凝聚力和向心力也有了重新认识，从而提高工作积极性，改善工作绩效。

3.增强人才的归属感

培训使人才拓展自身素质，感受到在组织中的价值和组织的关心，从而增强对组织的归属感、忠诚度以及主人翁责任感。员工只有对组织产生强烈的认同感和归属感后，其能力和潜能才能得到充分的发挥，进而表现为工作绩效的提高。培训不仅提高员工的技能，更加深员工对自身价值的认识，使其对工作目标有更好的理解。通过培训，组织中具有不同价值观、信念、工作作风的员工可以和谐地团结起来，为共同的目标各尽其力。员工培训的重要内容之一就是增强员工对组织的认同感与归属感，开发员工的智力和技能潜力，使他们从组织身上获得一种精神上的发展动力。

4.塑造优秀的组织文化

培训能促进组织与员工、管理层与员工层的双向沟通，增强组织向心力和凝聚力，塑造优秀的组织文化。组织可以采取自己培训和委托培训的办法，将培训融入组织文化。组织文化是组织的灵魂，它是一种以价值观为核心的对全体员工进行组织意识教育的微观文化体系。组织管理人员和员工认同组织文化，不仅会自觉学习、掌握知识和技能，而且会增强主人翁意识、质量意识、创新意识，从而培养敬业精神、革新精神和社会责任感，形成上上下下自学知识、自觉发明创造的良好氛围。

5.实现组织战略

培训项目的实施能保证人才与组织发展变革保持同步，有助于实现组织的战略规划和经营目标。组织发展的内在动力就在于组织的不断创新。针对组织变革的培训，主要目的是使员工加深对组织创新的认识，从而提升员工对组织的整体认识水平，端正员工对组织不断创新的态度，增强员工对组织发展与创新的自信心。对于创新和改革，员工常常会表现出本能的抵制态度，培训要解决的问题就是让员工领悟到，组织保持生命力的唯一办法就是不断创新和变革，否则组织就会被淘汰。无论培训是为了增加员工的知识，还是为了增强员工的技能，抑或是为了改善员工的人际关系，都要培养员工适应社会变化的能力。员工在培训过程中必须逐步适应新的工作方式，学会独立做出更多工作决定，熟悉更宽领域的知识和技能，不断创新，不断完善自我，实现个人价值。

6.保证组织活力

培训能够帮助组织和人才适应市场变化、增强竞争优势，培养组织的后备力量，保持组织经营的生命力。在知识经济时代，组织的竞争根本上是人才的竞争。明智的组织管理者越来越清醒地认识到培训是组织发展不可忽视的人本投资，是保持组织活力的根本途径。人才是组织的第一资源，有了一流的人才，就可以开发一流的产品，创造一流的业绩，组织就可以在市场竞争中立于不败之地。

1.3　人才培训与开发管理的演进与趋势

人才培训与开发管理经历了一个长期的演进过程，受到了中国古代的人才观念与西方的教育和管理理论的共同影响。两种思想在组织的实践中相互碰撞，不断融合，最终形成了具有特色的人才培训观念和方法，并在互联网和人工智能技术的加持下，继续向前发展。

1.3.1　中国古代朴素的人才培训观点

我国对人才培养的研究有着悠久的历史。在2 500多年前，《诗经·小雅·菁菁者莪·序》中就写道："菁菁者莪，乐育材也。君子能长育人材，则天下喜乐之矣。"这不仅明确提出了人才的概念，还用生长茂盛的植物来比喻人才的茁壮成长，希望有德行的君子能够成为天下人民喜爱的人才。此后，关于人才的论述遍见于经史子集，是现代中国人才培训的认识起源。

先秦时期，百家争鸣，各家学派就人才的培养方式与培养目标提出了自己的见解，并在私学中进行实践。孔子认为人才培养的目标是"贤才"，即道德培养最为重要，在培训时要做到"有教无类"。孔子提出"弟子入则孝，出则悌，谨而信，泛爱众，而亲仁，行有余力，则以学文"，要求弟子首先做到符合道德标准，其次才是学习文化知识。与孔子不同，墨子提出了"厚乎德行，辩乎言谈，博乎道术"的人才培养标准，其中着重强调了"道术"，即实践教育、科技教育和创新教育的重要性。法家的代表人物商鞅和韩非子从君主实用性的角度出发，主张"重智主义"，提出人才培养目标要按"世异则事异"的原则不断变化。

东汉时期，儒学已进入谶纬神学和章句之学的死胡同，唯物主义思想家王充对此深恶痛绝，他所著的《论衡》一书是批判儒学和唯心主义哲学思想的檄文，其中的《程材》《超奇》《定贤》《实知》《量知》等十余篇文章专论人才问题。他在《实知》中提出的"人才学成论"，否定了"圣人生而知之论"，是中国人才思想史上第一个以朴素唯物主义思想说明人才成长原理的人，启发了现代"人人皆可成才"的思想。

自隋唐起，国家采取以科举取士的制度，"德"不再是唯一的人才标准，科举考试中涉及的诗赋文才、儒家经典、国家法令、数学计算等都成为人才培养的目标。从这一时期开始，有关人才培养的讨论更加深入，不再局限于"德"。柳宗元在《种树郭橐驼传》中提出"顺木之天，以致其性"，认为培养人才要顺应他们的天性，不能急功近利；唐朝史学家刘知几在《史通》中深入研究了历史学人才的专门问题，认为"史才须有三长……谓才也，学也，识也"。才、学、识三者相互联系，相互作用。这种人才素质的结构论成为后世"德、识、才、学、体"五要素人才素质结构形成的基础。宋代思想家王安石在《上仁宗皇帝言事书》中将人才培养、选拔、使用、管理作为一个系统进行研究，提出了人才整体性开发的观点[①]；清朝思想家黄宗羲的重要著作是《明夷待访录》，他在其中主张把人才选拔与培养紧密结合起来，重视人才的实际才能，强调应采取多种方法、途径来选择、培养人才。

1.3.2　近代西方人才培训研究

在西方国家，人才主要是指天才（talent）或者有天赋的人（genius），这与我国对人才的认识并不一致。然而，近代西方快速发展的教育理论和管理方法，为我国人才培养的科学化和系统化打下了坚实基础。

16世纪中期，欧洲出现了最早的在职培训。为了提高工人的效率，管理者要求熟练工向新员工演示如何完成某项工作，主要包括指导、答疑、辅导、示范、提示与经验传递几个步骤。19世纪初期，职业和手工学校伴随工业革命出现，为培养技术工人服务。然而，在当时，手工培训主要作为一个惩罚工具，是对低绩效工人的一种鞭策手段。直到19世纪后期，工业革命将生产力推到了一个更高的水平，企业需要一大批操作复杂设备的技术工人，培训才成为工厂主重视的内容。此时，以 Hoe and Company 为代表的公司开始创办工厂学校，培训成为企业的常态。

20世纪初，西方的组织进入人事管理阶段，针对管理与学习的理论陆续被

① 杨河清，徐斌，丁雪峰. 人才开发概论［M］. 北京：中国人事出版社，2014.

提出，促进培训进一步发展。泰勒的科学管理理论、法约尔的一般管理理论、梅奥的人际关系理论等管理理论对培训管理过程进行了指导，帮助组织提升了培训效率。斯金纳的强化理论、班杜拉的社会学习理论、马斯洛的需求层次理论、弗洛姆的期望理论等对培训方法的设置指明了进步的方向，第3章将对这些内容进行讨论。唐纳德提出的柯氏四级培训评估模式，为培训领域引入了一个新的主题——评估，从此越来越多的企业认识到培训与产出的关系。

真正对培训进行系统化定义和发展的阶段是人力资源管理时期。20世纪80年代以来，人力资源管理理论不断成熟，并在实践中得到进一步发展，逐渐取代人事管理理论。在这一时期，培训的概念得到了规范，培训内容被归纳为知识、技能和态度三个方面，培训的流程也被系统地分为培训需求分析、培训方案设计、培训方案实施、培训效果评估四个环节。随后，战略性人力资源管理逐渐兴起，组织认识到培训与组织战略适配的重要性，同时，具有战略意义的领导力开发日益受到重视。

1.3.3　未来的人才培训发展趋势

在知识化、信息化社会日益发展的今天，人才培训的新技术、新途径不断涌现，并逐渐替代原有的培训方式。同时，组织逐渐认识到人才对自身发展的重要性，针对人才的培训与开发活动越来越频繁，新技术和新趋势不断出现。

1.培训方式走向多元化，采用企业大学、产学合作的形式培养人才

企业大学是由企业出资，以企业高级管理人员、一流教授为师资，通过实战模拟、案例研讨、互动教学等手段，来培养满足企业需要的高层次人才的培训体系。在美国，企业大学的数量众多，部分企业大学的学位极高，如美国兰德公司的博士学位水平可以与加利福尼亚大学伯克利分校、哈佛大学中相同学科的博士相媲美。[①]在中国，一些具有远见的企业也建立了企业大学，如海尔大学、华为大学、中兴通讯学院等。未来，企业大学的数量还会继续增加。同时，部分企业在进行培训时非常重视与高校的联合与协作。企业借助高校的师资、设备和研究成果，对公司的潜在人才进行有关新技术、新知识的培训。产学合作不仅发挥了高校科技、人才、校舍的优势，也利用了企业基础设施、资金的优势，相互促进，真正做到以产助学，以学兴产。

2.以建立学习型组织为导向，鼓励持续学习

在外部环境急速变化、产品生命周期缩短的情况下，快速学习能力是组织在竞争中生存的关键。学习型组织是为培养整个组织的学习气氛、充分发挥人才的创造性思维能力而建立起来的一种有机的、扁平化的、符合人性的、能持续发展的组织。目前，组织学习已经成为组织和管理理论与实践的一个中心议题，今后的培训将从一般意义上的个体培训与开发上升到组织层面的学习。

---

① 石金涛，颜世富. 培训与开发［M］. 4版. 北京：中国人民大学出版社，2019.

人才培训与开发管理 16

3.传统形式与现代技术结合的数字化培训逐渐成为主流

在互联网技术的加持下，组织的培训方式走向多样化，尤其是在后疫情时代，远程工作与交流的增加进一步倒逼组织加速开发数字化培训模式。在这种背景下，多数企业已经开发了诸如直播课程、视频课程等基本的数字化培训方式，部分企业正在研发虚拟现实技术与增强现实技术支持下的情景模拟技术。例如，沃尔玛购入1.7万台Oculus Go（VR设备），用于培训全美100多万名员工，顺丰速运公司使用虚拟技术培训新入职的快递从业人员。这些数字化培训方式为员工带来了更加直观、深刻的学习体验。

4.微咨询的模式受到组织重视

在当前信息爆炸的时代，通用知识不再稀缺，个体很容易通过互联网接触到所需要的知识。因此，对于组织来说，人才培训面临的挑战逐渐从"知"转向"行"，即关注如何有效转化培训内容，将其落实到工作中来。这就需要针对组织需求进行深入挖掘和剖析，对流程和制度进行梳理，在培训后进行跟进辅导、定期复盘和迭代等。虽然组织了解自身的需求，但是内部缺乏专业的人员，培训安排难以达到预设目的；同样，尽管外包机构能够提供专业的培训设计，但对企业的实际情况了解不够深刻。因此，"纯内部培训"和"纯咨询"的模式逐渐被抛弃，组织开始采用"培训+工作坊+微咨询"的模式[①]，基于外包机构的指导和培训课程的支持，自主开发培训体系。

5.大数据的应用程度不断提升

大数据分析为人才培训的决策和实施提供了更多的科学化依据。人才数据库与数据挖掘等技术能够帮助组织分析员工的胜任素质、行为心理与习惯、学习方式以及学习侧重行为等方面的特点，并以此为前提，设置科学的学习模式与学习内容。此外，借助组织培训成果的大数据分析，特别是结合员工的年龄、职位以及工龄等方面的数据信息来测算个人贡献总值，再根据其能力提升对企业价值增长的贡献的预期数据，精确计算出某类人才投资的价值，能够实现精准化的培训投资，促进投资价值的发挥，使有限的资金得到最大化的利用。

人才思政堂

培养更多高质量发展需要的人才

当今世界的竞争说到底是人才竞争。全面建设社会主义现代化强国，更加需要重视人才自主培养，不断提高人才培养能力和培养质量，激发人才创新活力，充分发挥人才第一资源的作用。这就要求我们遵循人才成长规律，不断提高人才工作的制度化、规范化、科学化水平，坚守为党育人、为国育才，培养更多适应高质量发展、高水平自立自强的各类人才。

① 张立志. 2020年培训领域十大发展趋势［EB/OL］.［2022-02-23］. https://blog.csdn.net/justep-wex5/article/details/106329781.

坚持党管人才的原则。坚持党管人才是人才工作最根本的原则。只有坚持党管人才，才能确保人才工作沿着正确方向前进。我们党历来高度重视选贤任能，始终把选人用人作为关系党和人民事业发展的重要问题来抓。新中国成立以来特别是改革开放40多年来，我国人才队伍规模日益壮大、人才成长环境日益优化，各项人才工作取得积极进展。我国人才事业之所以能取得显著成就，一个根本原因在于始终坚持党管人才原则。党管人才的实质，是发挥党总揽全局、协调各方的领导核心作用，更好地统筹人才工作和其他各方面工作。习近平总书记强调：“要树立强烈的人才意识，寻觅人才求贤若渴，发现人才如获至宝，举荐人才不拘一格，使用人才各尽其能。”这就要求我们不断完善党委统一领导，组织部门牵头抓总，有关部门各司其职、密切配合，用人单位发挥主体作用，社会力量广泛参与的党管人才的工作格局，把各类优秀人才凝聚到党和国家的事业中来。

营造良好人才成长环境。体制顺则人才聚，人才聚则事业兴。人才制度是人才规划、培养、招聘、考核、评价、激励等多方面机制的有机统一，是良好创新环境的重要组成部分，对于汇聚各方人才具有重要意义。习近平总书记指出：“要营造良好创新环境，加快形成有利于人才成长的培养机制、有利于人尽其才的使用机制、有利于竞相成长各展其能的激励机制、有利于各类人才脱颖而出的竞争机制，培植好人才成长的沃土，让人才根系更加发达，一茬接一茬茁壮成长。”要在实践探索中不断创新和完善人才评价考核等多方面机制，以创新驱动人才制度发展完善，在人才制度创新上下更大功夫。比如，根据实际效果科学合理确定考核周期和考核指标，充分发挥人才考核、评价机制的指挥棒功能，推动人才资源合理配置、顺畅流动，努力营造机会公平、规则公平的人才成长环境。

强化人才激励机制。我国国家制度和国家治理体系具有“坚持德才兼备、选贤任能，聚天下英才而用之，培养造就更多更优秀人才的显著优势”。实践中，我国作为人力资源大国的潜力持续释放，推动全社会各方面优秀人才不断集聚到党和人民的事业中来，聚天下英才而用之的显著优势充分发挥。党的十八大以来，党中央出台了《关于深化人才发展体制机制改革的意见》等政策文件，为人才发展注入强大动能。习近平总书记强调，要“强化激励，用好人才，使发明者、创新者能够合理分享创新收益”。要推出更多举措破除束缚人才发展的思想观念和体制机制障碍，向用人主体放权，为人才松绑，让人才有更多创业机会、更大干事舞台、更广发展空间。继续强化人才激励机制，优化人才发展环境，以识才的慧眼、爱才的诚意、用才的胆识、容才的雅量、聚才的良方，更大范围汇聚英才，不断开创人人渴望成才、人人努力成才、人人皆可成才、人人尽展其才的良好局面。

资料来源　石伟，穆润璋. 培养更多高质量发展需要的人才［N］. 人民日报，2021-07-23（09）.

思考题

1.什么是人才？人才与人力资源的关系是什么？
2.什么是人才培训与开发管理？
3.未来人才培训发展的趋势有哪些？

案例分析

德国的双轨制职业教育培训体系

第二次世界大战后的德国在废墟上创造了一个举世瞩目的经济奇迹，成为欧洲乃至全世界的工业传奇。德国之所以能够在短时间内取得如此辉煌的成绩，与其高水平、高起点的双轨制职业教育培训体系（Dual VETs）分不开。

在德国，人才培养主要通过两条途径实现。一条是小学—文理中学（gymnasium）—大学（universität），这是一条直接升学的道路，主要培养从事科学和基础理论研究的研究人员；另一条是小学—普通中学（hauptschule）或实科中学（realschule）—应用技术学校（fachhochschule），这是一条直接就业的道路。在小学毕业时，10岁左右的孩子就面临人生第一次分流。这次分流，让他们走上两条不同的路，40%的人能够进入文理中学，准备接受高等教育，剩下的孩子进入实科中学，开始准备就业。然而，与中国不同，那60%将来不读大学的孩子，并不是被教育"筛掉"了，也没有被任何人"放弃"；相反，德国政府高度重视职业技术人群的发展，颁布了《联邦职业教育法》为其设计双轨制教育模式，安排学生同时在两个地点接受两个教学实施主体即企业和职业学校的并行教育。同时，德国的法律鼓励企业与职业学校联办教育，每培养出一个学生，政府就补贴4 000～6 000欧元。

具体来说，双轨制教育要求职业教育的学生在九年义务教育结束后，必须在国家规定的专业中任选一个，向招收该专业学徒的企业报考，在被录取后到相关学校登记，取得理论学习的资格，这样他们就成为双轨制职业教育模式下的学生。这种学生具备双重身份，既是工厂的学徒，也是公立职业学校的学生。他们每周花费三到四天在企业学习实际操作知识，用一到两天去职业学校学习理论知识，所有的学习费用由企业和政府承担。在两年到三年半的培训期满后，经过国家考试委员会的考核和审定，学校为合格者颁发毕业证书，此时，学生可以根据自己的意愿选择留在原企业继续工作，或应聘到其他企业。

德国的双轨制职业教育培训体系把职业教育体系和就业体系紧密地联结在一起，使企业不仅获得了高质量的员工，还减少了新员工入职阶段的各项成本。德国有200多万家企业，其中有近50万家联办职业教育（比例超过20%），而且大多是西门子、宝马、保时捷等大中型企业。以学徒身份进入企业的员工，往往已经具备了入职岗位的特定资质，对企业表现出比一般员工更高的忠诚度，毕业后留在企业工作的比例高达70%以上。同时，双轨制教育提升了学生的综合能力，加深了学生对企业实践与劳动力市场的理解，达到了所学即所用的目标。可以说，双轨制教育为德国培养了大量技术型、应用型人才，推动德国经济迅速腾飞。

资料来源 王静毅. 令人惊叹的德国双轨制教育［EB/OL］. ［2022-02-23］. https：//www.sohu.com/a/111627133_403191.

问题：

1.案例中接受职业教育的学生（员工）是否属于人才？为什么？

2.德国的双轨制职业教育培训体系对你有哪些启示？

第2章 工作分析与人才甄别

学习目标

- ✔ 理解工作分析的概念
- ✔ 掌握工作分析的一般方法
- ✔ 重点掌握胜任力模型的构建方法
- ✔ 掌握胜任力模型在人才培养中的具体运用方式

导入案例 **中粮集团经理人胜任力模型的构建**

中粮集团有限公司（中文简称"中粮"，英文简称"COFCO"）最初是隶属于原外经贸部的专业外贸总公司，现在是国资委管理的国有大型企业集团之一，也是中央直接管理的53家国有重要骨干企业之一。当前，中粮集团是国内最大的粮油食品生产企业，业务覆盖米、面、油、糖、乳制品、肉食、饮料、休闲食品、食品原料、食品添加剂、生物质能源、粮食收储和物流、农业服务以及房地产等多个领域，拥有中国粮油、中国食品、蒙牛乳业、中粮包装4家香港上市公司和中粮地产、中粮屯河、丰原生化3家内地上市公司，已连续16年入选《财富》杂志世界500强。

2004年底，宁高宁调任中粮集团董事长以后，改变了过去"干部"的传统叫法，而将集团的中高层经营管理者统一称为"经理人"。按照中粮集团目前的组织架构，本文中的经理人包括集团总经济师、总法律顾问、总裁助理，集团职能部门中二级部门副总经理及以上人员，经营中心班子成员，业务单元副总经理及以上人员，他们的聘任免职由中粮集团党组决定。经理人胜任力模型构建由此成为中粮集团人力资源部的主题。

经理人胜任力模型要能支撑集团未来的战略方向，所以在建模初期工作人员必须清楚了解集团的发展战略和商业驱动力。调研团队对集团内高管分别进行了一个小时的访谈，明确了基于全产业链的战略目标，以及六项商业驱动力：制定竞争战略；转换商业思维，创建以客户为中心的文化；推动流程、技术、产品创新；培养组织人才；整合组织架构、推进内部协同；强化品牌。构建模型时，调研团队借助DDI（智睿咨询）的数据库完成了从商业驱动力到胜任力的推导，发现关键胜任力要求主要集中在战略管理、客户管理、市场把握、人才培养、变革创新方面。

为了充分获取相关信息，本次研究共组织了3场焦点访谈，分别邀请来自不同职能、不同业务的25名正职、副职经理人就中粮集团经理人应该具备的胜任力要素进行讨论。参加讨论的很多人都认为，中粮集团的经理人应该体现集团的企业文化，他们大多从中粮集团的企业文化和价值观的角度提出了集团的经理人必须具备的部分胜任力素质，比如正直坦诚、结果导向、学习导向等。调研团队对焦点小组讨论的过程进行了详细的记录，对经理人提到的胜任力要素进行了归纳、总结和提炼。

基于通过综合战略演绎法和焦点小组讨论法获得的结果，调研团队初步确定了中粮集团经理人胜任力要素，在进一步对147名中粮集团的经理人进行问卷调查以及因素分析之后，得出了由4个维度、18个项目组成的胜任力模型（见表2-1）。

表2-1   胜任力模型各维度的对应素质项目和信度检验

维度	项目数	Cronbach's α	素质项目
管理业务	6	0.843	战略制定、商业敏锐力、创业精神、运营决策、推动执行、调动资源
管理团队	5	0.844	人才发展、团队建设、辅导/教导、授权、引领变革
管理他人	4	0.810	客户导向、发展战略合作、文化融合、影响他人
管理自我	3	0.865	正直坦诚、结果导向、学习导向

在初步确定模型后，调研团队再次发放220份问卷，检验项目鉴别力（区分度），即项目对于不同水平的被试反应的区分程度和鉴别能力的分析。

根据问卷数据，调研团队选出位于绩效得分前20位和后20位的样本组成总体得分高分组和低分组，之后分别求出两组在18个项目上的得分均值，然后再检验每一项目在高分组和低分组之间是否存在显著差异。若达到显著差异，则代表此项目具有一定的鉴别力；若没有达到显著差异，则将之删除。t检验表明，高分组和低分组在所有项目上的得分均值差异均达到显著水平（$p<0.05$），这说明所有胜任力素质项目的鉴别力满足要求。

资料来源 王燕. 中粮集团经理人胜任力模型研究［D］. 北京：中国人民大学，2010.

问题：

1.中粮集团建立经理人胜任力模型的过程对你有什么启发？

2.你认为上述建模过程中，还有哪些步骤可以改进？

2.1 人才与工作分析

工作分析的目的是收集一切有关人才及其工作状况的详细资料，为人才管

微课 2-1

人才与工作分析

理决策提供依据，工作分析是现代人才管理的基础。对组织而言，工作分析是一种工具，它能够帮助组织确定实现战略目标所需岗位、职务和人员的特点；对个体而言，它向员工提供信息和资料，帮助员工判断自己能否获得和胜任该岗位。

2.1.1　工作分析概述

1.工作分析的概念

工作分析，也称岗位分析、职位分析，是指为完整地确认某一特定的工作整体、确定完成这一工作所必须具备的资格和条件而进行的一系列工作信息收集、分析和综合的过程，从而为管理活动提供各种有关工作方面的信息。在针对岗位进行工作分析时，主要考察以下六个方面：

（1）岗位工作是什么，即岗位主要从事的工作活动和承担的工作责任

这包括：员工所要完成的工作活动；员工的工作活动产出（产品或者服务）；员工的工作活动标准；管理责任和非管理责任。

（2）为什么要完成工作，即该项工作在整个组织中的作用

这包括：工作目的；工作中的领导关系与协作关系；晋升通道；工作中所接触的各类资源。

（3）何时做此项工作，即该项工作活动进行的时间安排

这主要包括工作的时间安排和工作活动开展的频繁程度。

（4）在哪里进行工作，即工作进行的环境

这包括：工作的自然环境；工作地点的生活便利程度；与他人的交往程度；工作的危险性。

（5）如何完成工作，即员工如何进行工作活动以获得预期的工作结果

这主要包括：工作活动涉及的工具与机器设备；工作活动涉及的文件记录；工作中的关键控制点。

（6）完成工作需要哪些条件，即工作所需要的物质条件和人力资源条件

这主要包括：执行工作任务需要使用到的工具、仪器和设备；完成工作所需要的知识、技能、能力、生理条件、心理素质、态度等方面。

2.工作分析的一般流程

由于组织性质与实施目的不同，工作分析的具体方式也各有差别。然而，无论采用哪种工作分析方式，其大致的流程都包括以下六个步骤：

（1）确定工作分析目的

工作分析的目的是指工作分析收集信息的用途，它决定了在调查、分析过程中需要收集的信息的侧重点、收集信息的方法、形成的工作分析结果以及结果的用途等。因此，实施工作分析，首先应当建立目标导向的工作分析系统，明确规定工作分析的具体目标和工作分析成果的具体用途，以此作为构建整个工作分析系统的依据。

（2）搜寻岗位背景信息

在确定工作分析的实施目的后，就需要搜寻相关的岗位背景信息。一般来说，获取信息的渠道主要有两类，即组织内部资料搜索和组织外部资料调查。

组织内部资料主要包括组织结构、工作流程、岗位配置及组织原有的对部门/岗位的职责界定、组织战略、组织文化、各项制度和政策、ISO质量文件、各部门职能职责分工、岗位办事细则、劳动合同等。组织外部资料主要有行业内的相关政策规定、外部组织相似岗位的信息、国内外颁布的工作分类标准、岗位词典、岗位信息网络等。

（3）选择代表性岗位

由于组织可以投入到工作分析中的资源是有限的，因此当所需分析的岗位较多时，就需要选择有代表性的岗位即标杆岗位进行分析。通过收集标杆岗位的工作活动、职责、工作联系、工作环境和任职资格等信息，对岗位进行详细的了解，从而实现对所有岗位的把握。

（4）分析岗位信息

在收集完标杆岗位的资料后，要对资料进行认真的审核与整理，甄选出有用的信息，并对它们进行分析、综合与归纳，最后确认分析对象的任职资格条件，形成成果文件，即职位说明书。

（5）成果应用与反馈

工作分析结果形成之后，并不意味着工作分析已经结束，还需要结合工作相关人员的意见与建议进行必要的修正。在经过反复的交流、修改之后，职位说明书才能用于管理中，并在管理反馈中持续优化。

2.1.2　工作分析的方法

工作分析的方法分为定性分析法与定量分析法两大类，根据目的与分析对象的不同，对分析方法的选择也有一定区别。在大部分情况下，工作分析要结合使用多种方法。以下简要介绍几种组织中常用的分析方法。

1.访谈法

访谈法又称面谈法，是定性分析中最常用的方法之一。访谈既可以是对任职者进行的一对一或一对多的访谈，也可以是对充分了解被分析工作的管理人员进行的管理者访谈。通过访谈，访谈者可以全面了解任职者的工作活动和行为，甚至发现他们深层次的工作态度与工作动机。此外，访谈还为组织提供了一个良好的机会向大家解释工作分析的必要性，以及它具有何种功能。

一般来说，访谈内容主要包括工作目标、工作内容、工作性质和范围、工作责任、工作中遇到的问题、任职者对薪酬与考核等制度的意见和建议等。一些常用的问题包括："你所做的是一种什么样的工作""你所在职位的主要工作职责是什么，你又是如何做的""你通常都参与哪些活动""工作对安全和健康的影响如何"等。

访谈前，访谈人员应拟定访谈提纲，列出所有需要调查的事项。访谈时，访谈人员应按照问题的顺序提问，并做详细的记录，对调查对象难以回答或故意回避的问题，可暂时中止；同时，态度要热情、诚恳，语言使用恰当，从而尽快地与被访谈者建立起融洽的关系。在访谈结束之后，访谈人员还要对资料进行检查、核对。

2.观察法

观察法是一种传统的定性工作分析方法，是指调查人员直接到工作现场对某些特定的工作活动进行观察，并收集与记录有关工作的内容、工作间的相互联系、人与工作的关系，以及工作环境、条件等信息，最后进行分析和归纳总结。观察法一般适用于大量的、周期性和重复性较强的工作，这类工作往往由可观察的身体活动所构成。对于包含大量不可测量的心理活动的工作，观察法则缺乏适用性。

调查人员在采用观察法时，要确定样本具有代表性；尽量采用结构化的观察方式，包括预先拟定观察提纲、确定观察的目的与内容、准备观察适用的记录单等；不能只看到整体的工作内容，还要关注细微的工作要求；在记录内容时要避免机械记录，应主动反映工作的全面信息，并对信息进行提炼。

在实际操作中，观察法通常与访谈法结合使用。调查人员首先对任职者在一个完整工作周期中的工作进行观察，并把所观察到的工作活动记录下来。当积累的信息足够时，调查人员开始对任职者进行访谈。由于员工在被观察的过程中往往会受到鼓舞，因此，在访谈中他们会有更强烈的意愿阐明自己的工作内容，甚至主动讲述未被观察到的工作活动。

3.工作日志法

工作日志法是要求任职者在一段时间内实时记录每天发生的工作，按时间顺序记录下工作活动的定性分析方法。工作日志提供了某个职位在一段时间内发生工作活动的全景描述，调查人员可以根据工作日志的内容对工作进行分析。工作日志法主要是对原始工作的信息进行收集，或是为其他工作分析方法提供信息支持。

工作日志法的核心是设计表单并要求任职者按照要求填写。工作日志表单的填写项目主要包括活动名称、活动方式、活动对象、活动结果、频率、起止时间等。在填写时，调查人员要对员工进行集中讲解，或者通过阶段成果分析、工作分析交流会等方法进行过程监控，督促调查对象在当日及时完成工作日志。表2-2展示了工作日志表单的设计与填写。

4.职务分析问卷法

职务分析问卷（position analysis questionnaire，PAQ）法是由美国普渡大学教授麦考密克（E. J. McComick）开发的结构化的工作分析问卷法，是目前比较流行的定量工作分析技术。PAQ的研发初衷是开发一种通用的、以统计分析为基础的方法来建立某职位的素质模型，从而表明一般的工作行为、工作条件或者职

表2-2　　　　　　　　　　　某单位文秘员工工作日志

填写日期：20××年12月13日　　所在部门：办公室　　岗位名称：文秘　　任职者姓名：×××

序号	工作活动名称	工作活动内容	占用时间（起止）	工作地点	工作关系	临时/常规	备注
1	非公务活动		8:00—8:05				停工时间
2	打印文件	杨书记出国请示	8:05—8:15	办公室	上报市外办	常规	案头工作
3	复印文件	马来西亚邀请函	8:16—8:20	办公室	上报市外办文件的附件	常规	案头工作
4	排除电脑故障	恢复正常打印功能	8:21—8:52	办公室	信息中心派员排除故障	临时	临时事务
5	非公务活动		8:53—9:01				停工时间
6	文件签字	请部长在文件上签字	9:02—9:17	部长办公室		常规	案头工作
7	非公务活动		9:17—9:30				停工时间
8	阅读材料	市委文件	9:31—10:00	办公室	了解情况，积累素材	常规	案头工作
9	润色并打印文件	街道集中供热问题报告	10:01—10:08	办公室	送交部长审阅	常规	案头工作
10	打印文件	街道集中供热问题报告	10:09—10:32	办公室	送交部长准备开会用，向市局发出4份	常规	案头工作
11	非公务活动		10:33—10:50				停工时间
12	商谈行文问题	向国家机关事务管理局申请拨付经费请示	10:51—11:25	办公室	与高处长商定，按程序正式行文	常规	工作谈话

位特征。现行通用的PAQ包含6个部分（信息来源、体力活动、智力过程、人际关系、工作情景与其他特征）共187项工作元素。

　　在采用职务分析问卷法时，通常由任职者本人填写问卷来描述其工作所包括的任务和职责。调查人员根据PAQ的要求，设计结构完备的问卷，要求任职者进行回答（问卷示例见表2-3）。在收集数据后，调查人员可以根据目标，对不同部分不同元素进行从简单制表到复杂分析的过程。

表2-3	PAQ示例

使用程度：0——不使用；1——极少使用；2——较少使用；3——中等使用；4——较多使用；5——极多使用

1 信息输入

1.1　工作信息来源

__3__书面资料（书籍、报告、文章、说明书等）

__3__计量性资料（与数量有关的资料，如图书、报表、清单等）

__4__图画性资料（如照片、设计图、X 光片、地图等）

____模型及相关器具（如模板、钢板、模型等）

____可见陈列物（计量表、速度计、钟表、画线工具等）

⋮

2 体力活动

2.1　手工活动

____手指操作（使用精密仪器、写字、绘图等，没有明显手臂运动）

____手臂操作（通过手臂运动操纵控制目标，如修理汽车、包装产品等）

⋮

4 人际关系

4.1信息互换

____劝导（针对有关财务、法律、技术、精神以及各种专业方面的问题向他人提供咨询指导）

____谈判（与他人就某个问题达成一致所进行的交流沟通，如劳动谈判、外交关系等）

⋮

资料来源　杨明海，薛靖，李贞，等. 工作分析与岗位评价［M］. 3版. 北京：电子工业出版社，2018.

　　PAQ 作为一种问卷方法，能够迅速、大范围地得到工作分析所需的资料，为组织节省了时间和人力成本。同时，PAQ 考虑了员工与岗位两个变量因素，并将各种岗位所需要的基础技能与基础行为以标准化的方式罗列出来，为数量化、计算机化的数据处理提供了基础。

　　5.功能工作分析法

　　功能工作分析（functional job analysis，FJA）法，也称职能工作分析法，是由美国培训与职业服务中心提出的一种以工作为导向的定量分析方法。功能工作分析法以员工所需发挥的功能与应尽的职责为核心，列出加以收集与分析的信息类别，使用标准化的陈述和术语来描述工作内容。

当前，功能工作分析法已经被美国劳工部广泛应用，其开发的职业数据库O*NET网站（www.onetonline.org）列举了大量的有关人才的标准化陈述和工作内容，供外界使用。例如，我们想要了解人力资源经理的工作内容时，只需要将该职位的英文名称输入，该网站就会生成人力资源经理的工作职责，包括一般性的职责描述（duty）、具体活动（activities）以及详细的工作活动（activities in detail），从而帮助我们对职位进行清晰的界定。值得注意的是，在功能工作分析法中，对于任何职位的任职资格要求都涵盖知识、技能、能力和职业性向（以及价值观等，可以统称为其他个性特征）这四大部分（英文缩写为KSAO），如图2-1所示。

Knowledge（知识）	Interests（兴趣）
● Personnel and Human Resources（人力资源相关） ● Administration and Management（行政管理相关） ● English Language（英语） ● Personnel Service（人事服务相关） ● Government（政府政策相关） ● Training（培训相关）	Interest Code（职业性向）：ESC ● Enterprising（企业型） ● Social（社会型） ● Conventional（传统型）
Skills（技能）	Work Values（工作价值观）
● Active Listening（积极倾听） ● Perceptiveness（敏捷洞察） ● Judgment and Decision Making（判断和决策） ● Negotiation（商谈）	
Abilities（能力）	● Relationships（关系导向） ● Recognition（认可导向）
● Speech Clarity（清晰的表达能力） ● Reasoning（推理能力） ● Problem Sensitivity（问题的敏感察觉能力）	

图2-1 美国职业数据库网站中人力资源经理的任职资格图

资料来源 美国国家职业数据库O*NET网站（https://www.onetcenter.org/listings/26.0/updated.html）.

2.1.3 人才的职位说明书

职位说明书又称岗位说明书，它是以标准的格式对职位的工作及任职者的资格条件进行规范化的描述的文件，是工作分析中最重要的成果。

通常，职位说明书的内容包括两大部分，即工作描述和任职资格。其中，工作描述主要是对工作职责、工作活动、工作条件以及工作对人身安全的危害程度等工作特性方面的信息所进行的书面描述；任职资格界定了工作对任职者的受教育程度、工作经验、培训、知识、技能、能力、心理特征等方面的要求，是进行招聘甄选和人才培训与开发的重要依据。表2-4简要展示了某街道办事处行政管理副主任的职位说明书。

表2-4　　　　　　　　某街道办事处行政管理副主任的职位说明书示例

职位名称	行政管理副主任		职位代码	
所属部门	某街道办事处		主管领导	办事处主任
直接下级	统计信息科、司法所、民政科、残联			
所属系列				
职位设置的目的	在办事处主任的领导下，协调各部门，完成上级领导交办的各项业务工作			

工作描述		
工作职责	职责细分	衡量标准
负责辖区内社会优抚、社会救助、社会捐赠、见义勇为人员奖励和保护等社会保障工作	1.弘扬中华民族的优良传统，广泛动员社会力量，搞好捐赠工作 2.积极开展军警民共建活动，创建双拥模范辖区 3.创造条件开发社会救助岗位，为帮扶对象服务并实施管理	1.完成指标 2.资源整合，优势互补 3.就业率、培训率
残疾人的康复保障工作及残疾人就业工作	1.研究制定残联工作规划，发展残疾人事业 2.开展残疾人康复、教育、培训、劳动就业、扶贫解困、社会保障、文化生活、社会环境、组织建设、社区建设等方面的工作 3.推动地区的精神文明建设	1.计划的可行性、创新性 2.帮残扶残工作到位率 3.完成任务指标 4.完成计划的客观性、合理性
负责对辖区内行政、事业、组织单位的统计工作进行管理、指导、监察……	1.按时向有关部门提供准确的统计报表 2.为行政、企事业单位提供管理和服务 3.检查和监督《中华人民共和国统计法》的执行情况，确保组织依法统计……	1.调查的客观性、准确性、及时性 2.安商富商，引企促税，留企保税
工作关联	街道内部	民政科、残联、统计信息科、办公室、司法所、人事科
	街道外部	区民政局、区残联、区法制办、区统计局、区司法局……
工作地点	机关及辖区	

任职资格要求				
年龄	40岁左右		身体状况	健康
专业要求	行政管理、公共管理、法律等相关专业		学历	大专及以上
基本技能	公文写作		熟练掌握	
	外语		一般水平	
	计算机		正确使用，熟练操作	
主要能力素质要求	原则性、廉洁性、主动性、思维灵活性、业务能力、创新能力、组织协调能力、沟通能力、公关能力、适应能力、自律能力、心理承受力、执行能力、计划能力、责任心、进取心、团队合作			
工作经验	相关领导工作经验3年以上			
培训职位要求	领导方法与领导艺术、各项专业知识			

　　人才是人力资源中核心的和具有增值意义的资源，这就决定了人才的职位说明书要具有其特色。首先，人才的职位说明书对职责的描述要尽可能宽泛。从 O*NET 网站提供的内容来看，外延更广的职责描述部分更加适合作为人才的职位说明，方便人才在成长过程中经常进行工作轮换，而过于详尽的职位说明书往往不太适应虚拟组织、无边界组织等新型组织形式的要求。对于技术和管理类人才乃至高技能工人，可以选择活动甚至详细的工作活动作为职位说明书的基础，这是因为对这类人才需要通过工作的丰富化（纵向拓展其工作）和工作的扩大化（横向上变换不同工种）做出明确的界定，从而实现分类管理。此外，对岗位所需要的知识、技能、能力以及其他个性特征进行描述，也方便组织采用标准的方法为不同的人才建立素质模型，为人才的选、育、用、留奠定基础。

2.2　人才素质模型的概述与构建

微课 2-2

人才素质模型的概述、构建及应用

　　工作分析从最为基础的任职资格出发，分析了员工所应具备的知识、技能、能力和其他个性特征。然而，由于人才的类型不同，而且培训与开发是从无到有、从有到优的过程，素质实际上是知识、技能、能力和其他个性特征的集合，素质模型就是针对任职者需要满足的要求而提出的更为精准的任职资格，为人才的培训与开发提供精准的靶向。

2.2.1　素质模型的概念与特点

1.素质和素质模型的概念

　　在了解素质模型之前，首先要明确素质的概念。素质是驱动个体产生优秀工作绩效的各种个性特征的集合，是判断一个人能否胜任某项工作的起点，是决定并区别绩效差异的个人特征。本书认为，人才的素质包含五个层面，即知识、技能、能力、职业性向与工作价值观：

（1）知识

知识是个体在某一个特定领域所拥有的事实型与经验型信息。

（2）技能

技能是个体结构化地运用知识完成某项具体工作的能力，即对某一个特定领域所需技术的掌握情况。

（3）能力

能力是个体为顺利完成活动提供可能性并影响活动效率的心理特征。

（4）职业性向

职业性向是个体具有的与职业方向相对应的个性特征，是对职业的选择偏好。

（5）工作价值观

工作价值观是个体对工作事务是非、重要性、必要性等的价值取向。

以上的五种素质具有两个重要的特征。首先，个体能够凭借素质产生优秀的工作绩效，因此素质是可以测量的。其次，素质是通过行为表现的各种特征的集合，包括表象层面与潜在层面，这两个层面的特征之间具有相互驱动关系。表象素质包括知识与技能，人们相对容易观察到它们，而潜在的特征包括能力、职业性向、工作价值观，人们难以直接评价它们，往往需要根据具体的行动进行推测，这也被称为素质冰山模型（如图2-2所示）。

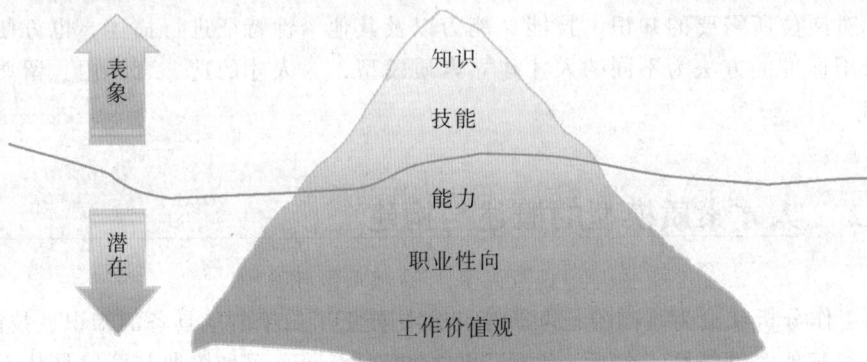

图2-2　素质冰山模型

在了解素质的含义后，就能顺利明白素质模型的概念。素质模型是为了完成某项工作，达成某一绩效目标，要求人才具备的一系列素质要素的组合，包括完成工作所需要的知识、技能、能力以及其他个性特征。通过人才素质模型，组织管理者能够判断并发现导致员工绩效差异的关键驱动因素，进而指导员工不断提升能力、改善绩效。

2.素质模型的特点

一般来说，素质模型具有以下特点：

（1）统一性

统一性指素质模型统一了组织对某一岗位任职者所需要的素质的理解，有助于对同类任职者采用相同的标准进行衡量。素质模型的确定避免了由理解不同所导致的后续人力资源管理活动的偏离与混乱。值得注意的是，素质模型的统一指的是对同一类职位的统一，在不同类别的职位间，素质模型应具有差异，从而准确反映出职位的差别和要求。

（2）有效性

素质模型集合了特定职位高绩效人员的能力素质特征，关注能够有效区分高绩效员工和普通员工的因素，因此素质模型具有较强的鉴别能力，能够清晰地识别出优秀人才，有效地培养员工向绩优方向发展。

（3）可衡量性

可衡量性是组织建立素质模型的基础。素质模型是对各种能力素质的行为化描述，能够被组织观察并衡量。在此基础上，组织才能确定工作所需要的素质，并进行提炼与归类。

（4）变化性

素质模型不是一成不变的，而是根据职位的工作内容在组织发展的不同阶段的变化而不断变化的。素质模型的建立并不是一劳永逸的，组织需要不断审视已有模型的有效性，在其不能有效描述绩优员工的特征时，及时进行更新调整。

2.2.2 构建素质模型的一般流程

构建素质模型是一项系统性的工作，需要在组织的支持下，利用行为事件访谈等多种方法收集信息、提炼素质，形成素质模型，并在实践中持续检验与改进。一般来说，素质模型的构建主要经历以下三个阶段：

1.准备阶段

素质模型的构建源于企业的战略需求，因此在构建素质模型之前，组织必须首先对自身战略进行审视，明确实施战略计划的核心职位及支撑战略有效实施的核心素质。这为组织构建素质模型提供了方向指引。

同时，在构建素质模型之前，组织要成立专门的团队参与模型构建的全过程。一般来说，该团队主要由人力资源部的员工、组织高管、目标职位所在部门的主管、外部专家与学者组成。这既保证了素质模型的构建符合组织的实际要求，又为取得科学的结果提供了保障。

2.建立阶段

（1）选定研究职位

一方面，构建素质模型是一个长期投入的过程，受预算、技术及人员等条件的限制，组织难以为每个职位构建素质模型；另一方面，为所有岗位构建素质模型也缺乏必要性，对于组织来说，岗位的重要程度并不一致。因此，组织应根据战略的要求，关注关键岗位与核心人才，挑选战略价值高的职位构建其素质模型。这一步骤可以通过收集、分析组织结构图、战略计划执行记录或对组织高层进行访谈的方式进行。

（2）明确绩优标准

明确绩优标准就是要制定客观明确的标准与规则，从而清楚界定高绩效的要求和行为表现。确定岗位的绩优标准主要以绩效考核的指标为基础进行分析。根据多数组织日常绩效考核的实践经验，有些职位的绩优标准较为清晰且容易衡量。例如，销售经理的销售额与利润率、研发人员的项目成果转化率与专利权数量、操作工的日劳动生产率与次品率等。对于职能部门的职位来说，其工作重点在于满足客户及内部员工的需要，缺乏清晰直接的绩优标准，因此除了评价其工作成果的质量以及完成的及时性之外，还要由该职位的上级、同级及其他相关人员对任职者的绩效进行评价，以此来界定该职位的绩优标准。

（3）任务要项分析

在明确绩优标准后，组织要依据工作分析的方法，将目标职位的绩优标准分解成一些具体的任务要项，以此来发现并归纳驱动任职者产生高绩效的行为特征。在这一过程中，组织要考虑以下几个问题：任务要项能否将优秀绩效与一般绩效区分开来？那些绩效较差的员工是否也完成了以上任务要项？该任务要项对于指导人才培训与开发的意义如何？

（4）行为事件访谈

行为事件访谈技术是用来提取各类别的素质要项的主要方法，这是因为用传统的测量方式无法提取工作绩效的全部信息，而用行为事件访谈法不仅能够提取知识、技能等信息，而且能有效提取隐性素质内容。

在访谈前，组织要对访谈对象进行筛选，选择绩效优秀以及一般的员工，对他们分别进行访谈。通过对比、分析访谈结论，发现那些能够导致两组人员绩效差异的关键行为特征，继而将其演绎成特定职位的任职者所必须具备的素质特征。随后，组织以出色胜任工作的员工为标杆，利用访谈获取构建绩优素质模型的各项数据。组织可以选择内部标杆，也可以选择外部标杆，这取决于组织在构建素质模型时所选择的参照系，即是以组织内的高绩效为目标，还是以区域、行业中的高绩效为目标。后文将详细介绍行为事件访谈法。

（5）信息整理与归类编码

在访谈结束后，组织要借助主题分析法将获得的信息与资料进行归类，找出并重点分析对员工关键行为、思想和感受有显著影响的过程片断，发现绩优员工与绩效一般的员工在处理片断时的反应与行为之间的差异，识别导致关键行为及其结果的、具有区分性的素质特征。后文将详细介绍主题分析法。

（6）构建素质模型

这一阶段的主要工作是对素质进行定义和划分行为等级。一般来说，素质模型包括指标定义、指标理解和指标分级行为描述三个部分。其中，指标定义是对素质指向的核心行为特征进行简要描述；指标理解是对素质指标的定义与内涵中需要强调的关键点进行着重说明；指标分级行为描述是对素质指标所指向的各种典型行为的归类与分层。表2-5对素质模型进行了简要展示。

表2-5　　　　　　　　　　　　战略导向素质模型示例

指标定义：深入理解并认同集团的发展目标和战略，以此作为工作的出发点，指导具体的决策与行动，确保各项经营管理活动与集团发展战略一致
指标理解：主要表现为把日常工作中的行为与集团的远景和战略目标密切结合起来的意识与行为；不仅强调对集团战略的清晰理解，更强调将集团的发展战略贯彻在具体的决策与行动中

第三层级	• 根据自己分管领域的特点，关注未来发展，及时顺应变化做出调整 • 收集信息，分析行业发展方向及外部环境变化对集团的影响，对战略调整提出建设性意见和建议 • 不断思考行动与战略的一致性以及可能出现的问题，并采取行动减少风险 • 及时调整内部的政策、流程和方法，以适应未来发展和外部变化的需要
第二层级	• 始终使自己的决策与行动和集团的发展战略保持一致并贯彻执行 • 拟定自己分管领域的年度工作重点时，考虑是否对集团的战略与长远目标有利 • 着眼于未来考虑，明确未来可能的机会和问题 • 根据长远目标和战略安排日常工作，并不断审核其一致性 • 根据已达成共识的战略目标，调整相关领域的资源，力求把握机会
第一层级	• 准确理解集团发展战略并制定分管领域的子战略 • 明确描述集团战略对自己分管领域工作的要求 • 通过多种方式向相关人员宣传集团的愿景与战略 • 根据集团的战略要求制定自己分管领域的长远目标、战略和计划

在最终的构建阶段，需要由专业人员组成分析小组对框架内各项素质的内容与程度、各项素质间的关系进行分析。如果有必要，组织也可以再次进行行为事件访谈，对素质模型进行调整，最终构建某一职位的素质模型。

3.评估与确认阶段

在素质模型构建完成后，还需要通过管理实践对素质模型进行评估与确认。一方面，可以通过与相应职位的员工及其上级进行讨论，确认素质模型中的素质内容是否为驱动任职者达成高绩效的关键因素，对素质要项的界定与划分是否准确，是否还有其他重要的素质被遗漏等。这种修正方式能够使素质模型更具操作性，员工也能够通过参与讨论强化对组织要求的素质的认识。

另一方面，还可以通过素质模型的实践运用来检验素质模型的有效性。例如，选取另一组绩优员工与一般员工为样本，检验素质模型对其行为差异以及未来绩效的预期意义；将素质模型与组织的培训职能乃至其他管理职能结合，预测以素质模型为基石开展的人力资源开发活动能否帮助员工提升绩效。

2.2.3　行为事件访谈法介绍

行为事件访谈法是测量素质、构建素质模型的主要方法。通过有目的、有技巧、系统性地访谈，访谈者能够从对方的回答中抽离出有用的信息，帮助做出正确的决策。

1.行为事件访谈法的概念

行为事件访谈法（behavioral event interview，BEI）是由美国哈佛大学心理学教授戴维·麦克利兰（David C.McClelland）开发的，通过对绩优员工和一般员工的访谈，获取与高绩效相关的素质信息的一种方法，现在已经成为揭示个体素质特征的主要工具。

"行为事件"的意义在于通过受访者对其职业生涯中的某些关键事件的详尽描述，如这项工作是什么、谁参与了这项工作、受访者是如何做的、为什么这样做、这样做的结果怎样，来挖掘当事人的素质，特别是无法直接观察到的潜在素质，从而对当事人未来的行为及绩效产生预期，并发挥指导作用。

2.行为事件访谈法的优缺点

一般来说，行为事件访谈法有以下几个优点：

① 行为事件访谈是一种深入的交谈，其不仅描述了行为的结果，而且追寻了产生行为的能力、职业性向、工作价值观等潜在特征，采用这种方法解释素质与行为的驱动关系十分有效。

② 行为事件访谈法可以准确、详细地反映受访者处理具体工作任务与问题的过程，有助于区分有效与无效的工作行为，对如何实现并获得高绩效结果具有指引作用。

③ 行为事件访谈法提供了与工作有关的具体事件的全景，可以发展成为企业实施招聘面试、模拟培训的有效工具与角色扮演蓝本。同时，对绩优员工的描述甚至可以为他人的职业发展提供参考路径。

行为事件访谈法的缺点主要表现在：

① 行为事件访谈的流程较长，一次有效的访谈往往要花费1.5~2个小时，此外还需要更多的时间进行访谈前的准备与访谈后的分析。因此，这种方法无法大规模使用，只能在小范围内针对组织的关键人才展开。

② 行为事件访谈对访谈人员的要求较高，访谈人员必须经过相关的专业培训，必要时要在专家指导下才能通过访谈获得有价值的信息。因此，培养一名合格的访谈人员需要大量的前期投入。

③ 行为事件访谈通常集中于具有决定意义的关键事件及个人素质，可能会忽略一些不太重要但仍与工作有关的信息与特征。

3.实施行为事件访谈法的步骤

行为事件访谈法主要有5个步骤（如图2-3所示）：

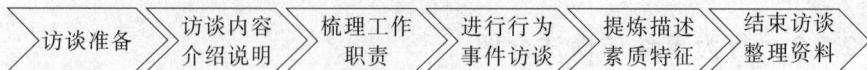

访谈准备 》 访谈内容介绍说明 》 梳理工作职责 》 进行行为事件访谈 》 提炼描述素质特征 》 结束访谈整理资料

图2-3 行为事件访谈法的步骤

（1）访谈准备

在开始访谈之前，访谈人员要借助工作分析与职位说明书等手段与工具，了解受访者的背景情况，包括姓名、职务以及机构状况，提前准备访谈提纲，安排地点并配置相关的录音设备等。值得注意的是，访谈人员不必提前了解受访者绩效水平的高低，以避免预设访谈结果。

（2）访谈内容介绍说明

与受访者见面后，访谈人员先强调访谈的目的与形式、访谈信息的用途和使用者以及保密承诺等。然后，访谈人员从目前的工作经历开始询问，以探求受访者个人的职业生涯目标以及在选择职业时的具体行为。这一过程的目的是与受访者建立相互信任及友好的关系，从而使整个访谈过程轻松愉快，保证信息的全面真实。

（3）梳理工作职责

虽然在准备阶段访谈人员根据职位说明书了解了受访者的背景信息，但仍需要通过交谈了解受访者的实际工作内容，包括关键的工作行为及与其他职位的工作关系等，从而全面地了解其工作职责。访谈人员可以引导受访者集中、清楚地描述一些具体的事例，从而自然地导入对关键事件的追问。

（4）进行行为事件访谈

行为事件访谈的核心目的是了解受访者对关键事件的全面详尽的描述，事件的数量以4~6个为宜。在该步骤中，访谈人员要求受访者描述关键事件的具体信息，关注受访者的事实行为，避免假设性、抽象性、倾向性的作答。当受访者无法列举具体事件时，访谈者可以列举自己亲身经历的事例或其他受访者列举过的成功事例来引导对方。

在要求受访者描述一个完整的行为事件时，访谈人员通常可以借助STAR法则来辅助提问。STAR法则具体包括：提问事件发生时的情况（situation），如"当时的情况怎样""有什么人涉及其中""周围的情形怎样"；提问具体的任务（task），如"你要完成的任务是什么""你这样做是出于什么样的考虑"；提问具体的行为（action），如"你都采取了哪些具体的行动步骤""请描述您在整个事件中担任的角色"；提问事件的结果（result），如"事件的结果如何""产生了什么样的影响""您得到了什么样的反馈"。

（5）提炼与描述工作所需的素质特征

这一步骤主要有两个目的：一是对以前的关键事件进行补充，获得一些与素质相关的其他关键事件的信息，避免疏漏；二是通过直接询问受访者本人对从事工作所需素质的理解与认识，使其感觉受到尊重。

（6）结束访谈与整理资料

访谈结束时，访谈人员首先要感谢受访者的参与，并对谈话内容表示认同。随后，要立刻总结访谈的记录，对不够清晰的内容做出说明，以便在之后的访谈中做进一步的调查与确认。通常需要整理的资料包括：受访者描述的工作职责；受访者在各种情境中的行为及其结果；任职者应具备的素质，以及素质与关键行为的关系。

2.2.4　主题分析法介绍

1.主题分析法的概念

主题分析是在行为事件访谈后对访谈内容进行分析、提炼素质的重要方法，其含义通常包括两个方面：一是基于素质词典提出的素质分类及相关定义与分级，提炼行为事件访谈中的素质信息，对其进行编码与归类整理的过程；二是在通用素质词典之外，对访谈过程中新出现的、组织个性化的素质进行分析、提炼与概念化，并添加进组织素质词典的过程。

2.主题分析的流程

（1）组建主题分析小组

主题分析是一个相对主观的过程，因此对人员的挑选十分重要。一般来说，小组主要由参与行为事件访谈的访谈人员构成，至少应包括4人。访谈人员的访谈经历和对受访者行为的观察使其对某些细微的差异、语言、文化等有更加感性、直接的认识。

（2）访谈记录分析

分析小组的成员采取两两组合的方式开展工作，对行为事件访谈的记录进行初步分析。在这一过程中，每位成员要基于个人的经验与判断，对每一项可能暗示某一项素质主题的细节（文字或段落）进行标注。随后，每对分析人员应交换访谈资料，重复上述方法再次独立分析，以免遗漏与出错。

（3）结合素质词典编制素质代码

素质词典是素质内容与类别的数据库。戴维·麦克利兰自1989年起对200多项工作所涉及的素质进行研究，提炼并形成了360种行为及其相关的21项通用素质要素，这些构成了素质词典的基本内容。

在对可能的素质主题进行标注后，对于那些素质词典中已有的素质要项，分析人员应在相应内容的旁边标明代码，对于素质词典中尚未列出的素质类型与内容，分析人员要用自己的语言进行初步归纳与整理，并采用缩略形式标明。表2-6展示了提炼素质代码的过程。

表2-6　　　　　　　**访谈某企业中层管理人员的初步结论**

访谈内容	主题分析	可能的素质要项
"我知道如果我把这份计划提交给公司管技术的副总，一定会惹恼我们部门的经理，但我还是这么做了，那份计划也正如我当初所坚持的，最终被否决掉了……"	受访者很清楚采取行动的后果会给部门经理造成什么样的影响	影响力（IMP）
"我习惯每天给自己的工作做一个计划，这样就能知道哪些是最重要的，哪些是不太着急的，不会让自己显得很忙乱，对下属也能指挥若定……"	受访者知道要按照业务目标来安排工作的优先次序	策略定位（SO）

（4）小组共同讨论

主题分析小组共同研讨并逐个论证每个分析人员提炼的素质主题，论证结束后将这些素质主题归类为相应的素质族。在归类时，小组要采用统一的语言形式对每一个素质族与素质要项的定义、内容和级别做出最佳描述和说明。对于那些在企业素质词典中找不到的素质，小组经过讨论，将其或者作为某一已知素质的子项，或者作为补充素质，添入企业的素质词典。

（5）统计分析与检验

从行为事件访谈材料中抽取样本，运用统计学方法检验提炼出的素质是否具有代表性、普遍性，即两个或更多的员工在阐述相似的关键事件时是否都反映出了同一类素质。根据统计分析的结果，对素质主题进行修正，形成最终的素质模型与相应的编码手册。

经过以上定性和定量分析之后，可以根据人才的工作特征建立起模型。表2-7展示了军队信息化人才的素质模型。

表2-7　　　　　　　　　　　军队信息化人才的素质模型

维度	要素	定义
能力素养	问题解决能力	对问题解决方法、途径的系统思考和比较选择能力
	思维能力	能独立、全面、灵活、创造性地对事物进行分析思考
	知识迁移能力	将所学知识应用到新领域、解决新问题的能力
	计划能力	根据资源预先对未来的工作做合理规划，并考虑到可能的变故与突发情况
	信息检索能力	熟悉信息选择方法，善于利用各种工具及时准确地查找出需要的信息
	创新能力	用新办法解决老问题，灵活应对新问题
政治素养	纪律性	严守军队纪律，自觉遵守条令条例
	原则性	坚持原则，具有明确的是非观念
	保密意识	警惕性高，遵守保密规定，自觉保守国家和军队秘密
	服从性	服从命令，听从指挥
	实事求是	以务实的精神对待工作
	包容性	能够听取多方意见，求同存异
	全局观	能够把握大局，从全局高度看待和处理问题
知识素养	信息安全	了解和掌握信息及信息系统安全知识
	信息技术	了解和掌握与计算机、网络和通信相关的技术
基本素养	沟通能力	说话注重技巧，在与他人的交流过程中能够明确传达自己的观点和意见
	健康状况	身体健康，精力充沛，达到规定的体能标准
	主动性	在工作上积极主动，不推诿，敢于承受风险、担当责任
	心理承受力	对逆境、困难的适应力和忍耐力
	责任心	认真对待本职工作与接受的其他任务

资料来源　廖华. 军队信息化人才的素质模型及其培养模式研究［D］. 北京：中国人民大学，2007.

2.3　素质模型在人才培训与开发管理中的应用

素质模型是人才规划、招募、培训与开发、绩效与薪酬管理等人才管理活动的基础。由于人才管理具有内在的逻辑性，为了更好地实施人才培训与开发，在构建素质模型之后，首先需要在国家层面和组织层面做好人才规划，进而确定人才的范围，然后开展培训与开发工作。关于人才管理的其他内容有相应的教材进行介绍，本书不进行单独的说明。

2.3.1　人才规划

1.人才规划的内涵和方法

（1）人才规划的内涵

人才规划是对人才发展和人才管理工作的比较全面、长远的计划，是对人才发展的预先谋划。根据规划主体的不同，人才规划可以分为国家层面的人才规划和组织层面的人才规划，其中，国家层面的人才规划需要做出顶层设计，而组织层面的人才规划只需要围绕企业战略进行。无论进行哪种人才规划，都需要对人才的需求和供给进行预测。

（2）人才需求预测的常用方法

① 经验预测法。经验预测法是指主体根据以往工作经验，结合政府的宏观人才信息和组织现有信息，推测未来对人才资源的需求的方法。经验预测法可以采用"自下而上"和"自上而下"两种方式。"自下而上"就是由基层单位或者组织向自己的上级提出人才需求和建议，征得上级的同意；"自上而下"就是由政府或组织高层先拟定总体的人才目标，提出用人建议，然后由各级部门自行确定用人计划。在实际过程中，最好将"自下而上"和"自上而下"两种方式结合起来运用。

② 趋势外推预测法。趋势外推预测法是一种根据过去的数据和现在的数据推测未来趋势的方法。在具有比较完整的连续的时序数据的情况下，根据这些数据可以找出该事物的变化规律和发展趋势，一般可用一条拟合曲线来表示，并列出其数学表达式，然后应用该数学表达式进行预测。常用的外推法有线性外推法、指数曲线外推法、生长曲线外推法等。

③ 德尔菲法。德尔菲法也称专家调查法，是由若干专家和企业的组织者组成一个预测机构，按照规定的程序，以匿名的形式征询专家对所给问题的意见或者判断，然后进行整理、归纳、统计，再匿名反馈给各专家，再次征求意见，再集中，再反馈，直至得到一致的意见。德尔菲法能充分发挥各位专家的作用，能把各位专家意见的分歧点表达出来，集思广益，专业性较强。

④ 回归分析法。回归分析法是利用数学模型，从过往的离散数据中找出规

律，获得对未来需求的预测。趋势分析法是最简单的回归分析方法，它利用时间因素对趋势的影响做出预测，即把过去的趋势直接导向未来，依据过去某一特定时期内人才的数量变化来预测未来的人才需求情况。计量模型分析法是回归模型中一种被广泛应用的方法，其原理是寻找一个与人才资源的需求量相关的因素，根据这个因素得出一个回归方程。这一方法对因素有两个要求：首先，该因素必须与人才资源的需求量具有极强的相关性；其次，该因素的变量的历史数据必须是易获取的。这也是计量模型分析法的难点所在。回归模型的显著性水平越高，对人才需求的预测就越准确。

（3）人才供给预测的常用方法

① 马尔可夫模型。马尔可夫模型是分析人员流动的典型矩阵模型，它的基本思路是通过发现人事变动的规律来推测未来的人员供给情况。马尔可夫模型通常分几个时期来收集数据，然后再得出平均值，利用这些数据计算出每一种职位的人员变动概率，进而推测出人员的变动情况。具体的做法是将计划初期每一种职位的工作人数与每一种职位的人员变动概率相乘，然后纵向相加，得到内部未来的人员净供给量。

② 微观集成法。微观集成法是一种自下而上的人才供给预测方法，主要对人才的专业、层次和总量数据进行分析，以确定人才资源的现状，依据发展需要确定未来的人才资源需求数量及结构，在此基础上确定可以提供的人才资源。因此，微观集成法需要对所研究的行业或组织进行合理的人才资源分类，研究系统各部分的发展规律，然后分别对每一部分进行分析、预测，最后集成。

③ 基数叠加法。基数叠加法就是把影响预测对象发展变化的各因素的作用比重用影响系数来表示，然后求得预测值。计算公式如下：

$$R=R_0 \left(1 + a\% + b\% + c\% + \cdots \right)$$

式中：R 为预测值；R_0 为前值；$a\%$、$b\%$、$c\%$ 为各影响因素的影响系数。影响系数可以采用专家预测法得出，也可以根据数理统计分析得出。

基数叠加法比较简单，但需要对各影响因素进行充分正确的分析。若分析得当，则能够得出精确的结论；若分析不当，将可能导致预测严重失真。

2.国家层面的人才规划

从国家层面来看，人才规划是一种政府活动，是从宏观战略的角度出发去探索和掌握人才系统的发展运动规律，并运用这些规律去规定和控制未来中长期（一般为4年以上）宏观人才系统的运动状态。

国家层面的人才规划有多种类型：从生产的角度可以分为人才培养规划、人才流通规划和人才使用规划；从条块的角度可以分为区域性人才规划（如省级人才规划、市级人才规划、县级人才规划或自然经济区域人才规划等）、行业人才规划、系统人才规划和部门人才规划；从功能的角度可以分为人才发展规划、人才管理规划、人才开发规划和人才立法规划等；从市场经济体制基本框架的角度可以分为人才宏观调控体系规划、人才市场体系规划、人才社会保障体系规划等；从人才队伍分类的角度可以分为专业技术人员队伍发展规划、经理人员队伍发展规划、公务员队伍发展规划、学术和技术带头人队伍发展规划、高级人才队伍发展规划以及其他各种人才队伍发展规划；从年龄层次的角度可以分为青年人才发展规划、中老年人才发展规划、银发人才发展规划。此外，还可以从其他角度进行分类。

无论哪种规划类型，国家层面的人才规划重点主要有以下三项内容：

（1）规划重点人才资源

规划重点人才资源是国家集中力量加强对重点人才资源的培养、开发与管理。重点人才资源主要有两种：一是急需人才，主要根据需求程度、供求关系、替代性、易得性等来确定；二是关键人才，根据人才对国家战略发展的作用而言，主要可以通过人才能力、业绩等来确定。例如，2020年美国不断对中国企业进行极限施压，断绝了大部分中国企业的芯片来源，企图将中国排除在半导体行业之外，因此围绕芯片开发的软件人才、设计人才就成为我国产业发展的急需人才和关键人才。

（2）重点人才开发与管理工作

重点人才开发与管理工作包括重点环节与重点领域。例如，以人才引进为重点，或以人才培养为重点，集中力量于人才资源开发管理的某个环节或人才竞争的某种方式，提高人才资源开发管理的水平，在人才竞争中形成品牌优势。再如，集中力量改善人才环境，使人才有良好的生活、学习、工作环境，吸引和留住人才。

（3）设置重点领域与重点地区

国家人才规划还要集中力量增强重点领域与重点地区的人才竞争力，构筑人才高地。开辟经济开发区就是集中力量重点增强局部地区人才吸引力、提高局部地区人才竞争力的一个有效方法。此外，对部分领域、从事部分类型工作的人才设置单独的政策规划也是一种方式，如《"十三五"国家科技人才发展规划》《京津冀人才一体化发展规划（2017—2030年）》等。

3.组织层面的人才规划

组织层面的人才规划是指组织科学地预测、分析其人才的供给和需求状况，制定必要的方案和措施以确保组织获得各种必需的人才的计划。它包括三层含义：首先，一个组织所处的环境是不断变化的，人才规划就是要对这些变化进行科学的预测和分析，以保证组织在近期、中期和远期都能获得必要的人才资源；其次，组织应制定必要的人才方案和措施，以满足对人才的需求；最后，在实现组织目标的同时，满足人才的个体利益。

组织层面的人才规划着眼于为组织未来的生产经营活动预先准备人才资源，持续和系统地分析组织在不断变化的条件下对人才资源的需求并建立与组织长期效益相适应的人才制度的过程。它是组织整体规划和财政预算的有机组成部分。

组织的人才规划主要分为长期、中期和短期三种。长期的人才规划一般是指

5~10年的规划，是组织为了长远发展，特别是为了实现组织的战略目标而制定的人才规划。长期人才规划的制定要着眼于战略目标、各种宏观的影响和制约因素。一个长期人才规划常常包含若干个中期与短期人才规划。中期人才规划一般是指2~5年的规划。中期人才规划必须与长期人才规划相衔接，它服从于组织的中期目标。短期人才规划一般是指2年以内的人才规划，包括年度人才规划在内。它是组织为了目前的发展和实现既定目标而制定的，并且在制定过程中较多地考虑微观的影响与制约因素。

从规划的内容上看，组织的中长期人才规划包括组织人才资源总体发展的战略规划、组织变革与组织发展规划、企业人才资源管理制度改革规划、组织人才资源技能开发规划、企业人才资本投资规划、人才职业生涯规划等。短期人才规划包括年度人才资源的供给与需求平衡计划、年度劳动生产率的提高计划、年度组织定编定岗定员与劳动定额计划、年度人才薪酬福利保险与激励计划、人才调配晋升与离退休计划等。

2.3.2　素质模型在人才培训与开发中的具体应用

1.在培训需求分析中的应用

基于素质模型进行培训需求分析是以员工素质为基本框架，通过对组织环境、组织变量与优秀员工关键素质的分析来确定岗位的培训需求，是一种战略导向的分析方法。这种方法使得培训内容和程序不仅与当前的组织战略相一致，而且更能适应组织未来发展的需求，突破了以往以"绩效缺口"为导向的局限性。

基于素质模型进行培训分析主要有三个步骤。首先，将素质模型与人才的现实情况进行对比，找出不同素质指标的差距。现实情况是指人才当下的各类素质水平，可以通过行为事件访谈法、360度评估、自我评估的方式进行测评。其次，使用科学的方法对照人才当下素质与素质模型，确定员工在素质数量或是程度上的差距。随后，培训人员分析员工素质差距产生的原因，判断这种差距是否可以通过培训的方式消除。这是因为有的素质差距与设备、激励机制、个人特征有关，需要采用其他的方法来弥补。最后，组织对能够通过培训解决的问题进行分类汇总，即区分共性与个性、长期与短期的不同需求，完成培训需求分析。

2.在培训方法选择中的应用

从员工的素质角度来看，个体所具备的素质特征与素质水平不同，因此培训的难易程度、适用的培训方法也不尽相同。一般来说，培训知识与技能层面上的素质相对简单，可以采用讲授、讨论、指导的方式在短期内提升，达到要求。然而，对于潜在的素质，如能力、职业性向、工作价值观等，则需要综合采用教练技术、角色扮演等多种培训方法，通过长时间的潜移默化提升相应的素质。因此，对素质模型的应用有助于组织合理设置培训方法，将非结构化的学习转变为结构化的、有计划的培训活动，从而实现人才素质的全面提升。

3.在培训效果评估中的应用

通常来说，组织对培训效果的评估主要采用柯氏评估模型，从反应、学习、行为和结果四个层面进行评估与总结，这部分内容将在第7章详细讲解。素质模型为效果评估提供了一种新的思路，即在培训结束后再次测量员工的素质水平，并与培训前的素质情况进行比较，总结培训的效果。这种效果评估方式的针对性更强，能够直接识别培训对员工特定素质提升的有效性，以及员工对培训内容的掌握程度。

2.3.3　应用素质模型时的注意事项

在人才培训的过程中应用素质模型，需要注意以下几个问题：

第一，虽然素质模型是人才培训活动中的重要内容，但不应过分夸大素质模型的作用。仅仅以素质模型作为培训的依据，会导致培训活动碎片化、培训成本上升、培训周期变长。因此，在进行人才培训时，要把握素质模型的思想，将素质模型更多地应用在关键岗位与核心人才的培训与开发上，对于其他员工则要综合运用各种方法来设计与计划培训工作。

第二，在人才培训中应用素质模型的关键在于对特定岗位员工的综合素质培养。对于组织来说，知识与技能层面的素质最容易得到提升，其效果也能在短期内得到体现，所以部分组织会注重培养员工这两方面的素质，而忽略其他层面。然而，潜在的素质对个体的工作行为存在更深远的影响。因此，组织在进行培训活动时，要统筹考察培训内容，注重对人才素质的综合提升。

第三，应用素质模型进行人才培训是一项系统性的工作。首先，要从战略与环境分析入手，分析企业的战略目标、客户和外部环境的要求，二者决定了企业具体需要员工做到什么；其次，要进行工作与任务分析，指出员工应该做到什么；最后，牵引出绩效与素质分析，即员工实际做到了什么。这种系统性的分析过程使得素质模型与组织战略相联结，基于素质模型的人才培训能够更好地服务于组织。

第四，员工的素质在提升后并不会保持静态稳定，而是会随着时间逐渐下降。如果组织不能及时跟进干预，培训的效果就会慢慢消退。因此，在应用素质模型进行人才培训后，组织还要建立跟踪机制，持续反馈员工的素质信息，使组织与员工共同了解个人当前的素质水平，为组织后续的人才支持工作提供参考。

人才思政堂

L集团人才选拔中的政治要求

L集团是一家大型央企，是我国现代化新型作战体系和科研制造的主体，是国家"一带一路"建设和军民融合发展的主力。L集团始终强调保持政治定力，坚持国家利益至上，将军事装备的换代作为主业。同时，L集团积极推进军工技术民用化、产业化，集中力量打造智能制造、应急产业等先进制造业板块和贸易流通、工程技术管理、金融服务等现代服务业板块，着力推动我国装备"走出去"和国际产能合作，大力发展军贸、战略资源开发、国际工程承包、产品出口及技术引进等国际化经营业务。

2019年，L集团进行中层干部的内部竞聘，提出了干部竞争上岗的政治素质要求（见表2-8），这增加了人员选拔中的政治把关，保证了人才的政治素质。内部竞聘结束后，L集团获取了30多名政治素质过硬、管理水平过关、技术能力优秀的中层管理人员，干部竞争上岗取得了较好的成效。

表2-8　　　　　　　　　　L集团中层干部竞聘政治素质要求

序号	政治素质	简要说明
1	政治思想	熟悉习近平新时代中国特色社会主义思想，能够学以致用，保持高度的政治觉悟
		思想上具备"四个意识"，行动上做到"两个维护"，表里如一，对党保持高度的忠诚
2	政治立场	积极要求进步，在政治立场、政治方向、政治原则、政治道路上同党中央保持一致，坚定对马克思主义的信仰，对社会主义和共产主义的信念，不忘初心，坚定"四个自信"
		在推进国有资本保值增值、提升国有经济竞争力、放大国有资本功能的工作中，能够推动企业深化改革，以实际行动贯彻落实"两个一以贯之"要求
3	政治责任	具备强烈的政治使命感和责任感，立场鲜明，坚定共产主义信仰和信念
		提质增效，用实际的工作业绩履行"国家队"职责使命，能够担负起政治责任和领导责任
4	政治行为	能够从党和国家工作大局出发思考问题，发现并解决问题，具备防范政治风险的能力，把企业的思想政治工作与企业经营管理紧密结合
		具有政治敏锐性和政治鉴别力，能够保持企业、领导班子、部门或班组的政治方向
5	政治廉洁	保持工厂党员的廉洁性，严格遵守党的政治纪律和要求
		在工作中坚定落实"八项规定"，坚决反对"四风"

资料来源　改编自本书主编参与的L集团中层干部竞聘工作实例.

思考题

1.工作分析的概念与流程是什么？

2.如何构建人才素质模型?

3.在国家层面和组织层面,人才规划的内容有何不同?

4.素质模型在人才培训与开发中有什么作用?

案例分析

工业互联网企业人才培养的问题

工业互联网是第四次工业革命的重要基石,是推动经济高质量发展的重要引擎。作为新一代信息技术和制造业深度融合的产物,与传统业态相比,工业互联网更需要复合型、多维度、多层次的人才。目前,传统的人才培养模式和评价体系逐渐不能适应工业互联网发展的需求,专业人才缺乏已经成为制约我国工业互联网创新发展的重要因素。为了更多更好地培养出所需要的人才,以下几个问题需要着重考虑:

首先,针对工业互联网相关职位的名称没有行业统一的命名规范,不同企业对工业互联网相同岗位的命名方式不同。比如,针对平台架构类型的岗位,有"工业互联网平台架构师""平台架构师""架构师"等名称;针对平台App开发岗位,有"平台App开发工程师""工业App开发工程师"等名称;针对边缘计算岗位,有"工业互联网边缘计算工程师""边缘计算工程师""边缘计算软件工程师"等名称。岗位名称不统一会导致人们对相同岗位的工作职责、能力要求产生不同的理解。

其次,各工业互联网企业对职位能力的描述差异较大,针对同一岗位的描述各有侧重,缺乏统一的规范。例如,对于"工业互联网平台架构师",有的企业将其工作职责描述为"负责工业互联网平台架构设计工作",有的描述为"负责对核心系统进行全局性技术架构和方向把控,以及技术平台架构搭建和核心代码的编写"。前者只负责架构设计,后者还涉及核心代码编写。又如,针对"工业大数据工程师",有的企业将其工作职责描述为"负责工业数据的挖掘、建模、分析,实现状态监控、故障检测与诊断、设备预测性维护与健康管理",有的描述为"负责工业大数据相关产品技术架构设计、技术规划"。前者侧重于数据建模分析,解决具体生产问题,后者侧重于工业大数据产品研发。工作职责描述不规范,不利于高校相关专业制订培养方案,也导致继续教育缺乏准确目标。

最后,工业互联网人才分类培养体系尚未形成。工业互联网是新一代信息技术和制造业深度融合的产物,对传统制造业人才的转型和升级提出了新的要求。它既需要具有拔尖创新能力的学术型人才,也需要实践能力强、在工作中能够解决问题的应用型人才。多样化、多层次的工业互联网人才培养模式亟待完善。在学术型人才的培养上,虽然"双一流"高校已经开始在5G、智能制造、物联网等专业方向进行研究探索,但是基于工业互联网的技术研究相对较少。在应用型人才的培养上,工业互联网人才培养的产教融合不足,行业和企业的用人需求不

明确，学校培养方向没有及时跟进不断变化的社会需求，产业和教育深度合作的
人才培养方式尚未形成。

资料来源 中国工业互联网研究院. 工业互联网人才白皮书（2020）[R]. 北京：中国工业互联网研究院，2020.

问题：

1.当前工业互联网企业的人才培养存在哪几个方面的问题？

2.如何使用本章介绍的内容来帮助改善工业互联网行业的人才培养？

第3章　人才培训与开发的理论基础

学习目标

✔理解教育、培训与开发之间的关系

✔掌握教育学与教育管理中的经典理论

✔理解教育与教育管理理论对人才培训与开发的

影响

导入案例　　　　企业办大学？你们做 HR 的人懂教育和教育管理吗？

——从 A 公司开办企业大学的动议说起

A 公司创建于2006年，是一家涵盖投融资、房地产开发、物业管理和机械设备制造的大型国企。经过10多年的高速发展，A 公司的每个事业部都取得了长足的进步。和许多国企一样，A 公司非常注重人才培训与开发，每年在培训上的投入不少于员工工资总额的5%。A 公司人力资源经理凭借其充足的战略人力资源管理理论知识和实践经验，在任职的10年中保证了人才培训工作的有序进行。在2020年 A 公司拟订"十四五"规划时，人力资源部提出了开办 A 公司大学的提案，然而，这份提案并没有得到董事长的同意，以下是方案的部分内容。

1. 开办企业大学的必要性

中国的企业培训经历了四个阶段：1949—1980年的计划主导时期；1980—1996年的大学主导时期；始于1997年前后的培训产业化时期；1998年以后逐步兴起的企业自主教育时期。当前，多数企业仍处于培训产业化和企业自主教育交错的状态。

据统计，从1998年第一家中国本土企业大学海信学院成立到2008年的10年间，仅通过媒体公开报道和企业官方信息对外宣称已经建立或正在筹备建设的中国本土企业大学就超过了180所，企业大学在中国得到了快速的发展。中石化、国家电网、中石油、鸿海科技、中国工商银行、中国移动、中国人寿、南方电网、中国中化集团、宝钢集团等企业都建立了自己的企业大学。2006—2008年，中国的企业大学迎来了成长高峰，据统计，这3年间中国共有103所本土企业大学成立（如图3-1所示）。

数量（所）

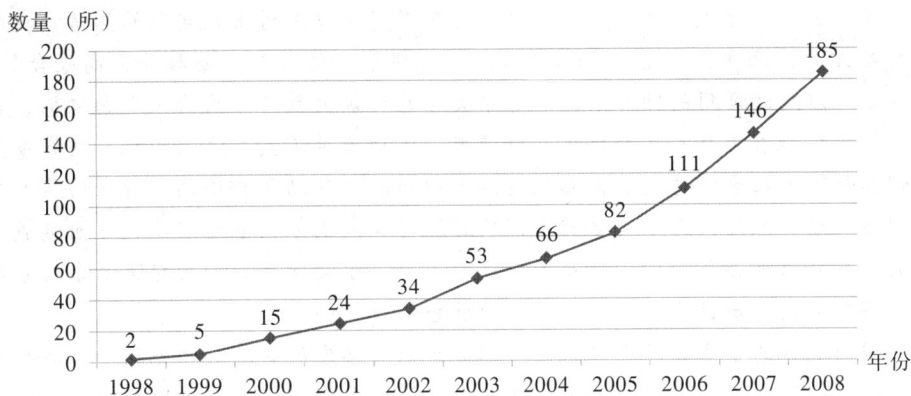

图3-1   1998—2008年中国本土企业大学数量

中国本土企业大学自建立之时便处于国际企业大学发展成熟的大背景下，所以国内的企业在构建企业大学时都借鉴了国际企业大学的经验。从企业大学的整体发展历程来看，中国本土企业大学并没有表现出显著的发展历程上的阶段性……

国内企业大学的建立呈现出良莠不齐的状况，一些企业大学很好地发挥了其战略性功能，成功借鉴了国外标杆企业大学发展的经验和教训，而更多的企业大学则是匆匆上阵，结果只有"企业大学"的帽子，其实并没有真正发挥企业大学的功能。从国内企业大学的实际状况来看，那些对建立企业大学准备比较充分、对建立企业大学有明确的目标、对企业大学的发展有清醒认识的企业建立的企业大学，发挥了比较好的功能……

2.本土优秀企业大学的状况

在国内，海尔建立的海尔大学、TCL建立的TCL领导力开发学院、百度建立的百度学院、创维建立的创维学院、用友建立的广州用友学院、平安建立的平安金融学院、奥康建立的奥康大学都体现了较好的战略性，较好地发挥了企业大学的功能。

TCL领导力开发学院一直根据TCL的战略来制定相应的培训项目。2005年，TCL正式实施国际化战略后，意识到需要强化后台管理，为此领导力开发学院引入了巴黎高等商学院（HEC Paris）的供应链管理课程，使集团很多子公司的供应链都得到了改善。2006年，TCL制定的愿景为"成为受人尊敬和最具创新能力的全球领先企业"，领导力开发学院依据此愿景，参与推动了一系列的企业创新活动。同年，TCL在质量创新年会上再次把质量管理提到了新高度，而领导力开发学院紧随其后开展了质量管理培训，助推TCL加快迈向品牌企业的进程。2007年，TCL提出"回归原点"的理念，领导力开发学院随后推出相应的回归培训课程。可以看出，TCL领导力开发学院的培训项目都是为辅助TCL实现其战略目标而设计的……

海尔大学的组织结构清晰，由培训规划部、考试中心、销售平台、产品本部组和生产组五个部门组成，形成矩阵式管理。海尔大学还建立了有效的管理制度和工具，如"海豚式升迁"模式能很好地激发海尔员工对培训学习的热情。在师资配备方面，海尔大学除了拥有330余名内部兼职讲师外，还与外部高校合作，建立了可以随时调用的师资队伍。海尔大学的培训大致可分为价值观念培训、实战技能培训和员工个人生涯培训。价值观念培训为员工宣贯海尔文化，实战技能培训和员工个人生涯培训提供知识技能培训和职位变动所需培训，旨在培养人才和留住人才。此外，海尔大学的培训项目还对其分供方、专卖店以及产业链成员开放，部分培训甚至面向多行业多领域人士。海尔大学有效承担起了海尔人才培养、海尔文化传播推广、海尔内外资源整合等使命……

国内优秀的企业大学已经跟上了国际企业大学发展的趋势，无论是在战略定位、组织运行体系、业务体系上，还是在支撑体系的建立上，都比较完善……

董事长看到报告就揶揄地说："企业办大学？你们做HR的人懂教育和教育管理吗？"

资料来源　张琼. 中国企业大学成功因素分析——基于企业大学的多案例研究［D］. 北京：中国人民大学，2012.

问题：

1. A公司应该创建企业大学吗？

2. 董事长的反问有道理吗？为什么？

微课3-1

人才培训与
开发的理论
基础

3.1　教育、培训与开发的关系

正如本书在第1章所讨论的，人才管理与人力资源管理有着很大的不同。具体到人才培训和开发领域，由第2章2.3部分谈及的人才规划可知，与组织内部的人力资源规划不同，国家层面的人才规划需要做出顶层设计，我们必须将人才的培训和开发置于一个更宽泛的表征——教育上，因为教育对人才的素质培养，教育管理对人才的开发与管理具有重要意义。有鉴于此，本章先从教育说起。

3.1.1　教育的概念

教育是培养人的社会活动，是传承社会文化、传递生产经验和社会生活经验的基本途径。教育有广义和狭义上的区分。在广义上，凡是增进人们知识和技能、影响人们思想观念的活动，都具有教育的作用。狭义的教育是以影响人的身心发展为直接目标的社会活动，主要指学校教育，即由专门教育机构和专职人员根据一定的社会要求，有目的、有计划、有组织地通过学校教育工作对受教育者的身心施加影响，促使他们朝着所期望的方向变化的活动。

3.1.2　教育、培训与开发的联系和区别

结合第1章对培训与开发概念的阐述，不难发现教育与其既有联系又有区

别。教育和培训都是学习的途径，但有些组织在处理培训问题时，经常把教育和培训等量齐观，把教育的内容简单压缩后作为培训课程，致使无法达到理想的培训效果，究其原因就是没有理解教育与培训的关系。①

1.教育、培训与开发的联系

（1）总目标一致

教育和培训的总目标是一致的，二者都致力于培育人才、提升个体的素质。在社会高速发展的今天，各行各业对人才的要求越来越高，高素质、高能力的人才成为稀缺资源。教育和培训的最终目的都是满足社会需要、增加人才的供给。

（2）对结果进行考核

在进行教育和培训活动之后，教学者会组织考核活动，对学习者的学习情况进行考核，检查他们对教学内容的掌握程度，并为进一步调整自己的教学活动提供指导。考核的形式多种多样，包括口试、笔试、实践操作等。

（3）教学情景相似

教育和培训的情景是相似的。教育和培训活动都需要相应的计划、教学者与学习者的参与、合适的场地、特定的教育内容等。只有妥善安排了这些要素，教育和培训才能成功地开展。

（4）任务驱动的学习方式

无论是教育还是培训，都采用了任务驱动的学习方式。在学习的过程中，学习者在教学者的帮助下，紧紧围绕一个共同的任务活动，在强烈的问题动机的驱动下，通过对学习资源的积极主动应用，进行自主探索和互动协作的学习。

2.教育、培训与开发的区别

（1）对象不同

教育的主要对象是青少年，他们正处于成长期，身体机能快速发展，学习能力强，因此能够快速领会各种知识。同时，青少年对世界的认知较少，对多数知识领域只是初步接触，不会受到思维定式的影响。此外，他们对知识有着强烈的好奇心，具有较强的可塑性。

培训的主要对象是成年人，他们普遍年龄较大，在学习能力上有所下降，同时，这些人在培训之外还要兼顾工作与家庭，从而导致学习效率下降。此外，成年人已经接受过教育，参加过工作，因此在某一领域具备一定经验，有自己的理解方式。

（2）目的不同

教育的目的是促进个体的全方位发展。教育不仅要实现知识的提升，更要注重德育、体育、美育、劳育的发展，从而培养出社会所需要的人才。

培训是为组织的发展服务的，其目的是提升和改善个体的知识、技能、能力、工作态度等方面，从而最大限度地发挥个体的潜力，提高个人和组织的业

①　张卫．教育与培训概念的梳理［J］．国际关系学院学报，2004（5）：77-80．

绩。此外，随着培训在员工心中的地位不断提高，组织也将培训作为吸引人才、留住人才的手段。

（3）方式不同

教育在方式上提倡以教师为中心、以教材为中心、以课堂讲授为中心。它所遵循的规律是预习、讲解、答疑、复习和考试，主要采用讲授法、演示法、实验教学法、练习法等，最终达到强化对知识的吸收与记忆的目的。

培训注重实际和具体的内容，注重启发学习者的自主性，以学员为主、以教师为辅，主要采用专题研讨法、案例教学法、情景模拟法等方式。同时，培训所遵循的规律是成人学习循环圈，即从具体经验出发进行观察与思考，形成概念并整理，在新的情境中验证概念，最终再次获得具体经验。

（4）计划方案不同

教学计划是教育的核心，它是根据一定的教育目的和培养目标制定的教学和教育工作的指导文件，决定着教学内容总的方向和总的结构，并对有关学校的教学活动、生产劳动和课外活动、校外活动等做出全面安排。由于教育是一个长期的过程，教学计划一般具有较强的普适性与稳定性，能够适用于多年的教学，得到统一、固定的实施。

培训计划也称培训方案，主要对培训对象、培训时间和地点、培训目的、培训内容与学时分配、组织管理、调训方式等进行说明。与教学计划不同，培训方案并不是长期有效的，而是需要随时进行调整。组织内部一些因素的变化，如组织在不同阶段的挑战和目标，学习者的结构和数量的变化，学习者的基本知识、技能和态度的情况等，都会对培训计划提出新的要求。因此，在培训工作中，制订培训方案是一门十分专业的学问。

（5）师资不同

教师是随着学校教育的产生而出现的，是向学习者传递文化科学知识、进行思想品德教育，把他们培养成社会需要的人才的专业人员。一般来说，教师要拥有专业的知识水平、较高的思想政治素养、耐心的教育态度，因此成为教师的门槛较高，他们往往要接受专业的训练，在获得政府机构的资格认证后才能上岗。

培训过程中的"教师"被称为培训师，虽然有部分高校教师也会为组织提供培训，但大部分的培训师与真正意义上的教师不同。培训师有自身的特殊要求，他们不需要政府的资格认证，而是要具有大型组织或咨询机构的任职资历、良好的沟通能力以及掌握现代的培训方法。培训师要讲解的是实践经历以及对这些经历的理解，从而开阔学习者的眼界，提升他们处理现实工作的水平。

3.2　KSAO 与教育学的四大流派

人才的素质模型集知识、技能、能力与其他个性特征于一体。在教育学中，这些范畴对应着不同的教育理论，对于人才的培训和开发极具意义，下文将着重介绍。

3.2.1　学习与学习理论的概念

培训是学习的延伸，它的一个重要职能是促进学习。通过周密的组织和安排，培训能够帮助员工发现并获得所需要的知识、技能和能力，使他们的素质得到提高，从而更好地胜任工作。因此，对学习和学习理论的理解对有效培训来说至关重要。

学习是教育学研究的重要领域，正如人才培训与开发要讲求效率一样，要提升学习效率，就要把培训与开发纳入到现代教育学的学习理论中。

针对学习的定义主要有两种观点。能力观认为，学习是相对长久且不属于自然成长过程结果的人的能力的变化。这些能力与特定的五类学习成果有关，即言语信息、智力技能、运动技能、态度、认知策略。行为观认为，学习是一种获得知识的过程，所得到的经历体验导致持续的行为改变。换言之，学习是通过经历体验而导致持续的行为改变。虽然上述两种观点对于学习的界定侧重点不同，但实质是一致的，具有三点共性。

首先，学习是以行为或行为潜能的改变为标志的。经过学习，个体或者出现外在的、可观察的行为变化，可以完成以前无法完成的任务；或者发生隐性的、潜在的行为改变，即行为潜能的改变。其次，学习行为或行为潜能的变化是由经验引起的，而非成熟、疲劳、疾病或药物所引起。经验有两个含义，既可以指个体通过活动直接作用于客观现实的过程，也可以指这一过程所产生的结果，如知识、技能、能力或态度等。而成熟、疲劳、疾病或药物引起的个体行为上的改变，是由其生理的变化所引起的，不需要从外界获取经验，所以不能被称为学习。最后，由经验引起相对持久的行为或行为潜能的变化才叫学习。虽然行为或行为潜能的变化由经验引起，但持续时间短暂，不能被称为学习。例如，当出现新刺激时，个体会对其给予特别的注意，产生定向反射，但是刺激多次出现后，定向反射就会逐渐减退。

培训的基础是学习，员工培训实质上是学习的过程。培训想要取得预期的效果，必须研究如何设置培训的内容和方式，哪些因素影响培训中的学习以及学习成果在工作中的应用，这就涉及对学习理论的了解与运用。

学习理论是探究人类学习本质及其形成机制的心理学理论。它重点研究学习的性质、过程、动机、方法和策略等。经过长期发展，学习理论形成了特定的职能，包括：提供分析、探讨和从事学习研究的途径和方法；系统化概括有关学习法则的大量知识；提升对学习的基本理解能力，作为形成教育观的科学基础。

学习理论有着深厚的哲学基础，从亚里士多德代表的经验主义，到柏拉图的理性主义，再发展到马克思主义认识论。到近代，学习理论成为教育心理学中最发达的领域之一，具体到人才培训与开发领域，与知识、技能、能力和其他个性特征相关的，有四派理论极具指导意义。

3.2.2　学习理论的发展脉络

学习理论发展至今，已经逐渐实现体系化。下文列举四种主流的理论学派，并介绍各学派中的代表性理论，以明晰各类学习理论的概念以及不同理论之间的关系。

1.知识增长——行为主义学习理论

行为主义学习理论认为，学习是刺激与反应之间的联结。他们提出，个体的心理行为是内隐的，无法直接观察和测量，而可直接观察和测量的是个体的外显行为，并主张用客观的方法来研究个体的客观行为。行为主义特别强调外部刺激对学习的影响，重视学习环境的设计与分析，代表性理论有经典性条件反射、操作性条件反射和社会学习理论。

（1）经典性条件反射

经典性条件反射是由俄国生理学家伊万·彼德罗维奇·巴甫洛夫（I. P. Pav-lov）发现的。在19世纪初，巴甫洛夫以狗为实验对象，探索消化腺分泌量的变化与外在刺激的关系。他发现，将肉放在狗的嘴巴附近就可以自动引起狗的唾液分泌反应。在这里，肉被称为无条件刺激，狗的唾液分泌是自动出现的，被称为无条件反应。如果给狗呈现其他刺激（如铃声），狗不会产生唾液分泌的反应，铃声被称为中性刺激。然而，如果将中性刺激与无条件刺激反复多次配对呈现，中性刺激就会成为条件刺激，能够引起原先只有无条件刺激引发的反应，也就是唾液分泌的反应，即条件反应。根据实验结果，巴甫洛夫总结提出，一个原来并不能引起某种本能反射的中性刺激物，由于它总是伴随能引起该本能反射的刺激物出现，如此多次重复之后，这个中性刺激物也能引起该本能反射。

（2）操作性条件反射

操作性条件反射又叫工具性学习，由美国心理学家爱德华·李·桑代克（E. L. Thorndike）提出。他强调，这种反射是为了获得某种期望的结果而进行的，具有工具的性质。在20世纪初，桑代克用猫做实验，他将饥饿的猫放在问题箱中，猫可看到箱外的食物，如果它能按压箱内的杠杆，就可打开箱门得到食物。经过实验，他发现猫能够通过尝试错误的方式来解决问题，即在行为结果中获得学习。

在操作性条件反射理论被提出后，美国心理学家伯尔赫斯·弗雷德里克·斯金纳（B. F. Skinner）系统地发展了这一理论。与桑代克一样，斯金纳采用科学的方法，在可控制的环境下对操作性行为进行了细致的研究。他发明了一种学习装置，叫作斯金纳箱，箱内装有连接着食物供应的操作杆。斯金纳将饥饿的白鼠置于箱内，白鼠开始进行无目的的活动，在偶然踏上操纵杆后，获得了一粒食物。这刺激了白鼠继续尝试，白鼠在操作杆周围活动的时间明显增多，获取食物的时间逐渐缩短，最后学会了通过按压操作杆来获取食物。实验过程如图3-2

所示。

辨别性刺激 —————→ 操作性反应 —————→ 强化刺激
（操作杆）　　　　　　（按压操作杆）　　　　　（食物）

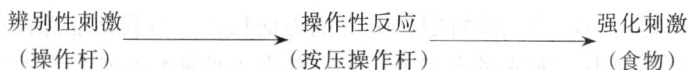

图3-2 斯金纳箱的老鼠学习过程

在实验过程中，斯金纳注意到老鼠是通过操作环境（按压操作杆）而获得食物的，与强化有关的不是操作杆的刺激，而是按压操作杆后的反应。在这种操作条件作用中，强化物只有在条件反应出现后才会出现，即强化取决于反应。斯金纳还认为，操作性行为在现实生活的人类学习情境中更有代表性。人类的行为大多是操作性行为的变种，操作性行为使人类能更有效地适应环境。斯金纳通过实验发现，在操作性活动受到强化之后，其明显后果是这一操作性活动的频率增加了，而如果在反应之后不予以强化，反应就会减弱，这使他认识到强化作用在操作性活动中起着重要的作用。

除了强调强化的作用，斯金纳还进一步研究了行为矫正的具体方法和措施，提出了正强化、负强化和惩罚等手段。

① 正强化。正强化是指在预期行为发生后予以奖励和表彰的反应。在这种刺激作用下，个体感到对自己有利，能满足他的需要，从而增加行为的强度。

② 负强化。负强化是指在预期行为发生后消除令人不愉快或烦恼的因素。在这种刺激作用下，个体感到对自己有利，能消除不愉快的环境，从而增加行为的强度。

③ 惩罚。惩罚是指在预期行为发生后给予行为个体不喜欢的东西或取消个体喜欢的东西的反应。在这种刺激作用下，个体感到不愉快或对自己不利，从而降低行为的强度。

（3）社会学习理论

社会学习理论由美国心理学家阿尔伯特·班杜拉（A.Bandura）在20世纪50年代提出，是对行为主义学习理论的进一步丰富。班杜拉在经过一连串的试验后认为，人们通过观察社会情境中他人的行为并模仿他人的行为而学会新的行为。观察者比那些没有观察别人行为的人学得更快，因为他们不必尝试某些错误行为从而能避免代价高昂的错误。

社会学习理论的首要贡献在于提出了"观察学习"这个概念，即个体的反应因观察了别人（楷模）的行为而被影响，其共有三个方面的含义：

① 当楷模的行为得到正向的结果时，人们也会模仿该行为；相反，当观察到楷模的行为被制约时，人们也会间接制约自身相似的行为。

② 个体喜欢模仿他们喜欢或尊敬的人，因此有些楷模比其他人更具影响力，他们的行为会更多地被个体模仿。

③ 当人们觉得楷模与自己相似时，如性别相同、来自共同的家乡等，模仿会更加频繁。

在社会学习理论中，另一个重要的概念是"自我效能感"。自我效能感是指个体对自己在特定情境中完成特定任务的能力的估计。自我效能感高的员工相信他们拥有必要的能力，能够付出努力，没有外在事件能阻止他们高水平地完成任务。自我效能感低的员工不够自信，认为自己无论怎样努力，总会有一些东西阻碍他们达到想要的成就水平。自我效能感在三个方面影响学习：

① 自我效能感影响个体为自己选择的活动和目标。自我效能感低的人不会给自己制定富有挑战性的目标，而自我效能感高的人往往为自己制定富有挑战性的目标。

② 自我效能感影响个体对工作的努力程度。自我效能感高的人努力学习新事物，并坚信能够得到回报，而自我效能感低的人对自己缺乏信心，常常会放弃努力。

③ 自我效能感影响个体在复杂任务上的持久性。自我效能感高的人会克服困难坚持自己的目标，而自我效能感低的人往往文过饰非，推卸责任。

2.技能提升——认知主义学习理论

认知主义源于沃尔夫冈·柯勒（Wolfgang Kohler）等人创立的格式塔流派，该流派反驳行为主义过分注重刺激与反应间的联结，认为学习的结果不仅包括外在的行为，还有内在的思维活动。后续的学者根据这一观点，重点研究了学习者对环境刺激的内部加工过程和机制，形成了认知主义。20世纪70年代后期，认知主义学习理论的研究渐趋成熟，学者们提出的认知模式有效地解释了个体技能的构成和获取的关系。

（1）认知-发现学习理论

认知-发现学习理论是杰罗姆·布鲁纳（J.S.Bruner）研究的核心，引领了20世纪60年代的教育改革。布鲁姆认为学习是自动地形成认知结构的过程。人并不是把任何一个新接触的人或事件当作全新的刺激来处理，而是试图把他们与已有的类别联系起来。例如在见到陌生人时，我们会判断他（她）的性别、年龄、职业等信息，从而对这个人形成一个初步的认识。经过长期的交往，这种认识的种类会越来越多，从而建立起一套相互关联、具有概括性的分类系统，在未来遇到其他人时，我们就会对这个人的特征和已有的分类进行比较，选择与这个人谈话的内容和方式。

布鲁纳还认为，在感知外界时，我们不仅要把所感受到的信息归入某一类别中，还要根据有关的类别进行推理，形成相应的预期。例如，我们虽然没见过某个人，但是通过了解他的年龄和职业，会大概判断出他的行为特点。通过归类，个体可以将关于某一类别的知识推论到这个具体事物上，从而超越所感知到的外界信息，超越直接的感觉材料。为了促进学生更好地学习，提供信息是必要的，但是，掌握这些信息本身并不是学习的目的，还应该通过归类、推理超越所给的信息，形成更为丰富的理解。

基于这种认知结构的思想，布鲁纳进一步强调了学科结构的重要性。他认为教学应最大限度地促进学生主动形成认知结构，这就需要依据学生表征系统发展的方式进行教学设计。优秀的教材应该以"螺旋式上升"的形式呈现学科的基本结构，这有利于增强学生认知结构形成过程的连续性、渐进性。受此影响，教育组织对教材和课程设计进行了大量的改革，促进了当代教材结构和课程结构的制定。

（2）信息加工理论

信息加工理论是认知主义学习理论中的重要理论，其中以罗伯特·加涅（R. M. Gagné）的思想最具有代表性。加涅原是经过严格的行为主义心理学训练的心理学家，在其学术生涯的后期，即20世纪70年代，吸收了信息加工心理学的思想，形成了既有理论支持也有技术操作支持的学习理论。

加涅的信息加工理论认为，个体的认知过程类似于计算机的信息处理系统，但这不是"刺激−反应"的简单联结，而是主体与环境相互作用的结果。据此，加涅将学习认知的过程分为八个阶段：

① 注意。在学习的开始，学生首先要调节自己的注意力，使自己对可能接触到的教学信息保持警觉和敏感，给予关注。所需要关注的信息可能是口语的或者书面的，也可能是文字、图片或实物。

② 目标预期。学生或教师要明确所要达到的具体学习目标。对这些目标的预期将会引导学习者对信息的选择、加工和反应方式。

③ 提取先前知识。学生要针对当前的学习主题任务进行回忆，思考自己曾经学习过的内容。

④ 选择性知觉。学生感知教学信息，辨认重要的信息要素，将其识别和转化成为有意义的模式（如文字、几何图形），纳入自己的工作记忆之中。

⑤ 语义编码。语义编码是对进入工作记忆的信息进行加工和组织，形成对新信息的理解，并将其存储到长时记忆中去。这是学习过程中最为关键的环节，缺了这个环节，学习就相当于没有发生。

⑥ 做出反应。在此环节，学习者从长时记忆中提取所习得的知识技能，完成某项活动。比如，学习者在阅读课文后回答老师提出的问题，或者在学习了"平行四边形"的概念后判断一些图形是不是平行四边形。

⑦ 反馈强化。反馈强化是针对实际的学习进展和活动反应情况获得有关的反馈，这种反馈信息可以由外部（如教师）提供，也可以由学习者通过对学习活动的自我观察和反思而得到。

⑧ 提取应用。提取应用的主要任务是提取所习得的知识技能，推广应用到新的任务情境中。按照新情境中的线索提取和运用有关的知识技能，有利于将所学的知识和更多的情境线索联系起来，从而促进对知识的提取、回忆和灵活应用。

在以上八个阶段的学习过程中，前三个阶段相当于学习的准备活动，学习者需要用几分钟的时间做好对某项学习任务的准备，形成学习的动机和期望。随后的四个阶段是学习过程的核心，是实际完成学习任务的阶段。学习的内容越复杂，就越需要循环这四个阶段。最后一个阶段是对所完成的学习内容进行的迁移和概括化。

3.能力提高——人本主义学习理论

人本主义学习理论建立在人本主义心理学的基础之上，主张把人当作一个整体进行研究，注重启发学习者的潜能，引导其结合认知与经验肯定自我，最终完成自我实现。人本主义学习理论中的两个代表性人物是马斯洛和罗杰斯。

（1）需要层次理论

需要是个体在一段时间内感到的不足，以及激励和指引个体行为的力量。美国心理学家马斯洛（A.H.Maslow）在20世纪50年代提出了需要层次理论。他认为个体有五个从低到高的需要，即生理需要、安全需要、人际交往需要、尊重需要与自我实现需要（如图3-3所示）。生理需要是个体最基本、最强烈的需要，如食物、睡眠等；安全需要是能让自己感到稳定、安全的需要，包括人身安全、健康保障等；人际交往需要是渴望得到社会与团体的认同和接受，如认识朋友、与同事之间建立良好的人际关系；尊重需要包括自尊与受人尊重，如自身胜任不同情景下的任务、他人尊重自己的社会地位；自我实现需要是最高层次的需要，是个体向上发展和充分运用自身才能实现理想和抱负的过程。

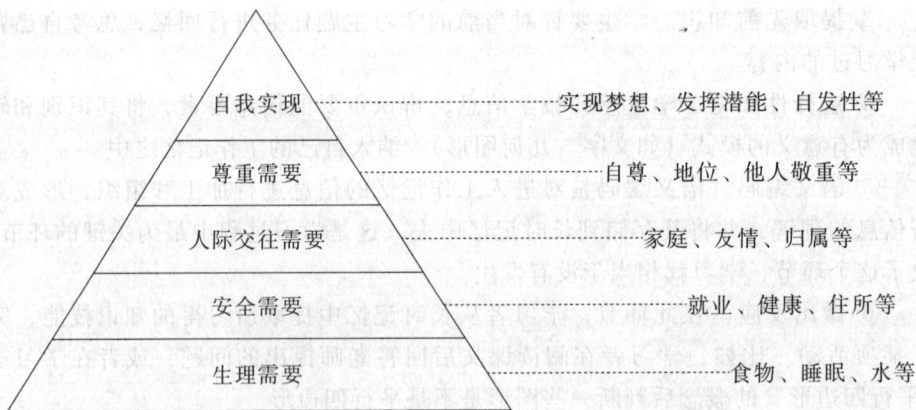

图3-3　马斯洛需要层次

马斯洛认为，这五种需要是最基本的、与生俱来的。其中，下面三层的需要也称匮乏性需要，它们的共同点是满足了就暂时不想得到更多，例如吃完饭后就不会想要更多的食物；上面两层的需要是发展性需要，即使暂时得到了满足也会渴望拥有更多，是个体不断追求发展的不竭的动力源泉。层次越低的需要，驱动力量越大，并且只有当低层次的需要被满足后，高层次的需要才会出现。

（2）人本学习理论

卡尔·罗杰斯（C.R.Rogers）是人本主义学习理论的另一个代表人物，他在20世纪60年代将"来访者中心疗法"移植到教育领域，创立了独特的教育理论。

罗杰斯认为，学习方式可以分为两种：无意义学习和有意义学习。前者对学生没有个人意义，它只涉及心智，而不涉及感情或个人意义，这种内容学习起来较为困难，且容易被遗忘。后者以学生的自发性和主动性为学习动力，把学习与学生的愿望、兴趣和需要有机地结合起来，这种学习能有效地促进个体的发展。罗杰斯认为有意义的学习主要具有四个特征：

① 全神贯注。整个人的认知和情感均投入到学习活动之中。

② 自动自发。学生由于内在的愿望主动去探索、发现和了解事件的意义。

③ 全面发展。学生的行为、态度、人格等获得全面发展。

④ 自我评估。学生评估自己的学习需求、学习目标是否完成等。

由此，学习能对学生产生意义，并能纳入学生的经验系统之中。

此外，罗杰斯也肯定了个体的先天潜能，认为教育无须也不应该用指导性的方式向学生灌输内容，这样会压抑潜能的自然实现；相反，教育只需要为学生潜能的发展提供一个宽松、和睦的心理环境，使之能在"内驱力"的本能驱动下自动形成。基于这种认知，罗杰斯主张采用开放的、以个人为中心的教育方法，并列举了十种有助于促进自由学习的方式：

① 构建真实的问题情景。要使学习者全身心地投入学习活动，就必须让他们面临对自身有意义的或与自身有关的问题。对教学者来说，他们应该去发现那些对学生而言是现实的，同时又与所教课程相关的情境。

② 提供学习资源。教学者应该为学生准备各种学习资源，包括书籍、杂志和实验室设备等。

③ 使用合约。使用合约有助于学生在自由学习的气氛中保证学有所得，并对学习承担责任。合约允许学生在课程范围内制定目标，计划他们自己想做的事。

④ 利用社区。学习者可以利用社区中的资源、与人交流、参与社区研究项目等，从而成为知识的探索者。

⑤ 同伴教学。教学者可以引导学生之间互相帮助，开展内部的指导与被指导。

⑥ 分组学习。在一个集体内，将大家分成若干个自我驱动的小组，并鼓励他们自己来承担学习的责任。

⑦ 探究训练。变化是当代社会的特征，学生只拥有传统的理论知识已经无法满足社会的需要，因此教学者应该为学生制定探究的步骤、创造探究的环境，为学生的探究活动提供方便，从而使学生自主寻找、发现问题的答案。

⑧ 程序教学。在教育过程中，编制合理、使用恰当的程序有助于学生直接体验到满足感，掌握知识内容，理解学习过程，增强自信心。

⑨ 交朋友小组。交朋友小组是形成一种有利于有意义的学习气氛的重要方式。这种小组活动的目的，是要使每个学习者面临一种与人坦诚交流的情景，从而解除各种戒备心理，以便在人与人之间形成一种自由的、直接的和自发的沟通。

⑩ 自我评价。自我评价在促进学习的过程中十分重要，只有学习者自己决定评价的标准、学习的目的以及达到目的的程度时，才是真正的学习。

4.改变心智——建构主义学习理论

建构主义来源于认知主义，其观点与认知主义有很多相似之处，也强调学习者的内部心理加工过程，二者的区别在于认知主义强调传递知识，而且这种知识是客观的，而建构主义强调对知识的学习是个体积极、主动地进行意义建构的过程，与学习者原有的知识经验、学习情境等因素有关，因而教学并不是将知识放入学习者的头脑，而是要引导学习者从原有经验出发建构新的知识。以下介绍两个建构主义学习理论中具有代表性的理论。

（1）认知发展理论

认知发展理论由瑞士心理学家让·皮亚杰（J. Piaget）提出，他也是认知发展领域最有影响力的心理学家。皮亚杰的认知发展理论充满唯物辩证法，他坚持以内因和外因相互作用的观点来研究认知发展，提出知识结构的发展与个体和周围环境的相互作用有关。这一作用涉及四个概念：

① 图式。图式是认知发展理论的核心概念，是在相似或同一类环境中不断地被重复使用而得以迁移或概括，从而形成的行为结构。

② 同化。同化是指个体对刺激输入的过滤或改变的过程。个体在感受到刺激时，会把它们纳入头脑中原有的图式之内，使其成为自身的一部分。

③ 顺应。顺应是指有机体调节自己内部结构以适应特定刺激情境的过程。当个体不能用原有图式来同化新的刺激时，便要对原有图式加以修改和重建，以适应环境，这就是顺应的过程。

④ 平衡。平衡是指个体通过自我调节机制使认知发展从一个平衡状态向另一种较高的平衡状态过渡的过程。个体每当遇到新的刺激时，总是试图用原有的图式去同化，若获得成功，便得到暂时的平衡。如果用原有的图式无法同化环境刺激，个体便会做出顺应，即重建图式，直至达到认识上的新的平衡。

同化、顺应和平衡的相互作用，推动了认知活动的发展，认知结构就是通过这三个过程逐步建构起来，并在"平衡—不平衡—新的平衡"的循环中不断丰富、提高的。具体地说，每个学习者以自己原有的经验系统为基础对新的信息进行吸收，建构自己的理解，原有知识又因为新经验的进入而发生调整和改变，所以学习并不是简单的信息量的积累，它同时包含由于新旧经验的冲突而引起的观念转变和结构重组。只有这样，知识的建构才显得深刻。

实际情况也是如此。例如，员工头脑中的有些经验与新信息并不完全一致，不但无法"同化"，甚至是完全冲突的。在这种情况下，学习者即使依靠死记硬背记住了新知识，也只是暂时的。要使新知识真正与已有的知识经验融合，不仅需要利用学习者头脑中与新知识一致的知识经验，作为"同化"新知识的基础，还要看到学习者已有的与当前知识不一致的知识经验，看到新旧经验之间的冲突，并以学习者转变原有的错误观念为前提，通过调整来解决这种冲突，这就是"同化"和"顺应"的统一。只有将"同化"和"顺应"统一起来才能深刻地理解学习内容所反映的事物的性质、规律以及该事物与其他事物之间的内在联系。

（2）体验式学习理论

体验式学习理论充分体现了建构主义的学习思想，由组织行为学专家大卫·库伯（David Kolb）于20世纪80年代提出。库伯认为有效的学习应从体验开始，学习不是内容的获得与传递，而是通过经验的转换进而创造知识的过程（如图3-4所示）。他将体验式学习的过程总结为"体验式学习圈"，认为体验式学习有五大特征：

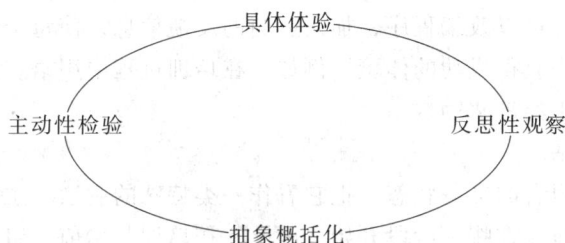

图3-4 体验式学习的流程

① 体验式学习是一个以体验为基础的持续过程，而不是结果。库伯认为学习起源于体验，是在体验中不断修正并获得观念的连续过程。

② 体验式学习是运用辩证方法不断解决冲突的过程。在体验式学习中，学习者既要经历具体体验，又要进行观察、反思，实现抽象概括，再到主动应用，学习过程本身充满了紧张与冲突，同时学习又是不断解决冲突的过程。

③ 体验式学习是一个适应世界的完整过程。它可以发生在所有人类环境中，也可以发生在人生的所有阶段，"体验无所不在"。

④ 体验式学习是个体与环境之间连续不断的交互过程。传统教育更多地把学习视为个体的内部过程，把学习局限在教材、教师和学校范围内，而体验式学习强调了个人与环境之间的"交互作用"。

⑤ 体验式学习是一个创造知识的过程。库伯认为体验式学习的关键在于实现社会知识与个人知识之间的转换，并把学习定义为"体验的转换和创造知识的过程"。

体验式学习理论对设计和开发新的学习模式有着深刻的影响，促进了情景模拟、案例分析、角色扮演、沙盘模拟等授课与培训模式的发展。传统教学中的"教"不一定导致"学"，更不一定产生"会"。而在体验式学习中，学习者通过具体情境中的活动获得体验，同时也体验到了学习的乐趣，有效促进了其高级认知能力的发展。

3.2.3 学习理论对人才培训与开发的作用

学习理论经过多年的发展，不仅在教育中被广泛运用，更被引入到培训中来，指导了培训内容和方法的发展。

1. 对培训内容的影响

（1）课程设置

复杂行为是由简单行为构成的，将教学目标和内容分解成小的单元，按照逻辑顺序进行排列教学有利于对知识的融入。受此影响，在培训人才时，培训的知识内容往往也根据难易程度被分解为若干课程，按照难度递增的顺序进行讲解，一步一步通过强化手段使员工掌握教学内容，最终达到预期目标。

（2）教学设计

学习由教师控制和负责，学习程序是固定的，知识的获得是快捷的。在这个过程中，教学设计可以改编程序，加入适当的反馈信息，使每个学习者都在掌握教学内容的过程中获得成功的体验。例如，在培训过程中用语言鼓励员工，在培训后直接给予员工经济奖励。

（3）现状评估

教育重视学习者的准备状态，把它看作一类特殊的刺激，主张对学习者做出评估以确定教学应该在哪一阶段开始。因此，在培训开始前，组织一般要对人才的现状进行评估，判断所需要培训的内容和程度后，安排培训活动。

（4）动作定型

学习技能和学习知识的主要不同在于技能的学习过程中涉及动作定型问题。教育理论中的认知主义解释了定型学习内容的过程，即通过认知阶段、操作阶段、内部强化、自动化阶段完成，这为在人才培训中提升人才的技能水平提供了指导。

（5）情境设置

在教育的过程中，教学者重视学生的认知基础，并基于此采取后续的教学活动。这启示培训者要根据员工已有的心理特点和认知结构提供适当的问题情境，使员工在对刺激进行加工和解决问题的过程中掌握知识与技能，形成能力，以便把所学内容用于解决新的问题。

（6）个人情感

学习理论的发展经历了由"手段人"到"目的人"的转变，即从强调理性到重视情感。受此影响，培训部门开始重视员工的学习兴趣，会与员工共同讨论学习的目标和计划，赋予了员工"主人"意识。同时，在培训内容的选择上，除了提供组织发展需要的知识、技能外，还设置了满足员工个人发展的内容，充分激发了他们的潜能，推动了员工为自身发展而学。[①]

（7）人际关系

学习理论不仅阐述了客观条件对于学习的重要性，更强调了人际关系对学习的促进作用。因此，营造良好的培训氛围、鼓励员工之间的相互交流，成为人才培训过程中重点考虑的内容。在这种思想的指导下，破冰活动、场景布置、授课

---

① 马金凤. 罗杰斯的人本主义学习理论对教育教学的启示 [J]. 大众科技，2010（3）：153；128.

方式逐渐得到开发，以提升培训的效果。

2.对培训方法的影响

教育理论不仅是对教育问题的判断和总结，还产生了一系列教学方法来解决以往存在的教学问题。这些新的教学方法成为课堂教学的新趋势，并被逐渐运用到人才培训中。

（1）翻转课堂

人本主义推动了翻转课堂的形成与发展。翻转课堂是指重新调整课堂内外的时间，将学习的决定权从教师转移给学生。在这种教学模式下，课程内容由学生在课下自主学习，而在课堂上，学生则需要完成"课后作业"，并与老师共同交流心得。在翻转课堂的模式中，学习的中心不再是教师，而是学生。学生带着课前学习的问题来到课堂，积极参与讨论，这极大活跃了课堂的氛围，教师与学生的关系也变得更加平等。同时，翻转课堂也有助于差异化地学习，学生根据自身实际情况选择学习的时间与地点，并在课堂上通过与教师的交流来解决个性问题。翻转课堂的模式在提出后，逐渐被引入到培训领域中。由于组织中员工的能力水平不同，时间安排不同，为员工安排统一的课程难以达到培训的最佳效果，因此越来越多的组织将培训内容录制下来，制成多媒体文件，供员工在网络上自由学习，并在一段时间后安排线下课程，与员工共同讨论培训内容，解决员工在学习中遇到的问题。

（2）支架式教学

支架式教学是基于建构主义理论的最基本的教学方法，是指在培训时为学习者提供一种概念框架，从而促进其对问题的进一步理解。支架式教学来源于"最临近发展区"的概念，即学习者在独立解决问题时所表现出来的实际水平和在教学者指导下解决问题时的潜在发展水平之间的差距。在培训中具体实施该方法时，培训师首先设置一个教学主题，其中包含所需学习的主要知识和要求员工解决的主要问题，随后以学习目标与员工已有知识之间的差距作为"最临近发展区"，一步一步地为学习者提供适当的、小步调的线索或提示（支架），让其通过这些支架逐渐理解知识内容，发现和解决学习中的问题，成长为独立学习的人才。

（3）探究式教学

探究式教学又称"做中学"，是基于建构主义理论的教学方法，指在学习者学习概念和原理时，只提供给他们一些事例和问题，让其自己通过阅读、观察、实验、思考、讨论、听讲等途径去主动探究，自行发现并掌握相应的原理和结论的培训方法。在人才培训中，探究式教学的主旨是在培训师的指导下，以员工为主体，让其自觉地探索并掌握认识和解决问题的方法和步骤。这一过程能显著提高员工的思维能力、探索能力，以及创造性解决问题的能力。

（4）随机进入教学

随机进入教学是基于建构主义理论的教学方法，指学习者通过不同途径、不同方式进入相同教学内容的学习，从而获得对同一事物或同一问题的多方面的认识与理解。员工在学习时，每次都有不同的学习目的和问题侧重点，因此，这种反复的探讨和学习，不仅是对同一教学内容的简单重复和巩固，还能帮助员工获得对知识系统的完整理解与认识。[①]对于员工来说，随机进入教学促进了其对某一问题的全面理解，有助于在未来处理该问题或衍生问题时进行发散性的思考，提出多种解决方案。

微课 3-2

教育管理理论的发展与影响

3.3   教育管理理论的发展与影响

人才培训与开发管理是管理活动的一种形式，受到管理理论的指导。同时，管理理论经过长期的发展逐渐形成了以推动教育效果最大化为目标的教育管理理论，这类管理理论对人才培训与开发管理活动的优化具有重大贡献。

3.3.1   教育管理与教育管理理论的概念

管理是一种社会现象，是人类得以生存和发展的重要条件之一。管理者通过实施计划、组织、领导、协调、控制等职能来协调他人的活动，使他人同自身共同实现既定目标。管理并不是空中楼阁，在考察任何一种管理行为时，都会发现管理存在于特定的环境之中。环境对管理有着激励和制约的双重作用，在不同的环境中，管理的形式也会发生改变。

教育管理就是在教育环境中进行的管理活动，是教育管理者运用一定的理论与方法，在特定的条件下合理配置教育资源，引导组织教育人员完成教育任务、实现教育目标的一种活动。根据教育管理对象的特点，教育管理有广义和狭义之分。广义的教育管理以整个国家的教育系统为研究对象，而狭义的教育管理是以一定类型的学校组织作为研究对象。本书探究对人才培训与开发活动的管理，因此主要关注狭义教育管理的内容，尤其是以学校或课堂为对象进行的教育计划和教育活动的管理。

管理是观念形态的具化，每种管理行为都受特定理论或观念的支配。同样，教育管理也有理论支撑。教育管理理论是伴随着工业革命后教育活动的日益复杂化而逐步发展起来的。在文艺复兴运动、宗教改革运动与工业革命的推动下，教育迅速普及，规模扩张，承担越来越多的社会责任和义务，迫切需要新型管理理论。此时，学者们为帮助组织适应工业化发展与新科技革命，提出了针对经营组织的管理理论以及针对个体发展的心理理论，这些理论被引进到教育管理领域，促进了教育管理理论的形成与发展。

---

① 宋福娟. 基于建构主义理论的本科课堂教学模式探索［J］. 通化师范学院学报，2014（4）：61-63；138.

3.3.2　教育管理理论的发展脉络

围绕教育管理的各个环节，各种管理理论和心理理论得到了有机的统合，形成了以教育组织管理、课堂规范建立、教学行为管理和教学课后管理为中心的教育管理理论。

1.教育组织管理相关理论

教育的开展离不开教育组织的指引与执行，因此为教育组织的建设与科学发展提供理论指导，就成为促进教育管理发展的方式之一。下面介绍推动教育组织建设的三种具有代表性的理论。

（1）科学管理理论

泰勒（F.W.Taylor）于20世纪初提出的科学管理理论是最早对现代教育管理思想的形成产生影响的理论之一。经过长期的工厂实践，泰勒发现通过适当的方法能够提升工人的劳动生产率，并提出采取工作定额制度、科学挑选人员并进行培训、进行标准化管理、要求管理人员与工人亲密合作等观点，大大提升了工人的工作效率。

泰勒的科学管理理论不仅被企业运用，也受到了教育管理领域的重视。美国新泽西州牛顿市督学斯波尔丁（F.Spaulding）以这一理论为基础，提出了教学成本的概念。他认为教育组织的总效率是直接和教职工的工作效率联系在一起的，每个教职工的工作效率又与他完成教学任务的数量有关。学生的入学率、合格率、留级生率以及流失率都要摊入教育成本。学校管理人员在安排教师的工作任务时，要将其与教学成本联系起来。芝加哥大学的教师鲍必特（F.Bobbitt）也受到科学管理理论的影响，提出了提高学校行政效率的方法，包括明确"产品"（毕业生）的理想标准，规定学校的"生产方式"（教学方式）和程序，"生产者"（教师）必须具备的资格和工作准则。[①]

（2）一般管理理论

法约尔（H.Fayol）根据自身的管理工作经验，着重对管理原则的理性化和科学化进行了研究。与泰勒"车床前的工人"的观察角度不同，法约尔站在公司高管的角度，从组织整体来看待管理问题。他认为管理活动具有计划、组织、指挥、协调和控制五项职能，并在20世纪初提出了管理的14条基本原则，包括劳动分工、统一指挥、统一领导、权利与责任统一、团结精神等。法约尔的一般管理理论为教育管理提供了启示，其管理基本原则为协调教育组织中的各类人员、减少教学人员之间的冲突和摩擦提供了优化方向，同时推动教育组织建立起系统的、理性的和科学的教育管理原则。

（3）科层管理理论

科层管理理论是韦伯（M.Weber）在考察历史上的科层结构后建立起的管理

---

① 陈孝彬，高洪源. 教育管理学［M］. 4版. 北京：北京师范大学出版社，2008.

理论，其核心是建立权力依职能和职位进行分工和分层、以规则为管理主体的组织体系和管理方式。在这一体系中，制度是第一位的，组织要根据制度来选择合适的人担任职务。科层管理理论的提出既反映了工业革命对工商业发展的要求，又体现了法治社会的必然结果。

与科学管理理论相比，科层管理理论对教育管理的影响要更大一些。美国学者阿博特（M.Abbott）认为教育组织分工专业化，学校内部有着明确和严格的纪律和规章制度，学校管理的理性化程度高，教职员按照自身职务、责任、工作量领取工资，这些特征都与科层制相适应，因此，教育组织也需要应用科层管理理论建立行政组织网络，从而合理利用教育资源，促进教育的有效发展，保证教育组织的"秩序、理性、可行和稳定"。

2.课堂规范建立相关理论

建立课堂规范是教师教学设计能力的具体表现，也是对教师课堂管理能力的基本要求。设置合理的课堂规范能够规范学生的行为，构建高效课堂，提高教学质量。以下三个理论对建立课堂规范提供了理论指导。

（1）态度改变三程序理论

态度是由认知、情感、意向三个因素构成的、较为持久的个体内在结构，是外界刺激与个体反应之间的中介因素。态度的形成过程与个人社会化的程序是同步的，因此它的形成与转变就是接受规范的过程。

凯尔曼（H.C.Kelman）通过分析典型的态度变化例证提出了态度变化过程的三个阶段，即服从、同化与内化。服从是指个体为了获得物质与精神的报酬或避免惩罚而采取的表面服从行为，这种行为不是主观的意愿，当外部的奖励或惩罚消失后，行为就会马上终止。同化是个体情感上存在与他人或群体的密切联系，从而接受某些观念、态度或行为方式。同化是在服从的基础上形成的，并不是在外界压力下的态度转变，而是出于自愿。他人或群体的吸引力对于同化的实现十分重要。内化是个体真正从内心深处相信并接受他人的观点而彻底地转变自己的态度，意味着个体把新观点与新思想纳入了自身的价值体系之内。一个人的态度只有到了内化阶段，才是稳固的、持久的。

（2）人际关系理论

人际关系理论由美国哈佛大学教授梅奥（G.E.Mayo）提出。在20世纪上半叶，梅奥负责指导美国西屋电气公司霍桑工厂的试验研究，并进行了车间照明变化对生产效率的影响、工作时间和其他条件变化（如休息间隔、工间茶点）对生产效率的影响、工人组织与有关社会组织的关系等试验。基于对这些试验结果的总结，梅奥提出了人际关系理论。

人际关系理论主要提出了四个观点。首先，人是社会人，是复杂社会系统的成员，人的行为不只受到物理和生物因素的影响，更受到社会心理因素的影响。其次，工作条件与报酬不是影响工作效率的首要因素，人与人之间的和谐关系更为重要。再次，企业中除了有正式组织，还存在非正式组织，管理人员不能忽视非正式组织的作用。最后，人的行为是复杂的，理性行为只占到所有行为中的一部分，管理人员要关心员工的情感，重视与员工的关系。在教育管理领域，教育学家格里菲斯（D.Griffith）继承并发展了人际关系理论。他提出，学校校长要正确处理与教职工之间的关系，教职工要有权参与决定有关监督、预算分配、课程、规章制度以及日常管理之类的事宜。

（3）坎特理论

坎特理论由罗莎贝斯·坎特（R.M.Kanter）提出，该理论主张教师负有管理课堂的责任。教师是充满自信和拥有权威的，能向学生明确而果断地提出期望和要求，确切地告诉学生什么行为是可以被接受的，什么行为是不能被接受的，并伴随相应的行动，依凭其能力和意愿确定有效的管理方法。

坎特理论认为，学生的正当行为实际上是一个选择问题，所有学生都有能力表现出正当行为，因此在教育管理中，要用行为规则对学生的行为进行规范，教师从一开始就需要建立规范制度，并让学生了解行为规则以及遵守规则的积极后果和违反规则的消极后果，从而引导学生选择正确的行为。

在执行规则时，学生如果遵循了行为规则就会得到积极的结果，如物质奖励、特别的优待等，如果破坏了行为规则，就会得到消极的惩罚，如下课后滞留、剥夺自由时间、送到校办公室等。值得注意的是，教师不宜通过威胁等方式强迫学生遵守规则和接受不遵守规则的相应后果，而应通过避免与有问题行为的学生发生正面冲突和不允许其以任何方式干扰教学过程来维持教师的教学权利和其他学生学习的权利。教师只需自信而平和地指出学生行为的后果，直到学生终止其问题行为。

3.教学行为管理相关理论

教育管理的重要内容是调控与引导学生的行为，使学生在教育中将注意力集中于与教学目标相关的内容。基于这样的目的，教师需要了解学生的需求，引导正确的学习行为，这就涉及对需要的分析以及对课堂行为的管理。

（1）X-Y理论

X-Y理论是关于人性的假设，由美国麻省理工学院教授麦克里戈（D.M.McGregor）首先提出。麦克里戈认为每一位管理人员对员工的管理都基于一套人性的假定，他把传统管理学的观点称作X理论。其内容包括：一般人的天性都是好逸恶劳，只要有可能就会设法逃避工作；没有什么进取心，不愿承担责任，而宁愿被别人领导；天生反对变革，认为安全高于一切；要使员工真正想干活，就必须采取严格的控制措施、不断施加压力。

Y理论与X理论是相对立的，其内容包括：人并非天生懒惰、厌恶工作，工作对人们来说正如游乐和休息一样是自然的；控制和威胁并不是促使人们为实现组织目标而努力的唯一办法，人们对自身所参与的目标能实现自我控制和自我指挥；追求个人目标和欲望的满足同实现组织的目标并不矛盾，只要组织领导有方，员工会处理好个人与组织的关系；在适当条件下，人们不但能接受而且能主动承担责任；多数人在解决组织问题时富有想象力和创造力，对组织目标抱消极态度和抵触情绪是由组织的压力所致；管理的基本任务是安排好组织工作方面的条件和作业的方法，使人们的潜能充分发挥出来，更好地为实现组织目标和个人具体目标而努力。

麦格雷戈主张在管理指导思想上变 X 理论为 Y 理论，在管理过程中尊重和相信员工，为他们提供工作和发展的条件和机会，想办法激励和调动员工的工作积极性。随后，美国管理心理学家莫尔斯（J. J. Morse）和洛希（J. W. Lorscn）进一步探索了这一理论，认为 Y 理论并不一定比 X 理论优越，员工是复杂的，企业的领导方式应依员工的素质而定。部分员工倾向有正规化的组织和规则条例来要求自己的工作，而不愿参与问题的决策并承担责任。这种人更适合以 X 理论为指导的管理方式。有的人需要更多的自治责任和发挥个人创造性的机会，更欢迎以 Y 理论为指导的管理方式。

（2）激励-保健理论

激励-保健理论由美国心理学家赫茨伯格（F. Herzberg）提出。通过考察美国匹兹堡地区 200 多名工程师和会计人员的工作满意感与生产率的关系，赫茨伯格总结了影响这些人对其工作的感情的各种因素，提出了激励因素和保健因素的概念。

赫茨伯格认为，满意的对立面并非不满意，而是没有满意（如图 3-5 所示）。引起员工不满意的因素和使员工感到满意的因素是不同的。保健因素是造成员工不满意的因素，主要包括公司的政策与管理、监督、工资、同事关系和工作条件等。如果保健因素不能得到满足，员工就会产生不满情绪、消极怠工，甚至引起罢工等对抗行为。激励因素是能让员工感到满意的因素，包括成就、赞赏、工作本身的意义及挑战性、责任感、晋升、发展等。激励因素得到满足后能够极大地激发员工工作的热情，提高劳动生产率。

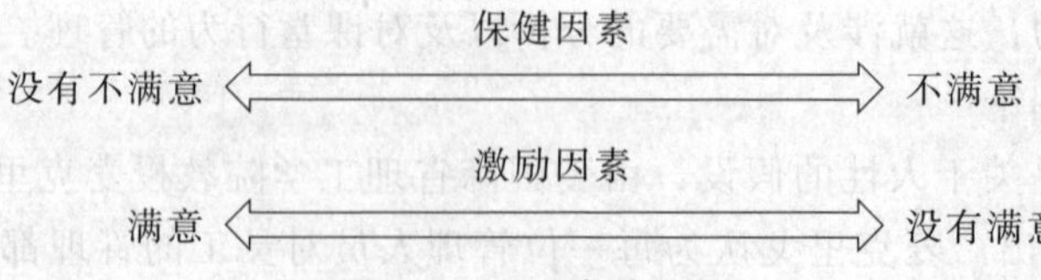

保健因素

没有不满意 ⟵————————⟶ 不满意

激励因素

满意 ⟵————————⟶ 没有满意

图3-5 双因素的关系

（3）库林理论

库林理论由美国教育心理学家库林（J. Koumin）于 1970 年提出，它注重群体的整体特征，以及与群体动力相关联的领导质量。库林理论强调一种涟漪效应，认为当教师纠正一名学生的不正当行为时，这种纠正常常会对周围学生甚至整个群体产生影响。当课堂中出现不良行为时，教师可以通过实践涟漪效应来避免今后发生同样或类似的行为问题。教师应对有行为问题的学生做出明确的辨认，而且清楚他们哪些地方错了，应该怎么做，而不是对问题行为给予简单的惩罚。在具体实施中，库林提出并强调三种方式。

① 目击者行为。教师与学生交流，告诉学生他非常清楚学生正在进行的行为，从而使学生产生更少、程度更轻的行为问题。采取目击者行为的前提是，教师必须在任何时候都能知晓教室内发生的事情，能对课堂混乱做出迅速而准确的反应。

② 复合行为。如果教师在特定时间面对多个问题或活动，则表明他注意的不是一个而是多个问题、活动和群体的行为。能在同一时间注意到不止一个问题或活动的教师，在课堂行为管理中会更加有效。

③ 群体焦点行为。教师聚焦于学生群体而非某一学生个体的行为，从而鼓励学生目标指向的行为，同时预防学生问题行为。在以群体为焦点时，重要的是让每个学生都感到教师清楚他们的进步程度，感到自身是受到指导的。

4.课后教育管理相关理论

教师结束授课并不意味着教学活动的终止，课后的管理同样重要。课后管理与课堂教学是一个完整的教学体系，两者之间相互作用，相辅相成。课后管理是对学生进行学业巩固、提优补差、激发兴趣、素质培育等多方面教育的有效形式。一般来说，课后管理包括教育质量的测量管理和课程反馈两部分，其在相关理论的指导下逐渐发展。

（1）教育目标分类理论

教育目标是预期的学生学习结果。美国著名的教育心理学家布卢姆（B.S.Bloom）立足于教育目标的完整性，制定了教育目标分类系统。布卢姆认为，复杂行为可以分解为比较简单的行为，教学目标可以用可见的行为来表示，这样可以使教学效果清楚、可鉴别、可测量，从而便于把握教学目标的达成度，考察教育质量的结果。布卢姆提出把教育目标分为认知、情感和动作技能三个领域，并按照由低到高、由简到繁的顺序把每个目标领域细分为多个层次和水平。

认知目标是对学生知识、理智能力和理智技能发展的要求，分为以下六个层次：

① 知识：对先前所学内容的回忆，包括对具体事实、方法、过程、理论等的回忆。

② 领会：能把握所学内容的意义，具体表现为能用自己的语言表述、能加以说明、能进行简单的推断。

③ 应用：能将所学内容运用于新的具体情境，包括概念、方法、理论的应用。

④ 分析：把复杂知识整体分解为组成部分并理解各部分之间联系的能力。

⑤ 综合：将所学知识的各部分重新组合，形成一个新的知识整体。

⑥ 评价：对材料（如论文、观点、研究报告等）做价值判断的能力。它包括对材料的内在标准（如组织结构）和外在标准（如某种学术观点）进行价值判断。

情感学习与形成或改变态度、提高鉴赏能力、更新价值观念、培养高尚情操等密切相关，主要分为五个层次：

① 接受：注意某种现象或刺激。

② 反应：学习者主动参与，积极反应，示出较浓的兴趣。

③ 评价：用一定的价值标准对特定的现象、行为或事物进行评判。

④ 组织：能对不同的价值标准进行比较，建立内在一致的价值体系。

⑤ 价值体系的性格化：能运用价值体系长时期地控制自己的行为，逐渐形成个人的品性。

动作技能涉及骨骼和肌肉的运用、发展和协调，在职业培训中是主要的教学目标，主要分为七个层级：

① 知觉：运用感官获得以后可用于指导动作的相关信息。

② 定向：从生理、心理和情绪等方面做好活动的准备。

③ 有指导的反应：对某一动作技能的模仿和尝试。

④ 机械动作：能以某种熟练和自信的水平完成动作。

⑤ 复杂的外显反应：能熟练操作复杂的动作。

⑥ 适应：技能的高度发展水平，学习者能根据具体情境修正自己的动作。

⑦ 创新：根据具体情境的需要创造出新的动作。

（2）教育测量理论

教育质量测量既可以采用考试的形式，也可以采用作业的形式。无论哪种形式，都具有成就测验的性质，是测量学生是否已达到教学目标的手段。教育测量理论认为，成就测验需要注重测验的内容效度、信度、难度和区分度，对这些特点的把握有助于教学者合理设置测量内容，准确了解学生对教学内容的掌握程度，并依此开展接下来的教学活动。

内容效度是指一个测验实际测到的内容与所要测量的内容之间的吻合程度，它对成就测验具有至关重要的意义。提高测验的内容效度有两个条件：首先，教学者要进行系统的分析，确定要掌握的知识范围、重要性和能力要求；其次，要确定测验题目体现了知识的重要性和能力要求。

信度是指测验的准确性，反映测验结果的一致程度，即测试结果反映了学生的真实能力。影响测试信度的因素有学生的身心健康状况、应试动机、注意力、耐心、求胜心等。

难度是题目的难易程度。一般认为题目的难度系数在0.5最为适宜，即50%的人答对了该道题目。当然，在日常教学中，题目的难度要服务于测试的目的。如果测验的目的是了解学生的知识和技能掌握情况，可以不必过多地考虑难度。如果目的是考查学生对所要教学的内容的准备情况，那么每道题目的难度可以适当加大。

区分度是一种鉴别指数，目的是区分不同水平的学习者，即在该题目上，水平高的学生得分高，水平低的学生得分低。区分度低一般有两种原因：一是全部学生都答对测验题，这说明学生达到了教学目标的要求，教师需要进一步激发学生的学习需求；二是大部分学生没能答对题目，这说明其没有达到教学目标的要求，这有助于教师认清自己教学中的弱点并做出适当改进。

3.3.3　教育管理理论对人才培训的影响

教育管理与培训管理具有较大的相似性。伴随着教育管理理论的快速发展以及在教育实践中的广泛运用，越来越多的培训管理人员开始重视这些理论，并将其优化、引入到培训管理领域中来。这些管理理论奠定了人才培训与开发管理的基础，为人才培训管理的环节设置提供了指导。

1.教育管理理论推动了培训组织的建设

人才培训是一项长期的工作，围绕培训建立稳定高效的部门组织对于培训活动的持续开展具有重要意义。在教育组织管理相关理论的指导下，培训部门的结构不断完善，其基本运营方式、活动领域、职责划分、资源分配、工作规则等得到了详细说明，能够在人才培训时为人才和组织提供所需要的服务，承担起协调、统一、综合、控制、咨询的作用。

2.教育管理理论有助于提升培训组织人员的专业素质

培训部门的人员素质是办好人才培训的前提条件。这里的素质是指他们的专业素质、品德和能力等内在特征。培训部门人员的素质是一个发展的概念，随着社会的发展、组织需要及人才结构的变化，培训部门人员的素质也要随之发展变化。他们不仅要了解组织的目标、培训的理论与方针、人才的需求，更要具备制订和实施培训计划等的能力。

3.教育管理理论引导了培训规范的建立

相较于教育活动，培训难以令人产生敬畏感，员工往往会以随意的态度对待培训，在培训课堂中采取无关的行为，甚至拒绝参加培训活动。为了规范员工在培训中的态度与行为，最大化培训课堂的效果，组织会参照教育的课堂规范建立培训纪律对员工进行鼓励或限制，从而保证培训的顺利实施。

4.教育管理理论调控了员工的学习行为

虽然人才培训的对象往往接受了多年的教育，具备一定的知识和技能，但并不一定掌握了正确的学习技巧以及合适的学习行为，这就需要培训师在培训课堂上对员工的行为进行调控，纠正错误的学习行为，鼓励正确的学习方式。根据员工的特点引导他们采取正确的学习方式，能够显著提升培训的效率。

5.教育管理理论启发了培训效果的评估工作

教育课程的结束并不意味着教学的终止，同样，培训课程的结束并不代着培训活动的完成。在培训课程结束后，培训管理者借鉴教育中的质量测量环节，对员工安排测验或问卷调查，测试其对培训内容的掌握程度，对培训课程的满意程度，以及对未来培训活动的建议，从而帮助组织了解培训的效果和未来培训活动的改进方向。

6.教育管理理论指导了组织合理设置培训环节

人才培训是一个科学的过程，要做好培训，就必须以科学的管理理论为指导。人才培训包含培训需求分析、方案设计、方案实施、成果转化等多个环节。这些环节不是凭空产生的，而是培训部门依据教育管理理论，结合组织和人才的目标与特点，在长期的实践中逐步形成的。通过对培训环节的科学设置，培训部门能够最大化人才培训的效率，在控制时间与成本的前提下，满足组织和人才的发展要求。

人才思政堂

重视理论指导，学习和坚持马克思主义

理论与实践相辅相成。正如人才培训活动需要学习理论和教育管理理论来指导，我国建设事业的成功也离不开马克思主义理论的指导。马克思主义理论是关于全世界无产阶级和全人类彻底解放的学说，其内容涵盖了社会的政治、经济、文化、军事、历史和人类社会发展与自然界的关系等诸多领域和各个方面，是极其深刻和丰富的。学习马克思主义既能为国家建设发挥力量，也有利于自身塑造正确的世界观、人生观、价值观。

马克思主义是宏大而完备的科学理论体系，学习并坚持马克思主义，最重要的是坚持马克思主义基本原理和贯穿其中的立场、观点、方法。这是马克思主义的精髓和活的灵魂，是经过历史和实践检验的理论珍品，是放之四海而皆准的真理。

坚持马克思主义基本原理，就是坚持马克思主义哲学、政治经济学、科学社会主义的基本理论、基本判断、基本结论。马克思主义哲学包括辩证唯物主义和历史唯物主义。辩证唯物主义围绕回答哲学基本问题，形成了世界物质统一性原理、事物矛盾运动原理、认识能动反映原理等基本原理。历史唯物主义把辩证唯物主义运用到社会历史领域，形成了社会存在决定社会意识的原理，生产力决定生产关系、经济基础决定上层建筑的原理。马克思主义政治经济学通过研究在一定生产力状况基础上的社会生产关系及其发展规律，揭示了资本主义生产关系的本质。科学社会主义在深入剖析资本主义社会及其生产方式的基本矛盾基础上，揭示了资本主义社会必然被社会主义社会代替的历史发展趋势。马克思主义这些基本原理，已经被历史和实践证明，依然是我们今天认识和把握社会发展规律、判断历史发展趋势的科学指南。

坚持马克思主义立场，就是坚持无产阶级和广大人民群众的立场。坚持马克思主义立场，就要始终坚持一切为了人民、一切相信人民、一切依靠人民，全心全意为无产阶级、始终为绝大多数劳动人民谋利益。

坚持马克思主义观点，就是坚持马克思主义认识问题、分析问题、解决问题一贯坚持的基本观点，包括实践的观点、辩证的观点、矛盾的观点、历史的观点、发展的观点、阶级的观点、群众的观点等。这些观点永远是我们认识事物、处理问题的基本遵循，永远不会过时。

坚持马克思主义方法，就是坚持一切从实际出发、理论联系实际、实事求是、具体问题具体分析、在实践中检验真理和发展真理等基本方法。马克思主义认为，要客观地而不是主观地、发展地而不是静止地、全面地而不是片面地、系统地而不是零散地、普遍联系地而不是孤立地观察事物、分析问题、解决问题，在矛盾双方对立统一的过程中把握事物发展规律。马克思主义认为，认识和研究任何问题都不能从思想原则出发，而应一切从实际出发，理论联系实际，使思想认识跟着客观实际的变化而变化，在实践中认识真理、发现真理，在解放思想、与时俱进中坚持真理、修正错误。

资料来源 王晓辉. 坚定马克思主义信仰［N］. 光明日报，2016-11-15（04）.

思考题

1.教育、培训与开发的区别和联系是什么？
2.学习理论主要有哪些派别？它们的关系是什么？
3.教育管理理论主要有哪些？
4.教育管理理论在人才培训中的作用有哪些？

案例分析

人力资源部培训经理对人才培训活动的理解

王女士是M企业人力资源部负责培训任务的经理，从事了8年的培训工作，王经理逐渐掌握了培训工作的技巧，积累了成功组织培训的经验，并总结了自己对于成功组织培训活动的理解。她将这些理解整理出来，在一次谈话中传授给了自己的下属，以下记录了部分谈话内容。

1.赢得高管的支持

要想做好培训的工作，最重要的是获得高管的支持。一些企业的领导就十分重视培训，如中化集团董事长宁高宁特别重视人才培养，曾创办中粮书院、华润大学，经常出现在培训课堂上为管理者授课。民营企业里方太集团的茅忠群是重视人才培养的典范，创办了方太大学并亲任校长。

如果高管不重视人才培养，一般是因为把更多的时间和精力用在了业务发展上。这时，要想赢得支持，就要让高管看到员工学习与其关注的重点工作之间的关系，这种关系最好是强关联。比如，高管关注数字化转型，那就要把这项大的转型工作拆分为具体的工作事项，包括对于员工日常工作的要求，然后匹配相应的学习内容。任何学习主题都与数字化转型关联，甚至项目名称、课程名称中都要将数字化转型作为定语，比如"数字化转型下的营销能力提升训练营""数字化转型下的运营效率提升训练营"。同时，要及时向高管呈现学习进展和效果，让他们"尝到甜头"，认识到学习的重要性。

2.重视员工成长动机

除了高管的支持外，员工本身的意愿也十分重要。日本经营之神稻盛和夫在《干法》这本书中把员工分为三类：自燃型、点燃型、阻燃型。何为"自燃型"呢？这类人从来不会等到别人吩咐才动手，而是积极主动地去找事情做。这类人容易自我实现。"点燃型"也可称为"可燃型"，跟点火就能燃烧的可燃性物质一样，当这类人受到指示或者接触到"自燃型"人时，就会散发热情，主动做自己该做、能做、愿意做的事情。这类人往往勤勤恳恳做事，为社会创造价值，个人能得到成长。最后一类人被称为"阻燃型"或"不燃型"，他们对工作麻木，给他能量也绝不燃烧，即使有能力也因缺乏激情而最终将自己的能力埋没。

员工工作的状态也会反映在学习上。自燃型员工显然是追求进步的员工，也会爱学习。所以，我们不能只盯着不燃型员工，而是要找到这些自燃型和可燃型的员工，点燃他们，带动整个组织进步。

3.组织学习竞赛

要想提升培训的效果，一定要在企业内经常组织与学习、创新有关的竞赛活动。比如，业务能手PK赛、创新案例比赛、知识竞赛等。一是可以激发员工的斗志；二是可以发现优秀的人才和经验，进行传播，起到标杆示范作用。当然，举行竞赛活动的前提是不影响组织的正常经营，竞赛的内容要和业务相关。比如，我们企业曾经举办的内训师大赛就要求内训师所讲的内容必须是与组织战略和业务发展紧密相关的内容，而不是秀演讲技巧，目的是传播他们在工作中的最佳实践，助力企业知识管理和企业创新。

资料来源　张立志.7条建议-如何让员工爱上学习？[Z].组织学习与进化（微信公众号），2021-05-10.

问题：

1.王女士的培训经验体现了哪些学习与教育管理理论？

2.通过案例，你如何理解学习理论和教育管理理论对人才培养的作用？

第4章 人才培训与开发管理的需求分析

学习目标

✔理解人才培训需求分析的概念与一般流程
✔重点掌握并能够运用传统的培训需求分析方法
✔掌握基于人才盘点和人才画像的培训需求分析方法

导入案例

G公司培训需求分析

随着地区电力市场的开拓，以电力投资、建设、生产等为主营业务的G公司对人才结构的优化和员工素质的提升有了更高的要求。为了实现公司目标，创建学习型、经营型、服务型、现代化的电力公司，G公司高度重视教育培训工作，计划加快人才培养，扩大人才队伍。然而，作为公司教育培训工作的领头人、实施人以及推动者，教育培训管理岗位上的员工数量和质量均有一定不足，无法满足公司的培养计划需要。因此，公司引入第三方机构，对教育培训管理岗位人员进行培训需求调查，以清晰地了解他们的培训需求。

调查团队首先与G公司的高管进行交谈，结合公司的重要文件，对组织战略和结构进行了解，初步明确组织对教育培训管理岗位在数量与质量上的要求，以及该岗位在组织结构中的位置。随后，调查团队查阅该岗位的职位说明书，提炼其对任职者的能力要求，在与公司管理层讨论后，开展走访行动，通过结构化访谈、管理知识问卷、专业知识问卷等方式收集个体层面的信息。

调研团队收集的信息主要包括教育培训管理岗位员工的基本情况，合适的培训时间，目前人员的胜任力情况，岗位所需胜任力及目标等级等。这些信息由教育培训管理岗位的员工及其直属领导等相关专业人员共同填写。其中，教育培训管理岗位的员工从自身对教育培训管理工作的认知出发，填写工作内容、工作现状、工作挑战、工作成就等方面的内容；教育培训管理岗位员工的直属领导填写对下属工作现状的看法，以及对其未来工作能力的要求。

在信息收集过程中，最重要的是对教育培训管理岗位的胜任力进行收集。在提炼任职者能力要求时，调研团队发现沟通协调能力、分析思维、积极主动性、人际理解力、灵活性、服务意识、监控能力等九项素质是胜任该岗位的关键能

力，因此，基于这几种素质设计了胜任力评价表（见表4-1），从而获取该岗位
员工的当下胜任力情况和未来的胜任力需求。

表4-1　　　　　　　　　　　　胜任力评价表示例（节选）

胜任力	基础	合格	优秀
1　沟通协调能力　　　　　　　　　　　　权重：0.2			
等级1：沟通意愿 ● 有主动跟他人沟通的意愿和意识 ● 能够倾听他人的表达			
等级2：简单沟通 ● 在讨论或演示的过程中采用单一、直接的方法或论据进行说服 ● 可能采用讲道理、列数据、指出对别人切身利益的影响等方式来说明 ● 可能使用具体的例子、视觉效果、做演示等来说明 ● 未主动考虑如何让自己去适应沟通对象的兴趣和水平			
等级3：有理有据 ● 对沟通对象采用两个以上的步骤或事实、数据等进行沟通说服，但仍然没有考虑到如何依据对象的水平和兴趣来有针对性地施加影响 ● 在沟通过程中表现出耐心和细致 ● 在沟通时能提出两种以上的事实、数据等			
等级4：对症下药 ● 调整沟通或讨论的形式及内容，使之适合沟通对象的兴趣及水平 ● 估计某个具体的行动或细节对自己在别人心目中的形象的影响 ● 采用经过周密思考的、戏剧性的或特别的举动，以期对别人产生特殊的说服效果 ● 期待并准备应付别人可能产生的反应			
等级5：说服策略 ● 使用复杂的方式进行沟通说服（例如，清楚地知道如果让甲去告诉乙一些情况，乙就会告诉丙，等等） ● 通过至少两个步骤来进行沟通，而且每个步骤都考虑到沟通对象的具体情况 ● 借助专家或第三方来协助沟通和施加影响			

　　　　信息收集完成后，调查团队结合员工与直属领导的调研结果进行交叉对比，
并采用数理统计法和文案分析法等方法，对员工的能力差距与短板、培训时间、
培训内容等进行分析，提炼岗位核心胜任力项目，对现有胜任力水平进行解码分
析，最终从组织层面、岗位层面、个人层面多个维度了解教育培训管理岗位人员
的培训需求。

　　资料来源　改编自本书主编主持的培训需求分析项目实例.

　　问题：

　　1.G公司的人才培训需求分析经历了哪些步骤？

2.整个培训需求分析流程对你有哪些启示？

4.1   人才培训需求分析概述

在教育管理理论的指导下，人才培训与开发的环节不断完善，人才培训需求分析正是在教育需求分析的影响下形成并发展的。人才培训需求分析是人才培训的首要步骤，组织的培训活动开展得不理想，效果不明显，与需求分析工作缺乏规划、忽略重点、方法不当有很大关系，因此明确人才培训需求分析的概念、作用与步骤十分重要。

4.1.1   人才培训需求分析的概念与作用

1.人才培训需求分析的概念

确定需求是人才培训过程的开始，也是人才培训的重要环节。需求是组织预期应该发生的情况与实际情况之间的差距，即"状态缺口"。组织对人才的能力水平提出的要求是"理想状态"，而员工本人目前的实际水平为"现实状态"，两者之间的差距就是"状态缺口"。组织要缩小这种"缺口"，就形成了人才培训的需求。

人才培训需求分析是在设计与实施人才培训活动之前，由培训部门、主管人员、工作人员等收集企业战略、组织与人才的相关数据信息，采用一定的分析方法和技术，对各种组织及其成员的目标、知识、技能、能力等方面进行系统的鉴别与分析，以回答组织是否需要进行人才的培训与开发活动、针对哪部分群体展开培训活动、培训的内容包括什么、培训的目标是什么等问题。

人才培训需求的压力来自多个方面，包括绩效问题、新技术的应用、法规和制度的变更、基本技能的欠缺、客户偏好和要求的变化、新的工作要求等。许多压力点的存在说明培训是必要的。然而，并非所有的问题都能通过培训来解决。一般来说，知识、技能、能力等方面的欠缺可以用培训手段来弥补，其他的压力点则需要通过购买新设备、改善工作环境、重新设计薪酬机制等方式来解决。图4-1简要展示了人才培训需求分析的模型。

培训需求的压力点		人才需求分析结果
法律法规的变化		能否通过培训改善
新技术的应用	人才培训需求分析 ⇒	接受培训的群体
新产品开发		培训内容
高绩效标准		培训类型
工作业绩差		外部或内部培训
⋮		⋮

图4-1   人才培训需求分析的模型

2.人才培训需求分析的作用

人才培训需求分析不只是发现需求，更是搜寻方案、提供资料的过程，其主要有以下四个方面的作用：

（1）确认差距

培训需求分析的基本目标是确认差距，它主要包括两个方面：一是绩效差距，即组织及其成员绩效的实际水平与理想水平之间的差距；二是人才现有的知识、技能和能力水平与他们理想的水平之间的差距。确认差距一般包括三个环节：首先，对所要求的绩效、知识、技能和能力等进行分析，以确定理想的水平；其次，对组织和人才实际出现的问题进行分析，找出与绩效、知识、技能和能力等方面有关的现状；最后，通过对绩效、知识、技能和能力等的理想水平与现有的情况进行对比，找出它们之间存在的差距。

（2）提供解决问题的方向

针对人才进行培训需求分析是设计人才培训实施方案的基础，需求分析的结果直接决定了培训方案的内容。此外，人才培训需求分析也能为设计其他问题的解决方案提供指导。通过人才培训需求分析发现的问题并非都与培训相关，它也能发现人员结构、工作设置等方面的问题，并提供另一个解决问题的思考角度，找到与培训无关的解决方案，如人员变动、工资增长、新员工吸收、组织变革等。

（3）形成信息资料库

人才培训需求分析实际上是通过各种方法收集与培训有关的各种信息资料的过程，经由这一过程，组织可以形成一个人才资源开发与培训的信息资料库。一个设计良好的人才培训需求分析系统能够确定一般的人才培训需要，确立培训内容，指出最有效的培训方法，更能为培训特殊人才、急需人才提供指导。此外，在培训之前，组织也可以通过研究这些资料并结合培训目标建立一个评估标准，用此标准来分析所进行的培训项目的有效性。

（4）决定培训的成本与价值

如果进行了系统的人才培训需求分析，并且找到了存在的问题，分析人员就能够把成本因素引入到培训需求分析中去。组织在培训开始前往往会思考，不进行培训的损失与进行培训的成本之差是多少。如果不进行培训的损失大于进行培训的成本，那么人才培训就是可行的；反之，如果不进行培训的损失小于进行培训的成本，则说明当前还不需要或不具备条件进行人才培训。当然，对不同性质的组织而言，确定培训成本的难易程度是不同的。

4.1.2　人才培训需求分析的一般流程

对人才培训需求进行分析的方法有多种，无论采用何种方法，都要遵循以下主要流程：

1.准备阶段

在进行人才培训需求分析之前，培训管理者要做一些准备工作。准备工作包括三个方面：

（1）做好部门间沟通

在培训需求调查之初，人才培训管理者需要和各部门就培训需求分析进行沟通。首先，培训部门需要和组织的高层管理人员进行沟通，获得高层的支持。随后，关于培训需求的沟通延伸至其他部门，既包括培训管理者与各部门管理层的沟通，也包括各部门管理层与其部门员工的沟通。

（2）收集员工资料，建立员工培训资料库

员工资料应当包括员工的培训档案、人事变动情况、绩效考核资料、个人职业生涯规划以及其他相关资料。员工培训资料库有助于培训管理者高效率地寻找员工个人的背景资料，为人才培训需求分析提供材料。

（3）建立沟通渠道

为了及时掌握员工的意见、发布通知，培训管理者必须建立起通畅有效的沟通渠道，可以根据组织的情况设置具体的渠道，如综合采用纸质信箱、电子邮件、自动办公系统、网上交流平台等。

2.制订计划阶段

在正式开展培训需求分析之前，培训管理者有必要制订分析计划，从而保证培训需求分析的顺利实施。计划应当包括三方面的内容。

（1）制订工作计划

工作计划包括培训需求分析工作的时间进度、在执行各项具体工作时可能遇到的问题和应对方案，以及应当注意的问题等。

（2）设立工作目标

在计划中应当明确人才培训需求分析在哪个层次上进行，针对哪些人群和岗位，应当达到什么目标，从而根据目标有针对性地进行计划安排。目标清晰能够提高需求分析的准确性，控制活动成本。

（3）确定信息收集方法

收集培训需求信息的常用方法有观察法、问卷调查法、面谈法、工作任务分析法等。组织要根据目标和自身具体情况选择合适的方法，下文将对这些方法进行介绍。

3.实施培训需求分析计划

人才培训需求分析是按照事先制订好的工作计划依次展开的，但在分析过程中，也要根据实际工作或突发情况随时对计划进行调整。这一阶段主要有三个步骤：

（1）收集培训需求信息

收集培训需求有间接和直接两种方式。间接方式是指培训管理者向各有关部门发出征求通知，要求部门内部自上而下地提出培训需求。直接方式是培训管理者选取对象，直接向其收集培训需求信息。

（2）培训需求信息的审核与整理

在获取信息后，培训管理者审核信息的完整性、准确性、真实性，对有问题的信息再次进行调查，直至保证培训需求信息符合要求，随后进行分类、归档。

（3）培训需求分析

对收集上来的资料进行仔细分析，从中找出具体的培训需求。在这一过程中，要注意处理好个别需求和普遍需求、当前需求和未来需求之间的关系，结合组织的实际情况，根据培训需求的重要程度和紧迫程度对各类培训需求排序。

（4）确认分析结果的准确性

在分析活动结束后，要对分析结果的准确性进行分析，主要关注需求分析是否明确了差距、能否保证人力资源开发系统的有效性、是否有利于制定多样性的培训策略、价值及成本是否恰当等方面。

4.撰写培训需求分析报告

培训需求分析报告是培训需求分析工作的成果，其目的在于对各类培训需求做出解释和评论。这一阶段共有两个步骤。

（1）总结需求分析流程

分析报告首先要对培训需求分析的整个流程进行简要阐述，说明实施的背景、分析的目的、使用的分析方法、具体的实施流程等。

（2）对结果进行解释

培训管理者根据最终的分析结果进行解释与评论，主要内容有是否需要进行培训、培训的时间、培训的内容、培训的人群、可以采取哪些措施改进培训、培训方案的经济性、培训能否充分满足需求等，为后期人才培训计划的具体实施提供意见。

4.1.3　人才培训需求信息的收集方法

组织收集培训需求信息的方法有很多，每种方法都有其优缺点和适用范围。通常，组织在收集信息时不会单独使用某种方法，而是针对不同职位综合使用多种方法，以求全面、客观地收集信息。

1.面谈法

面谈法是访问者与受访者进行面对面的交流，有利于发现培训需求的具体问题，以及产生问题的原因和解决方法。面谈法有助于发现一些未曾预料的问题，同时使发现的问题便于解决，但是比较耗费时间，分析难度大，对访问者有较高的技巧要求，要由具备专业技术的访问者来操作。

2.重点团队分析法

重点团队分析法是指分析者从受训者中选出一批熟悉问题的员工作为代参加讨论，以调查培训需求信息。在实施过程中，小组成员不宜太多，通常以 8 ~ 12人为宜。小组成员通常具有代性，能反应所有受训者的培训需求，同时熟悉需求调查中需要讨论的问题。

3.工作任务分析法

工作说明书对工作及任职者的资格条件进行了规范化的描述。工作任务分析法是以工作说明书、工作规范和工作任务分析记录作为确定员工职责的依据，通过将岗位资料分析和员工现状进行对比，寻找员工的素质差距。这是一种非常正规的培训需求调查方法，结论可信度高，但是要求组织具备准确、完整的工作说明书。

4.观察法

观察法是指观察者根据一定的研究目的、研究提纲或观察，用自己的感官和辅助工具去直接观察被研究对象，从而获得一手资料的方法。观察法分为参与工作的观察法和不参与工作的观察法。前者是指观察者深入到被观察者中，以其中某个成员的角色参加活动，被观察者集体也对此认同，观察者在此条件下进行观察可以获得"局外人"所无法获得的观察资料。后者是指观察者单纯以旁观的方式进行观察，是比较常见的观察法。通过不参与工作的观察得到的观察结果较为客观，但难以获取某些深层的资料。

5.问卷调查法

问卷调查法是以标准化的问卷形式列出一组问题，要求调查对象就问题进行打分或是非选择。当需要进行培训需求分析的人员较多，并且时间较为紧迫时，就可以准备问卷，以信函、传真或直接发放的方式让对方填写。这种方法费用低廉，可从大量人员那里获得信息和数据，有利于对数据进行归纳总结，但是无法获取详细信息，问卷的回收率可能较低，从而导致结果不符合事实。

6.经验预测法

有些培训需求具有一定的通用性或规律性，调查者可以凭借丰富的管理经验进行预测。对于可预测的培训需求，组织能够在需求出现之前采取对策，这样既可以避免当需求临时出现时给培训工作带来的措手不及的压力，又可以防止由缺乏培训可能造成的损失。经验预测法是一种较为主观的方法，使用不当会导致预测结果偏离组织实际，因此在使用时一定要保证预测专家的专业性。

7.工作文献法

工作文献包括行业的研究资料、专业杂志、组织档案资料、政府信息以及论文等。调查者通过阅读文献，可以了解工作的结构，便于进行工作的结构分析。这种方法不需要大量员工的参与，但无法揭示组织的个性问题，容易导致所收集的信息无法准确地描述组织现状。

4.2　传统的培训需求分析方法

传统的培训需求分析方法从组织、任务和绩效层面出发，围绕组织中的人力资源进行需求分析。由于人才是高水平的人力资源，传统的需求分析方法经适当改进后，也适用于对人才进行培训需求分析。

4.2.1　组织层面的分析

1.组织层面的培训需求分析概念

任何一个行业都要受到政治、经济、文化等环境因素的制约，行业中的组织同样如此。培训需求分析的最终落脚点是人才的培训需求，而人才的培训需求受到组织方面面的影响，如组织的经营战略、组织所处的阶段以及组织所拥有的资源等。因此，从组织层面进行培训需求分析是满足组织和个人发展需要的根本办法，也是实施人才培训的前提。组织层面的培训需求分析有利于找出问题产生的根源，消除组织制度造成的障碍。

组织层面的培训需求分析依据组织目标、结构、内部文化、政策、绩效及未来发展等因素，分析和找出组织存在的问题与问题产生的根源，以确定培训是不是解决这类问题的有效方法，以及在整个组织中哪个部门、哪些业务需要实施培训，哪些人需要加强培训或储备培训。因此，组织层面的培训需求分析涉及影响培训计划的组织的各个方面，包括组织目标的检验、组织资源的评估、组织特征的分析以及环境影响作用的分析等方面。具体而言，组织层面的培训需求分析主要包括以下几方面内容：

（1）政治、经济、法律、科技、文化等环境因素

组织及其产品市场所在地的政治、经济发展趋势是进行组织层面的培训需求分析时需要考虑的首要宏观因素。只有政治、经济形势良好，才能为组织的发展创造良好的环境，组织才能够制定未来的发展战略，明确未来所需的培训。法律环境的变化对组织的培训需求同样会产生影响，例如环境保护方面及劳工保护方面的法律出台会加速制造业的技术升级，那么组织的培训就会更加注重员工技能的提高和对知识的掌握。在科技、文化方面，经营管理理念的改善、生产技术的更新均会导致组织进行技术升级，从而增加对技术型人才的培训。

（2）组织所在行业的发展情况

不同的组织处在不同的行业中，而不同的行业其培训需求的侧重点不同，从而导致培训需求分析的侧重点也不同。一个行业的发展状况以及所处的发展阶段对于组织层面的培训需求会产生重大影响。对于朝阳产业来说，组织会注重对人才的技能培训，只有满足朝阳产业日益加速的技术革新对人才的需要才能满足组织的发展需要。对于成熟的产业来说，组织一般侧重管理方面的培训，以提高效率，因此管理培训需求较大。

（3）组织的未来发展战略

发展战略的调整和变化势必会导致组织的经营方向发生转变，这种转变会对组织结构产生影响，带来人才结构的变化，对人才队伍建设提出更高的要求，这对组织来说是重大的挑战。组织要想通过培训解决这些问题，就必须在组织层面

进行培训需求分析来加以确认，考虑如何应对战略变化产生的影响。

（4）组织结构

变革是组织的生命，而组织结构的变革是组织效率提高的源泉。通过对组织的内部机构设置、管理和监督决策机制以及劳动组织方式等的全面分析，组织可以发现哪些地方是薄弱环节，有待充实加强，哪些地方需要进行变革。这两个问题为在组织层面进行培训需求分析明确了方向和目标。在此基础上，要进一步剖析解决这两个问题需要相关人才提供哪些支持，哪些情况通过培训可以得到缓解和改善。

（5）组织资源

如果没有明确可被利用的人力、物力和财力资源，就难以确立培训目标。组织资源分析包括对组织的资金、时间、人力等资源的分析。资金是指组织所能提供的经费，它将影响培训的宽度和深度。时间对组织而言就是金钱，培训需要相应的时间保证。如果时间太紧或安排不当，就会影响培训效果。人力则是决定培训是否可行和有效的另一关键因素。组织的人力状况包括人员的数量、年龄、技能和知识水平，人员对工作与组织的态度及工作绩效等。

（6）组织文化

组织文化是组织在长期的发展中形成的为组织多数成员所共同遵循的基本理念、价值判断标准和行为准则规范。优秀的组织往往具有适合本组织的文化。进行组织文化方面的培训，可以加深人才对组织文化的认识及认同，提高他们的工作积极性，进而促进组织发展。分析组织文化时，应着重分析组织文化中是否出现了需要在人才培训中大力推广的新鲜元素，同时分析现有组织文化是否阻碍新元素发展。

2.组织层面的培训需求分析的流程

对组织层面进行培训需求分析，最常使用的方法是专家分析法。它是指由一定数量的专家从组织的整体现状出发，对组织的外部环境、发展战略、组织结构、生产经营方式和现有资源等方面进行全面深入的研究讨论，以确定组织现状与应达到状况之间的差距，从而进一步确定整个组织的培训需求。这里提到的专家主要是指熟悉组织的生产经营情况、本行业的发展趋势和宏观环境的人员，最好是组织内部人员，尤其是组织的决策层和核心部门的负责人。若组织近期对中长期发展进行了规划，那么制定发展规划的骨干人员更适合担任这一角色。专家分析法有两种常见的操作模式，即面对面模式和背对背模式。

（1）面对面模式

面对面模式是将专家集中起来，围绕组织层面培训需求分析的内容展开集体座谈和讨论，分别明确组织的外部环境、发展战略、组织结构、生产经营方式和现有资源等方面的情况及其对组织培训提出的具体要求。该模式的优点是操作简单易行，节约时间；缺点是专家数量有所限制，专家容易从众或产生激烈的冲突。面对面模式的具体流程见表4-2。

表4-2　　　　　　　　　　　　　面对面模式的流程

次序	内容
流程一	确定座谈的组织者，由他们负责准备会上所需的资料、选择专家、主持座谈并整理分析座谈的讨论结果
流程二	确定专家人选，最好是组织内部决策层和核心部门的负责人
流程三	专家根据组织培训需求分析有关方面的内容准备座谈提纲
流程四	实施座谈，争取在一定时间内就每一方面的内容都能取得一致意见
流程五	整理分析座谈结果，明确培训需求

（2）背对背模式

背对背模式是采取匿名咨询的方式，不需要进行专家座谈，主要就组织的培训需求向专家发出征询调查表，请专家提出看法，然后汇总专家的意见，整理成一个全新的调查表格发给专家，再一次征询专家意见，如此反复多次，直至得出一致结论。其优点是可以适当增加专家人数，可以全面地分析培训需求，同时可以避免专家从众或者产生激烈的冲突；缺点是需要反复进行多次调查才能得出一个相对一致的结论，因而比较耗费时间。背对背模式的具体流程见表4-3。

表4-3　　　　　　　　　　　　　背对背模式的流程

次序	内容
流程一	确定整个流程的组织者，由他们负责编制征询调查表、选择专家、收发调查表以及汇总分析专家的意见
流程二	确定专家人选
流程三	拟订相关的调查表格
流程四	向专家匿名发送调查表格，回收之后整理、排除多余信息，形成新的调查表，如此反复，直至得到一致意见
流程五	对最后一轮回收的调查表进行统计整理，形成一个一致的结果
流程六	根据整理后的数据结果得出结论，列入最后的培训需求分析中

4.2.2　基于工作任务的分析

1.基于工作任务的培训需求分析概念

基于工作任务的培训需求分析是通过查阅工作说明书或具体分析完成某一项工作需要哪些技能，了解有效完成该项工作必须具备的条件，找出差距，确定培训需求，弥补不足。基于工作任务的培训需求分析的目的在于了解与绩效问题有关的工作的详细内容、标准，以及人员完成工作所应具备的知识和技能。

基于工作任务的分析位于组织层面的分析之后。组织是在不断变革与发展的，每个部门的工作任务不是一成不变的，只有确定组织层面的信息后，才能顺利地分析工作任务层面的内容。基于工作任务的培训需求分析要考虑到工作的复杂程度、饱和度，以及内容和形式的变化。

（1）工作的复杂程度

不同的工作，其复杂程度不同，要求员工具备的技能和知识也不同。对于简单重复性的工作，通过观察就可以直接获得有关工作的信息，而对于需要创造性和周期较长的工作，必须借助工作说明书和长期观察才能获得工作信息，明确工作所需的技能和知识。因此，工作的复杂程度不同，员工需要的技能和知识不同，收集信息所采用的手段就有所不同。

（2）工作的饱和度

工作的饱和度主要是指工作量的大小和工作的难易程度，以及工作所消耗的时间长短等。例如，行政部的工作大多是琐碎而繁杂的，但是工作时间相对固定，而技术开发部的工作具体而复杂，工作时间弹性大。如果对这两个部门的人才进行培训，其培训内容自然不同。

（3）工作内容和形式的变化

随着组织的发展和组织战略的调整，有些部门的工作内容和形式会发生变化，在分析培训需求时需要特别注意。工作内容和形式的变化往往会体现未来的发展趋势，培训需求分析要具备一定的前瞻性，避免当组织发生变革时出现断层的现象。

2.基于工作任务的培训需求分析的流程

基于工作任务的培训需求分析与工作说明书息息相关。具体实施时，首先要阅读工作说明书，获取工作的结构信息、任务信息，以及对任职者的要求，了解任职者完成任务所需要的知识、技能、能力和其他特征（KSAO）。随后，分析与比较每个任务及其相应的任职条件的评估分数，包括任务在职务中的重要性、出现的频率或者所花费的有效劳动时间、完成的难度，任职条件相对职务工作绩效的重要性、学习难度以及在工作中获得的机会等，来具体确定哪些任务与KSAO应该纳入培训需求系统中。最后，由于支持组织培训的资源有限，不可能让所有的培训需求得到满足，所以需要确定培训需求系统的因素级别和开发顺序。基于工作任务的培训需求分析的流程见表4-4。

表4-4　　　　　　　　　　　基于工作任务的培训需求分析的流程

次序	内容
流程一	选择待分析的工作岗位
流程二	阅读工作说明书
流程三	列出岗位所需的任务清单，细化、明确主要任务
流程四	确保任务清单的有效性和准确性
流程五	确认员工完成工作所需要的特质
流程六	明确可以通过培训得到最大限度改进的工作任务或者得到最大限度提高的知识、能力、技能等特质
流程七	将各种培训需求按优先次序排列

4.2.3　基于人才绩效的分析

1.基于人才绩效的培训需求分析概念

培训的最终目的是改进工作绩效，缩小或消除实际绩效与期望绩效之间的差距，因此，对人才绩效进行考核可以作为培训需求分析的一种方法。基于人才绩效的培训需求分析就是对照工作绩效的标准，分析人才目前的绩效水平，找出其与理想绩效的差距，以确定培训群体、培训内容和培训效果。值得注意的是，基于绩效的分析要在基于工作任务的分析基础上发挥作用，这是因为工作任务层面的培训需求分析确定了岗位的绩效标准，为确定人才的标准绩效或期望绩效提供了参照。

基于人才绩效的培训需求分析需要考虑到以下几个方面：

（1）绩效评价制度的合理性

只有组织的绩效评价制度客观、公正，才能确定绩效问题是出于个人的原因。目前组织最常用的绩效评价方法是360度绩效评价。这种方法除了依据客观的指标之外，还通过被评价者的上级、同级和客户的全面参与充分考虑所有的反馈信息，得出绩效水平。其评价过程相对科学，结果能够客观地反映出人才的真实绩效。

（2）个人特征

个人特征主要包括员工的知识、专业、年龄、个性和能力等内容。一般来说，人才的知识、技能、能力等因素与绩效直接相关，直接决定了绩效水平。此外，年龄、婚姻情况、家庭情况等因素也对绩效水平产生一定的影响。

（3）工作环境

工作环境也是影响人才绩效的因素，既包括工作地点、设备、工具等硬环境，也包括内部沟通、工作氛围等软环境。对于组织来说，存在设备老化、工具损坏、内部沟通不畅、领导方式不当等原因导致的绩效水平下降，这就要求组织在进行培训需求分析时注意观察。

2.基于人才绩效的培训需求分析的流程

基于人才绩效的培训需求分析的流程主要分为三个步骤（见表4-5）。

表4-5　　　　　　　　　基于人才绩效的培训需求分析的流程

次序	内容
流程一	查找绩效差距
流程二	分析绩效差距产生的原因
流程三	确定解决方案

（1）查找绩效差距

从绩效差距入手，寻找组织工作岗位要求的绩效标准与员工实际工作绩效之间存在的差距，或者企业战略或企业文化需要的员工能力与员工实际能力之间的差距。只有找出存在绩效差距的地方，才能明确改进的目标，进而确定能否通过培训手段消除差距，提高员工生产率。

（2）分析绩效差距产生的原因

发现了绩效差距，并不等于完成了培训需求分析，还必须寻找差距产生的原因，这是因为并非所有的绩效差距都可以通过培训的方式消除。影响绩效的因素有很多，如：个人的知识、技能和能力；个人的态度和动机；设备、时间、预算等资源方面的支持；来自上级、同事的反馈和强化；薪酬等的激励；关于如何做好工作的及时、具体的反馈等。

（3）确定解决方案

找出差距产生的原因后，就能判断应该采用培训方法还是非培训方法去消除差距。可以提出若干问题来确定培训是不是解决绩效问题的最佳途径，如：该员工是否存在工作绩效问题，严重程度如何？该员工是否知道如何有效地工作？该员工是否掌握并正确运用了工作所要求的知识、技能和行为方式？该员工是否得到了恰当的激励和工作反馈？

如果员工缺乏完成工作的知识和技能，在其他条件许可的情况下，组织就要进行培训。如果员工具备需要的知识、技能和其他条件，但工作输入、输出或工作反馈不足，组织就应当通过非培训手段（如改善环境、设备或激励制度等）来提升员工绩效。

4.3　针对人才的培训需求分析方法

虽然传统的培训需求分析方法能够用在人才的培训需求分析中，但其并不能有效地反映出人才的特征，缺乏对人才的针对性分析。基于此，新的人才分析技术不断被提出，并用于培训需求分析中，主要包括人才盘点与人才画像技术。

4.3.1　基于人才盘点的培训需求分析

1.人才盘点的概念

人才盘点是以明确组织发展对人才的需求、组织中人才资源的总体情况以及发掘高素质人才为目标，对当前组织结构和人才的数量与质量进行盘点的过程，通过对组织的现状与战略、人才的绩效与潜力进行评估与探讨，制订详细的行动计划，确保组织拥有匹配的人才结构，从而为组织的发展、人才梯队的建设、关键岗位的继任计划，以及人才的发展和保留提供参考。

2.实施人才盘点

人才盘点是一个周期长、步骤多的过程，涉及组织高管、各部门管理者和员工的共同参与，主要分为以下三个阶段：

（1）准备阶段

① 成立工作小组。实施人才盘点的首要步骤是招募工作人员，组建工作小组。一般来说，人才盘点的对象是组织中的所有人才，这涵盖了所有部门。因此，工作小组的成员除了有人力资源部门的管理者和员工外，还包括各个部门的管理者，他们对本部门的人才情况更具有发言权。同时，为了方便管理、保证工作效率，工作小组的组长应该至少由副总经理级别的高管担任，同时由人力资源部经理任执行副组长。

② 召开沟通说明会。为了使人才盘点的过程更加顺利，寻求其他部门的支持和配合必不可少。召开人才盘点项目沟通说明会是盘点工作的正式开始，也是对工作小组的充分动员，说明人才盘点的意义和重要性，要求各部门积极配合，客观、翔实地提供相关资料数据。

③ 分析组织现状。分析组织现状也称组织盘点，主要根据组织的发展战略和市场的竞争状况分析组织结构、管理层次、管理幅度、组织整体氛围等方面。通过组织盘点，工作小组可以评估组织结构与组织现阶段的发展是否匹配，能否有效支撑战略落地。分析组织现状有助于工作小组加深对组织战略的理解，同时，只有当组织结构相对合理时，人才盘点的结果才具有意义。

④ 收集人才信息。人才信息的收集工作由各部门的管理者和员工本人共同完成。个人的基本信息，如岗位、工作经历、职业规划等由员工主动汇报；对人才的评价，如绩效、能力或潜力评估，离职风险评估，对部门业务的影响评价，可否在公司内部调动等，由部门管理者填写。值得注意的是，在进行评价时，部门管理者要明确人才盘点的目标，根据目标设置绩效、潜力等评价标准。不同的评价标准对人才的评价结果具有较大影响。

（2）操作阶段

①制作人才地图。人才地图也称人才盘点九宫格，是根据人才的评价结果，通过对绩效与潜力两个维度数据的分析与强制划分获取的对人才结构的判断（如图4-2所示）。人才地图既是人才盘点的产出，又是人才培养与发展的前提，为有针对性的人才应用与培养提供指导。

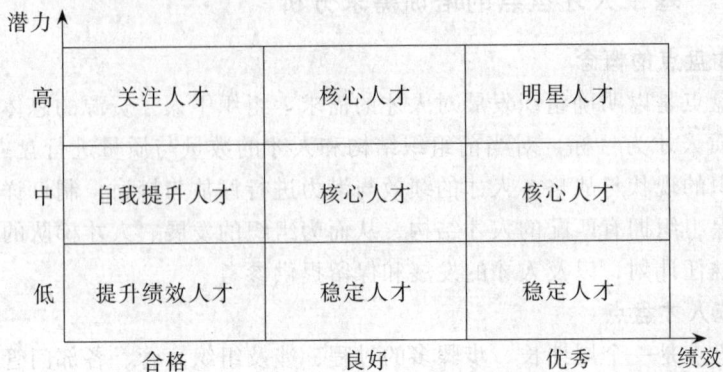

潜力			
高	关注人才	核心人才	明星人才
中	自我提升人才	核心人才	核心人才
低	提升绩效人才	稳定人才	稳定人才
	合格	良好	优秀　绩效

图4-2　人才地图

②制订继任计划。继任计划是通过识别、有计划地培养人才以及内部提升的方式，系统有效地获取人才资源的方法，它对组织的持续发展有着至关重要的意义。制订继任计划的首要步骤是以人才的评价结果为依据，把高能力、高潜力的人才作为首选的继任者，进行培养锻炼。同时，在制订继任计划时还要思考继任者的继任周期，组织未来的战略对岗位的要求，人才经历、行为风格与岗位的匹配度等。在综合考量后，绘制整个组织的继任计划图（如图4-3所示）。

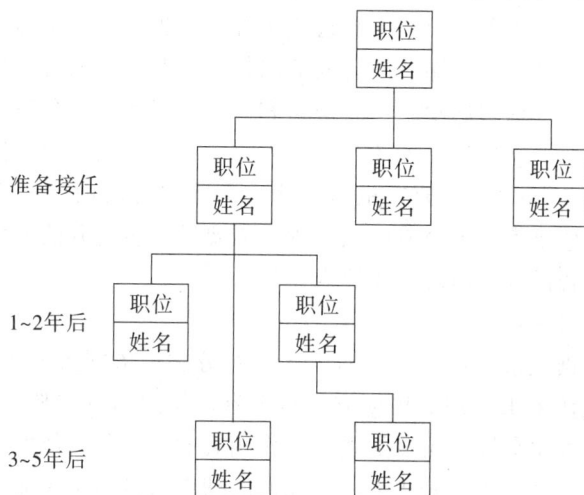

```
                        ┌────────┐
                        │ 职位   │
                        │ 姓名   │
                        └────────┘
          ┌───────────────┼───────────────┐
       ┌────────┐     ┌────────┐      ┌────────┐
准备接任 │ 职位   │     │ 职位   │      │ 职位   │
       │ 姓名   │     │ 姓名   │      │ 姓名   │
       └────────┘     └────────┘      └────────┘
       ┌──────┴──────┐
    ┌────────┐   ┌────────┐
1~2年后│ 职位 │   │ 职位  │
    │ 姓名   │   │ 姓名  │
    └────────┘   └────────┘
              ┌──────┴──────┐
          ┌────────┐   ┌────────┐
3~5年后   │ 职位   │   │ 职位   │
          │ 姓名   │   │ 姓名   │
          └────────┘   └────────┘
```

图4-3　组织继任计划图

③召开人才盘点会议。召开人才盘点会议是人才盘点工作的核心，通常由组织的最高领导者主持，各部门的负责人参与。人才盘点会议一般每年召开一次，主要讨论内容包括：上一次（年）人才盘点制订的行动计划的完成情况；目前的组织结构以及调整规划（重点关键岗位的职责、人员编制与空缺情况、组织效率和管理跨度是否合理等）；人才盘点九宫格的内容；关键岗位的继任者计划；预计未来新增的关键岗位需求；未来的组织调整和人员调整计划等。

讨论结束后，工作小组根据会议内容对人才盘点九宫格和继任计划进行优化，同时将其他内容转化为具体的可操作的人才发展规划，为每一项规划设置具体负责人、完成时间和检验标准。

（3）跟踪与反馈阶段

①跟踪实施效果。人才盘点结束之后，各部门要实施行动计划。在这一过程中，一方面，人力资源部作为具体的实施推动部门，要走访各部门，对规划实施效果进行跟踪和评价；另一方面，组织高层管理者在经营决策等重要会议上，要对实施计划的关键环节进行推动和跟进，以保证人才盘点的成果落在实处。

②反馈实施中的问题。人才盘点会议是对信息进行经验判断与讨论，其成果仍需要在后续的实践过程中不断改善。因此，各部门在实施人才发展规划时，要对发现的问题进行反馈，帮助组织不断调整实施方案，为下一次人才盘点工作提供经验指导。

3.人才盘点在人才培训需求分析中的应用

对于人才培训需求分析来说，人才盘点是以人才资源为对象，从组织发展与人才绩效两个层面出发，综合考察培训需求。与传统的分析方法相比，其兼顾了组织与人才的要求，更具针对性。在人才盘点过程中绘制的人才地图和继任计划图是确定人才培训需求的直接依据，可以通过以下方式对其进行应用：

（1）提供培训对象

组织在进行人才培养时，往往会选拔部分人才进行重点培养。这些人才既在组织内表现出相应潜力，又愿意向更高的岗位努力并能够取得成功。人才盘点通过人才地图和继任计划图展示了具有潜力和意愿的人才，在分析培训群体时，可以直接选取人才地图中的核心人才与明星人才和继任计划图中的候选者作为重点培养对象。此外，培训需求分析也需要找出急需进行培训、绩效水平较差的个体。人才地图将绩效表现为合格的人才视为需要进一步提升的群体，将他们作为培训对象能够显著提升组织的整体绩效。

（2）提供培训内容

人才地图依据绩效与潜力水平对人才进行分类，依据人才所属的类别不同，组织可以详细确认未来采用的培训方式与内容，做到因材施教。[①]对于提升绩效人才与自我提升人才来说，应该加强与工作相关的知识与技能的培训，在短时间内提升工作绩效。对于关注人才来说，他们的绩效与潜力水平完全不符，应该注重激发其潜力，思考其在工作性向与工作价值观层面存在的问题。对于稳定人才与明星人才来说，一方面应确保其知识、技能和能力与时俱进，另一方面应设计更高层次的培训内容，增加富有挑战性的任务，使其时刻保持工作动力。

（3）形成组织人才信息库

人才盘点是对当前组织结构和人才的数量与质量进行的盘点，使组织加深了对人才存量和组织与人才适配情况的了解。对人才盘点的所有成果都应在组织中存档、建库，当需要在短时间内完成培训需求分析时，分析人员可以根据以往人才盘点的成果快速确定需求，并在一定程度上保证分析成果符合组织发展的要求。

4.3.2 基于人才画像的培训需求分析

1.人才画像的概念

人才画像的概念源自用户画像。用户画像是基于真实用户，以真实数据为基础，根据需求方的目标、行为及观点的差异所构建的目标用户模型。用户画像的技术逐渐成熟后，被引入人才管理领域，形成了人才画像。人才画像是组织对某岗位优秀人才群体的个性、知识、技能、能力等内容进行综合分析和描述，从而得出岗位所需要的人才描述。一般来说，人才画像包括能力画像、关键技能画

① 刘中林.人才盘点在人才发展战略中的运用［J］.山东人力资源和社会保障，2019（7）：33-35.

像、性格画像、驱动力画像和培养发展建议五个部分，其对于人才的选拔、任用、培养和激励具有指导作用。

2.人才画像的绘制

人才画像的绘制借鉴了胜任力模型的构建过程，是以工作说明书为依据，综合运用评价中心技术、行为事件访谈等方法收集信息并分析的过程，具体包含以下几个步骤：

（1）准备阶段

① 确定调查对象。绘制人才画像的首要步骤是确定绘制的对象。由于人才画像的成本较高，一般选择关键岗位（如管理岗、关键技术岗）、任职者较多的岗位（如产品经理）或特殊岗位（如管理培训生、合伙人）作为对象。此外，在确定岗位的基础上，调查的个体对象一般是岗位中绩效为良好及以上的人才。

② 成立工作小组。工作小组是绘制人才画像的主要执行者。一般来说，工作小组的成员数量不需要过多，以专业技术人员为主，主要由人力资源部门的管理者与员工、被调查岗位的领导、熟悉评价中心技术和行为事件访谈的内外部专家组成。

（2）执行阶段

① 观察直接特征。直接特征是指人才的性别、年龄、身高、穿着等特征，可以通过面对面观察，或者在进行其他步骤如访谈、发放问卷时偶然观察得出。直接特征是人才画像的基本层次，是对人才的直观认识和感受。一般来说，某些岗位的任职者确实具有相似的直接特征，如从事程序开发、程序维护的基层工作人员普遍为年轻男性，穿着较为随意，而从事人力资源或档案工作的人员普遍为中青年女性，常穿着正装。这种对直接特征的归纳，在一定程度上体现了岗位对合格任职者的要求。

② 进行人才测评。人才测评是运用科学的方法对人才的深层次特征进行分析与评价，测评的主要内容包括人格测试、能力测试和职业兴趣测试。在这一过程中，组织可以根据不同的目标和岗位性质，选择具有针对性的测评技术。人才测评是对人才更深层次的认知，如果岗位中的多数优秀人才都表现出某种相似的特征，就说明该特征是该岗位的核心要求之一。

③ 分析基本能力要求。这一步骤是通过对岗位的工作说明书进行分析，关注任职资格对受教育程度、工作经验、培训、知识、技能、能力、心理特征等方面的要求，并将其提炼成对人才特征的基本描述。这一过程可以通过专家小组的头脑风暴完成。

④ 提炼胜任素质。在这一步骤中，专家小组需要运用行为事件访谈法对岗位中优秀人才的胜任素质进行探索，具体的操作过程已在本书第2章进行了描述，这里不再赘述。值得注意的是，当胜任素质与基本能力要求指向相同时，要以胜任素质的指标和描述来覆盖后者，从而形成对胜任岗位优秀人才的准确表述。

⑤ 探索行为驱动因素。在探索人才的知识、能力等表层特征后，工作小组要对

人才进行进一步的访谈，探索驱动其产生优秀行为的原因，例如经济报酬、发展目标、职业兴趣、领导认可等。通过对这些内容进行提炼和总结，汇总出驱动因素。

⑥ 提出培养发展建议。工作小组对以上所有的内容进行分析汇总之后，召集被调查者参加研讨会，根据收集到的特征讨论对他们未来的发展建议。研讨会既可以采用单独商讨的形式，即每次与一名被调查者进行探讨，在确定所有人才的培养建议后，进行综合汇总；也可以采用集体商讨的形式，即与所有被调查者共同探讨，直接总结出共性的发展建议。

（3）完成与实施阶段

①形成人才画像。将上述收集到的信息进行统合后，形成人才画像的内容，具体示例见表4-6。

表4-6　　　　　　　　　　　　某岗位人才画像示例

构成	标准条件
一、基本情况	年龄：22～27岁为最佳
	工作经历：应届毕业生或工作经历在2年内为最佳
	学历及院校：本科及以上，着重注意"双一流"建设高校
	跳槽频率：拒绝一年两跳、两年三跳等频繁跳槽的应聘者
	行业及工作经历（往届生）： ● 曾在IT行业或银行有过实习或工作经历 ● 对大数据技术的应用有一定了解和认知 ……
	其他： ● 在公司附近有较稳定的住址，对北京及公司周边较为熟悉 ● 对公司的产品认可度高 ……
二、个性特征	外向型人格；职业兴趣类型包含企业型或社会型职业 ……
三、综合素质	● 执行力：拥有较强的反馈和完成任务的意愿和能力 ● 沟通表达能力：能够较好地表达自己（叙述事情有条理和逻辑）、倾听他人（心平气和地听完，与沟通对象能进行良好的互动和反馈） ● 分析能力：遇到问题能够快速抓住主要矛盾，并全面、仔细地分析事情的关联性 ● 总结归纳能力：能够在纷繁复杂的事情中找到起点、顺序和重点，并按照事物不同点和相同点进行分类，将整个事情变得有条理性和规律性，便于他人进行记忆、理解 ……

续表

构成	标准条件
四、关键技能	● 掌握基础岗位知识（Office办公软件、SQL、数据库、统计学） ● 文档编写能力 ● 数据处理能力 ……
五、驱动力	应届生： ● 发展平台及美誉度、影响力（国有上市企业、中科院背景、研究所转制） ● 租房压力 ● 自身成长助力程度（学到职场工作经验、新技能、新知识的可能性） …… 往届生： ● 薪资报酬 ● 社会地位 ● 家庭经济压力 ……

②应用与反馈。人才画像形成后，组织要将其应用在人才管理中，并随着组织发展和岗位要求的变化而不断调整与修改。这就要求人力资源部门重视人才画像的作用，记录使用效果，寻找画像存在的问题，如时常讨论画像的描述是否符合现阶段的岗位要求、画像的描述是否清晰、根据画像招聘的人才是否绩效优秀等。

3.人才画像在人才培训需求分析中的应用

对于人才培训需求分析来说，人才画像从岗位和人才特征与发展的角度出发，确定了岗位中理想人才的形象。与基于人才绩效的分析方法相比，人才画像超越了绩效的评判标准，从多方面发掘了影响人才表现的原因。

人才画像是对岗位中优秀人才的画像，通过对比员工现阶段的特征与人才画像的描述，能够有效发现员工自身与优秀标准之间的差距，从而为培训目标和内容的设置提供有针对性的指导。同时，人才画像中的培养发展建议也为培训目标的设置提供了直接的资料来源，有助于组织在短时间内完成培训需求分析。可以说，人才画像全面描述了优秀人才的特征，为人才培养和个人职业发展提供了方向，但并非所有的内容（如人格特质、家庭经济压力等）都能通过培训得到弥补。同时，一些深层次能力的提升需要组织采取长周期的培训计划，可能会导致培训投入远高于产出。因此，组织在应用人才画像时要对其进行综合考量。

人才思政堂

C大学H学院在职研究生思政课的培训需求调查

C大学是我国最早成立和开设马克思主义学院的大学。针对在职研究生学习时间紧张、需要兼顾工作和学习的特点，C大学的H学院在始终将必修课"马克思主义理论与中国特色社会主义"作为重点的基础上，重视在职研究生的需求，进行课程优化设计。

　　由于C大学讲授此门课程的教师有很多，如何了解H学院多达600名的在职研究生对此门课程的要求、甄选合适的主讲老师、选择合适的内容，成为主要问题。由此，H学院培训中心设计并在网络上发放了培训需求调查表（见表4-7），要求学员下载并填写其需求。通过对调查结果进行统计分析和总结，H学院在师资库中选取政治过硬、课堂效果好、教学方式多样的教师授课，并辅助其优化授课内容、改善课程表现形式，从而增强了在职研究生的政治学习热情，获得了学员的交口称赞。

表4-7　　　　　　　　　　　培训需求调查表（节选）

你所在的单位名称			
手机号		年级	
姓名		职务	

以下是需要你填写的调查内容，前面的问题你可以在表上直接打"√"，开放式问题请认真填写，以便我们全力满足学员的培训需求

培训内容重要性评估	不重要	较不重要	较重要	很重要
第一部分：马克思原著选读	□	□	□	□
第二部分：科学社会主义的历史与发展	□	□	□	□
第三部分：中国特色社会主义道路——案例解析	□	□	□	□
⋮				
关于此课程，你推荐的任课教师是谁？理由是什么？				
对此课程，你喜欢的教学方式是什么？				

　　资料来源　根据中国人民大学劳动人事学院人力资源管理专业在职硕士生培训需求调查表改编.

思考题

1.人才培训需求分析的概念和一般流程是什么？

2.传统培训需求分析的层次有哪些？

3.基于人才盘点的培训需求分析的流程是什么？

案例分析

G公司培训与开发需求报告

1.确定调查对象

本次培训需求调查对象为教育培训管理岗位及其直属领导等相关专业人员。

2.收集培训需求信息

结合教育培训管理岗位的实际情况，本次培训需求调查采用结构化访谈、管

理知识问卷、专业知识问卷、电话调研等4种调查方式。主要调查对象为被调查岗位员工及其直属领导：

（1）教育培训管理岗位直属领导：了解直属领导作为上一级管理层对教育培训管理岗位人员的工作现状的看法，以及他们对教育培训管理岗位人员未来工作的要求，同时从中了解公司领导层对教育培训管理工作的评价和期望。

（2）教育培训管理岗位：从其本身对教育培训管理工作的认知，了解他们在本岗位上的主要工作内容、工作现状、工作挑战、工作成就等方面的内容。

将两个方面的调研结果进行交叉对比，最终从组织层面、领导层面、个人层面多个维度了解教育培训管理岗位人员的培训需求，力争让本次培训需求调查既满足公司发展的要求，又满足个人发展的要求。

3.选择数据分析方法

在调查分析的过程中，主要采用数理统计法和文案分析法：数理统计法主要用于分析调查对象对培训时间和培训时长的选择、能力差距与短板等方面；文案分析法主要用于对调查原始信息的分析与整理，主要体现在核心胜任能力项的提炼、现有胜任力水平的解码分析、培训主题的确定以及培养方式的规划等方面。

4.培训需求分析

（1）培训时间分析

忙闲时间段是安排培训时间的依据。根据调查发现，各时间段的选择人数差距不大，所以确定选择比例大于80%的时间段为首选时间段。同时，教育培训管理岗位人员的工作时间只有在5月份和10月份相对空闲，因此这两个月份是进行培训的最佳时间段。

（2）人员基本情况分析

从调研信息来看，教育培训管理岗位的人员配备出现了不同程度的紧张状况，很多单位的培训专员只配备1个人，工作压力较大。

教育培训管理岗位人员素质普遍较高，具有较合理的知识结构，在本岗位的工作学习上能够较快地接受电力行业和培训行业的新资讯，并想尽办法将其应用到实际工作中。

在本次调查对象中，大多数的工作时间在2年以上，对公司的教育培训工作均具有一定的了解，并且能够准确把握公司教育培训工作的大方向，使教育培训工作得以有序进行。

大多数调查对象对教育培训工作表现出极大的热情，这一点通过他们在调研过程中的积极配合得到了充分体现。大部分人员希望自己在教育培训管理岗位上发挥最大的作用，并愿意为此花较多的业余时间参加公司的统一学习或自我学习，以提升自身工作能力，更好地完成教育培训管理工作。

（3）岗位所需胜任力及目标等级

①岗位基本条件：本科及以上学历；管理类专业，以工商管理、人力资源管理为最佳。

②应具备的专业知识：培训管理知识，包括培训管理体系以及G公司教育培训管理制度等方面的知识；成人教育学知识；人力资源基础知识——人力资源的基本运作流程及内容。

③核心胜任能力项及目标等级见表4-8。

表4-8   教育培训管理岗位人员核心胜任能力项及目标等级

序号	胜任能力项	目标等级	能力项定义
1	沟通协调能力	5 ※※※※※	**等级5：说服策略** ● 使用复杂的方式进行沟通说服（例如，清楚地知道如果让甲去告诉乙一些情况，乙就会告诉丙，等等） ● 通过至少两个步骤来进行沟通，而且每个步骤都考虑到沟通对象的具体情况 ● 借助专家或第三方来协助沟通和施加影响
2	分析思维	4 ※※※※	**等级4：进行复杂的计划或分析** ● 能够辨认一个问题的多个方面，并对每个方面进行详细说明，标出它们之间的复杂的因果关系（多因多果、互为因果、交叉影响的因果关系等） ● 能够辨认一个问题中所蕴含的不同层面的若干因素及它们之间的因果关系 ● 能够同时运用若干种演绎思维的方法（如因果关系、轻重缓急、时间顺序等），将复杂的问题或事物分解成部分进行分析判断 ● 能够运用不同的分析技巧进行复杂的计划或分析，在理性分析的基础上，对多种系统方案的优劣进行判断和选择（如成功的可能性、成本效益的比较、需求的急迫性、对未来的潜在影响等）
3	积极主动性	5 ※※※※※	**等级5：长期计划** ● 提前1~2年采取行动来创造机会或避免将来发生危机的可能性
4	人际理解能力	4 ※※※※	**等级4：深层次的理解** ● 对他人行为产生的原因有深入的了解 ● 理解导致别人目前或长期以来的感受、想法、行为或顾虑的原因 ● 能够全面地认识他人，在对他人深入了解的基础上，客观地评价对方的优点和缺点
5	灵活性	4 ※※※※	**等级4：战略转变** ● 对工作计划、行动方案、预期目标或特定项目进行全面的修改和调整以适应具体环境的要求 ● 为了适应某个特殊情况的需要，对组织做局部的和暂时的调整
⋮	⋮	⋮	⋮

（4）人员胜任力现状

根据调研结果以及岗位胜任力模型，对教育培训管理岗位人员现有能力进行解码分析，得出教育培训管理岗位人员各项胜任力现状，见表4-9。

表4-9   教育培训管理岗位人员各项胜任力现状

序号	胜任能力项	目前等级	能力项定义
1	沟通协调能力	3 ※※※	**等级3：有理有据** ● 对沟通对象采用两个以上的步骤或事实、数据等进行沟通说服，但仍然没有考虑到如何依据对象的水平和兴趣来有针对性地施加影响 ● 在沟通过程中表现出耐心和细致 ● 在沟通时能提出两种以上的事实、数据等
2	分析思维	3 ※※※	**等级3：认识事物间的多重关系** ● 能够将问题或事件进行多重因果链接：能够认识到一个事件背后多种可能的原因（多因一果），一个行动可能引起的多种结果（一因多果），或一个事件中各个部分的多重因果关系（因果链：A导致B，B导致C，C导致D） ● 对同一问题或情形的不同方面之间的关系进行分析（例如，对可能遇到的阻碍进行预测，并以此为基础制订下一步/几步的详细计划）
3	积极主动性	4 ※※※※	**等级4：中期计划** ● 提前4～12个月采取行动来创造机会或避免将来发生危机的可能性
4	人际理解能力	3 ※※※	**等级3：理解别人的意图** ● 能够领会别人字里行间或者言外之意 ● 把握别人没有公开表达出来或者表达得含混不清的想法或情绪 ● 至少了解别人一个主要的个性特征或优点
5	灵活性	3 ※※※	**等级3：战术调整** ● 不受常规惯例的限制，根据具体情况和条件决定所需要采取的行动 ● 保留整体计划和原定战略不变，但根据客观情况来调整实施的方法和步骤 ● 通过行动去适应情况或某人（如果不能确定是否做了显著的调整，则记分为第二级）
⋮	⋮	⋮	⋮

注：表中各项胜任力现状是调查对象普遍、共同存在的问题，而不是个别情况。

（5）胜任力差距与短板分析

教育培训管理岗位人员胜任力现状和目标等级之间的差距如图4-4所示。根据胜任力差距与短板分析，建议将培训重点放在沟通协调能力、监控能力、服务意识、信息收集能力等方面。

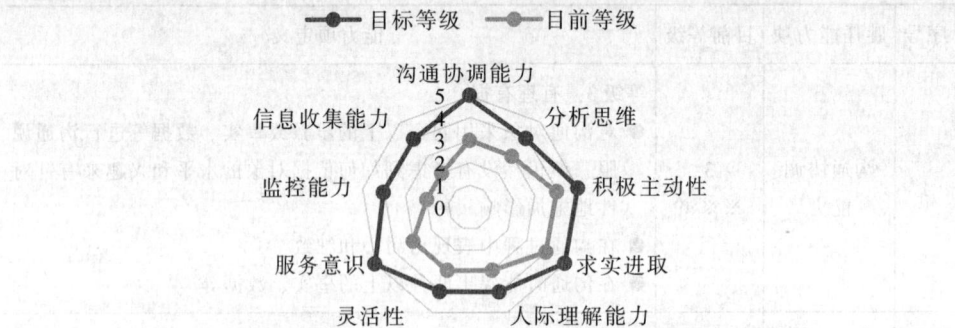

图4-4　教育培训管理岗位人员胜任力现状和目标等级之间的差距图

（6）培养方式规划

基于调研评估结果和岗位特点，有针对性地设计教育培训管理岗位人员的培养方式和培养计划（见表4-10）。

表4-10　　　　　　　　　　教育培训管理岗位人员培养计划表

培训时间	在5月份和10月份集中进行

培训主题

1.核心胜任能力方面培训主题

主题名称	培训时间	培训时长	培养方式
跨部门沟通与合作	5月	2天	讲授/案例研究/角色扮演
个人成效与时间管理	5月	2天	讲授/行动学习
目标与计划管理	10月	2天	讲授/行动学习/研讨
问题分析与解决	10月	2天	讲授/案例研究

2.专业知识及其他培训主题

主题名称	培训时间	培训时长	培养方式
ISO100015培训管理体系	5月	2天	讲授/案例研究
公司教育培训管理制度	5月	1天	讲授/自我指导学习

　　考虑到教育培训管理岗位的特点和人员现状，建议各项主题培训均由公司层面组织实施。

　　资料来源　改编自本书主编主持的培训项目实例.

　　问题：

　　1.G公司运用哪些方法收集培训需求信息、分析培训需求？

　　2.你认为这份报告有哪些优点和不足？

第5章 人才培训与开发计划的设计

学习目标

✓掌握人才培训与开发计划设计的概念与一般流程

✓掌握人才培训与开发的传统方法和基于互联网的方法

✓重点掌握培训预算的编制方法

导入案例 人才培训与开发要留这么多预算?

丽水饮料公司始建于1996年,是一家集科研开发、生产销售、品牌建设及推广于一体的国内知名的大型现代化食品饮料专营企业。2019年,丽水饮料公司在石家庄投资6亿多元建成并投入使用高标准的产业化、现代化生产基地。

2020年年中,公司人力资源部部长王女士向她的上级——公司执行副总裁雷总——提交了年度的人才培训计划和培训预算方案。王女士作为人力资源部的资深领导,对培训的相关工作十分了解,多年来一直负责人才培训的计划与实施工作。在这次的培训计划中,她延续了以往的培训内容和方式,在费用上也是根据去年的培训花费情况进行了推算。一般来说,以往的培训计划都会得到领导的批准,但这次雷总刚刚上任,王女士并不知道他对于培训的态度和想法,因此担忧起方案能否顺利通过。

王女士的担忧变成了现实。第二天,雷总就叫王女士去办公室讨论培训计划。雷总认为,已有的培训课程中,有很多一眼就能看出纯粹是噱头,他还拿自己的培训经历作为例子:"有一次我参加对高管的培训,那种课一半时间在玩游戏,另一半时间给你发牢骚,我并没有学到什么。"同时,雷总还对职能岗位的培训设计表达了不满:"那些对财务和行政人员的培训也可以适当减少,给他们一些基础的任职资格培训就可以了,毕竟这几年公司的销售额都在下降,公司上下都在压缩成本。"最后,雷总提出将培训总预算削减40%、删减半数课程的想法。

雷总的话让王女士面色凝重,这相当于直接推翻了以往的培训计划,但她知道这些培训内容是实实在在能够促进员工成长、为公司带来效益的,而且就算是削减成本,也不一定要在培训经费上大动手脚。随后,王女士以再思考一下为由离开了雷总的办公室。回去后，王女士开始重新审视这些培训内容，将其与组织的战略和计划一一进行关联，并将以往培训课程的效果写在方案中，准备再次向雷总汇报。几天后，王女士带着新方案再次和雷总进行讨论。这次，她着重强调了不同培训内容对于组织的贡献，同时拿出了培训的效益统计数据与雷总据理力争，终于使其放弃了大量削减培训课程的想法。然而，雷总依然觉得培训的预算过高，他提出：在不大量变动培训课程的前提下，能不能降低培训费用？

　　王女士微微一笑，她之前已经想到了雷总可能会提到这个要求，因此拿来了一次培训活动的成本表。王女士介绍说："这是之前对业务经理的培训，培训时间是去年的10月3日到10月5日。由于学员都在外地公司，必须乘飞机在10月2日晚餐之前到达公司总部，最早在10月6日上午早餐之后离开。在花费上，在途时间每人每天交通和伙食补助100元，每张机票平均900元；参训人员住在本公司开设的三星级宾馆，一个标准间住两人，每间成本是150元/天；培训期间的伙食标准是晚餐30元、中餐30元、早餐15元；3天的培训由销售部、技术部、人力资源部的经理各负责1天，每个部门经理每天的工资平均为500元，每个业务经理每天的基本工资（不含销售提成）是120元；资料费合计约200元；各类人员的福利按工资的30%计算；公司的场地维护及水电费用约为300元。最后，总计花费了近7万元。雷总，这只是一次简单的内部培训，如果砍掉预算，我们很多课程就没法实施了。"

　　雷总听后大吃一惊，他从来没有接触过培训工作，不禁问道："人才培训需要这么多预算吗？"

　　问题：

　　1.培训与开发的预算包括哪些？

　　2.培训计划的设计与哪些因素有关？

5.1　人才培训与开发计划设计概述

微课5-1

人才培训与开发计划设计概述与设计流程

　　在完成培训需求分析后，就可以根据分析结果，对培训计划进行设计了。计划是管理学中的基本概念，是指制定目标并确定为达成这些目标所必需的行动，为组织、领导和控制等一系列管理工作提供基础。培训计划更是如此，通过设计、制订科学的、具体的培训计划，组织可以对培训的过程进行掌控，及时对不合理的地方做出调整，从而提高培训的成效。

5.1.1　人才培训计划设计的概念与作用

1.人才培训计划设计的概念

培训计划是按照一定的逻辑顺序排列的记录，以计划表或计划书的形式体现出来。设计人才培训计划就是从组织的战略出发，在已有培训需求分析的基础上，对培训时间、培训地点、培训者、培训对象、培训方式和培训内容等预先进行系统设定。培训计划必须满足组织及人才两方面的需求，兼顾组织资源条件及人才素质基础，并充分考虑人才培养的超前性及培训结果的不确定性。

2.人才培训计划的类型

（1）根据时间跨度划分

根据时间跨度，人才培训计划可以分为长期培训计划、中期培训计划和短期培训计划，这是最为普遍的分类方式。长期培训计划的时间跨度一般在3年以上，主要是根据组织现状和发展战略构建培训方向，具有较强的战略意义。中期培训计划的时间跨度一般为1~3年，以长期计划的某一特征为基础。组织经常提到的年度培训计划就属于中期培训计划。短期培训计划一般是组织在一年内的培训计划，往往具有明确的事项、很强的可操作性。季度培训计划或者月度培训计划就属于短期培训计划。

（2）根据计划层次划分

根据培训计划的层次，人才培训计划可以分为组织整体培训计划、各部门培训计划以及个体培训计划。组织整体培训计划是以组织为对象进行考虑的，目的在于明确培训的方向、目标与现实之间的差距和资源的配置；各部门培训计划是根据部门的人才情况和发展要求，以部门中的人才群体为对象设计的培训计划；个体培训计划与人才个体的发展直接相关，具有较强的个性化特征，以提升人才的知识、技能、能力等素质为最终目标。

3.影响人才培训计划制订的因素

在制订人才培训计划时，要对以下的因素进行考虑：

（1）人才的参与

人才个体是培训的直接对象，鼓励他们参与设计和制订培训计划，既可以使其加深对培训的了解，还可以使培训的课程设计更切合人才的真实需要，同时能够提升他们的参与感，增强他们对培训活动的兴趣和承诺。

（2）管理者的参与

组织高管对组织的战略和结构有着全面的了解，各部门的管理者也非常清楚部门员工所需要提升的能力和参加的培训类型，因此管理者的参与、支持及协助对计划的成功有着巨大的帮助。

（3）培训的时间

在制订培训计划时，必须准确预测培训所需时间及该段时间内人员调动是否可能影响组织的运作。安排课程及培训方法时必须严格依照预先拟定的时间表执行。

（4）培训的成本

培训过程中需要运用各种资源，培训计划必须符合组织的资源限制。有些计划可能很理想，但如果需要庞大的经费支持或者一次性进行大量的人员调动，就会降低实施的可行性。

4.人才培训计划的作用

人才培训计划为组织日后对培训活动的管理和控制指明了方向，其作用主要体现为以下三点：

（1）确保培训活动顺利实施

人才培训实施过程中涉及人员调动、器材使用、资料分发等多个方面的事项，如果培训组织者仅依靠记忆或临时想法来实施，难免会出现缺漏。培训计划可以帮助培训实施人员核实每一个培训环节，避免因为步骤或内容缺漏而遭受损失。

（2）确定培训各方的职责

人才培训的每个阶段都需要特定的人员负责，对该人员在培训中的工作内容、工作方式、汇报对象等都需要逐一明确并加以确定。培训计划可以将具体责任落实到每个个体，使培训相关部门的员工和相应培训师的职责一目了然，便于管理。

（3）为培训效果评估设置衡量标准

培训计划会对培训目标进行详细分析，并在此基础上对培训结果做出预期。预期结果能够让培训的实施更具有方向性，也有助于为培训结果的评估设立标准。如果培训结果与预期不符，那么培训就没有完全达到效果，培训过程就有待改进。

5.1.2 企业战略对培训计划设计的要求

1.企业战略与培训计划

企业战略是指企业根据环境变化和自身情况选择合适的经营领域和产品，形成自己的核心竞争力，并通过差异化在竞争中取胜。企业进行战略管理的根本意义在于能够确定企业的使命，根据企业所处的环境设定相应的目标，结合企业的具体能力确保目标顺利实现，从而达到完成企业使命的最终目的。

企业的战略需要人员来实施，只有当人员的素质符合企业发展的要求时，企业战略才能够顺利实施，因此，在制订培训计划时，就要考虑企业战略对人才的要求。根据企业战略设计培训计划有以下几个特点：

（1）注重把培训目标与企业的长远目标、战略思考紧密地联系在一起

在企业战略的引导下，培训计划不再只是为了填补之前某些岗位的空缺，更不是"头疼医头，脚疼医脚"的临时方案，而是从组织目标出发，基于工作分析、人才现状分析，根据人才资源规划部署，辅以绩效管理等手段而设计的一个旨在提高企业竞争力的体系，具有前瞻性、战略性的特点。

（2）明确意识到内外部环境的影响

在企业战略的要求下，人才培训计划要主动分析组织所处的内外部环境因素，发现变化并寻求机会，从人才培训与开发的角度为组织发展提供价值。

（3）考虑多种可选方案

战略意味着多种选择，在设计培训计划时，要根据组织的战略目标提出多种培训方案，并根据组织的不同战略选择和战略阶段从多种方案中做出选择，来适应企业的发展要求。

（4）整合组织内其他资源及部门

一项培训活动尽管有时只涉及某个层面，但从战略角度出发，应该与整个组织中的其他资源配合进行。例如，对中层管理者进行培训时，获得高层管理者的支持和对培训项目的承诺是非常重要的。

2. 企业战略对培训计划的要求

不同的企业战略对培训计划的要求也不同，以下介绍企业总体战略和企业竞争战略对培训计划的要求。

（1）企业总体战略对培训计划的要求

企业总体战略是企业战略中最高的层次，是企业经营与发展的总体目标和方针，通常分为防御型战略、进攻型战略、收缩型战略。由于企业总体战略涉及企业的整体协调发展以及经营领域的选择和组合，因此它要求培训计划的内容具有整体协调性和战略支持性。表5-1是三种企业总体战略对培训计划的要求。

表5-1   **企业总体战略对培训计划的要求**

企业总体战略	组织要求	对培训计划的要求
防御型战略： 维持目前存在的市场	● 维持内部稳定 ● 有限的环境侦察 ● 集中化的控制系统 ● 标准化的运作程序	● 以员工全面参与为导向进行技能培训，最大化挖掘员工潜能 ● 开发员工的能力、技能、知识及增强风险意识的培训
进攻性战略： 持续地寻求新市场 外部导向 产品/市场的创新者	● 不断陈述变化 ● 广泛的环境侦察 ● 分权的控制系统 ● 快速的资源配置	● 基于新知识和新技能的培训 ● 提高研发能力、应变能力、创新能力及管理水平的培训
收缩型战略： 产品市场狭窄 从市场逐步收缩或撤退 寻找新市场	● 重新调整企业组织 ● 严密及全面的规划 ● 集中化的控制系统	● 促进员工能力、技能和知识自我发展的培训 ● 基于岗位技能的员工培训，使员工的能力、技能与知识能配合特定的工作 ● 沟通培训

资料来源 蓝海林，等. 企业战略管理［M］. 3版·数字教材版. 北京：科学出版社，2021.

（2）企业竞争战略对培训计划的要求

企业竞争战略是针对企业内业务单元来说的，是战略经营单位、事业部或子公司的战略。美国战略学家迈克尔·波特指出，企业一般竞争战略分为成本领先战略、产品差异化战略和集中化战略。表5-2列举了企业竞争战略对培训计划的要求。

表5-2　　　　　　　　　　　**企业竞争战略对培训计划的要求**

竞争战略	战略强调重点	对培训计划的要求
成本领先战略	● 节约开支 ● 转产 ● 剥离 ● 债务清算	● 有针对性地设置目标和选择培训群体 ● 做好培训的时间管理与压力管理 ● 设置交叉培训与安置培训
差异化战略	● 市场开发 ● 产品开发 ● 创新产品与服务 ● 提高顾客忠诚度	● 基于新知识和新技能的培训 ● 加强对组织成员的文化培训 ● 培养创造性思维和分析能力 ● 提升管理者的反馈和沟通能力 ● 注重冲突调和技巧培训
集中战略	● 集中特定领域 ● 提高市场份额 ● 开拓并维持市场 ● 市场定位	● 注重团队建设相关培训 ● 设置交叉培训 ● 基于新知识和新技能的培训

5.1.3　学习地图对培训计划设计的要求

1.学习地图的概念

学习地图（learning map）起源于战略地图，以胜任力模型为基础，结合学习资源和职业生涯规划理论演变而来。具体来说，学习地图是组织基于岗位能力提升要求而设计的员工胜任学习路径图，也是每一个员工实现其职业生涯发展的学习路径图和全员学习规划蓝图。通过学习地图，个体可以找到从一名基层员工直至成为公司高级管理者/专业技术人才的学习发展路径。

通常，学习地图针对不同的专业/管理序列设计不同线条的学习路径，如专业线条学习路径和管理线条学习路径，并针对不同的岗位序列的胜任力要求设计不同的学习内容和课程（如图5-1所示）。在学习内容上，学习地图针对不同层级、不同岗位序列设置两种主要的培训内容，即晋级包和轮岗包。晋级包是指员工在职业通道纵向发展时的学习包，当员工的职业发展走向更高层级的岗位或能力认证时，为员工提供晋级学习与发展课程；轮岗包是指员工在职业通道横向转换时的学习包，当员工在不同的岗位序列甚至管理/专业线条之间发生横向变迁时，为其提供转换目标所需要的必要的学习和发展内容，力求使其在较短的时间内快速掌握新岗位的工作内容。同时，在学习方式上，学习地图需要综合考量学习的效益和成本，结合成人学习的特点，针对不同对象、不同能力提升项设计多种学习手段，形成混合式学习方式，保证组织学习活动的有效性。

```
┌──────────┐            ┌──────────┐
│  管理线   │            │  技术线   │
│          │   轮岗包    │          │
│ 高层管理  │◄─────────►│ 高层××员  │
│ 学习内容  │            │ 学习内容  │
└──────────┘            └──────────┘
     ▲                       ▲
     │ 晋升包                 │ 晋升包
     ▼                       ▼
┌──────────┐            ┌──────────┐
│ 中层管理  │   轮岗包    │ 中层××员  │
│ 学习内容  │◄─────────►│ 学习内容  │
└──────────┘            └──────────┘
     ▲                       ▲
     │ 晋升包                 │ 晋升包
     ▼                       ▼
┌──────────┐            ┌──────────┐
│ 基层管理  │   轮岗包    │ 初级××员  │
│ 学习内容  │◄─────────►│ 学习内容  │
└──────────┘            └──────────┘
```

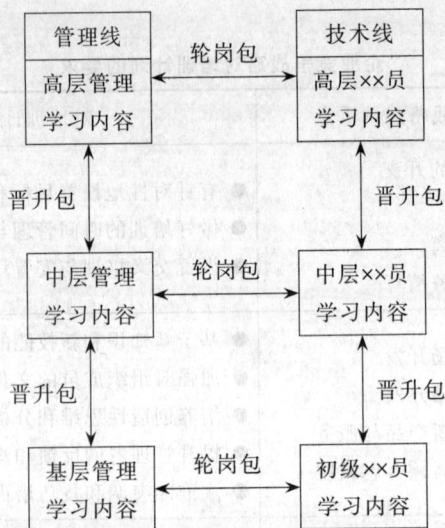

图5-1　学习地图示意图

资料来源　史定军，陈岑．利用学习地图构建卓越培训体系［J］．人力资源管理，2014（4）：122-124.

2.构建学习地图的一般流程

学习地图融合了组织实际情况和个人学习特点，同时与激励、职业发展路径紧密衔接，在正式设计培训计划之前，组织可以初步构建学习地图，为计划的具体设计提供指导。构建学习地图的一般流程如下：

（1）梳理岗位

构建学习地图的第一步是岗位梳理，即合并工作职责相近的岗位，划分岗位序列。这一步骤能够大大降低课程库的冗余重复率以及学习地图规划的复杂度，这也符合组织培训工作通常基于岗位序列的做法。随后，还要结合组织员工的职业发展路径设置层级，明确各岗位序列的职业发展纵向晋升通道。

（2）构建胜任力模型

根据第2章的内容，对各岗位的胜任素质进行分析，形成分类、分级的胜任力地图。胜任力地图是绘制学习地图的基础，紧紧围绕"企业战略目标—组织能力提升需求—岗位要求—所需能力"的逻辑层层分解下来。优秀的学习地图需建立在良好的胜任力模型基础之上，而良好的胜任力模型应当具备三个特点，即战略导向、业绩导向和前瞻性。

（3）设计内容

设计内容阶段是构建学习地图的核心阶段，基本步骤包括：学习内容梳理，即根据胜任素质确定培训内容；学习内容排序，即根据学习内容的优先级进行排序；培养方式设计，即根据培训内容和学员需求确定培训方法。

（4）建立体系

汇总所有的学习内容，根据不同个体职业发展路径的要求，将学习内容分为管理路径学习内容、专业路径学习内容等，并按照职业发展路径形成相应的晋级包，依据岗位核心工作要点形成轮岗包。

至此，可初步形成较为清晰完整的学习地图。

3.学习地图的意义与对培训计划设计的要求

将组织发展要求、学习资源和职业发展有机整合在一起的学习地图，对于培训管理来说具有重要意义，并对人才培训计划的设计提出了一定要求。

（1）为员工的职业发展提供支撑

一般的培训内容设计是一种静态的框架，仅仅能够让员工明确学习与发展内容，没有根据员工的职业通道和职业生涯发展形成具体的路径，更没有在岗位转换、跃迁的时候提供相应的学习与发展节点予以对应。相比而言，学习地图可以根据个体的职业生涯发展给予纵向和横向的资源支撑，根据不同的岗位级别和发展方向要求具备的能力，设置相应的培训课程，并为员工提供了"Y"型发展通道。对于培训计划的设计来说，学习地图要求在设计培训内容时充分考虑到学员的职业发展，将内容难度和侧重点与个人的晋升和轮岗相结合，保证培训有助于人才的下一步发展，避免培训模块的孤立，实现培训系统的衔接。

（2）有效结合组织和员工自身的能力提升需要

人才地图将培训内容分为晋升包与轮岗包，能够有效地服务于组织和个人对于不同发展方向的需要。在设计人才培训计划时，培训部门要根据年度培训资源的情况、培训经费的多少等具体条件，确定合适的学习方式，从而提供相应的学习活动。例如，对于轮岗非常频繁的企业来说，学习地图中轮岗包的设计应以岗位标准化课程为主，向员工提供在线学习课程，使其能够迅速掌握新岗位的工作要求；对于为培养管理人员而实施的轮岗来说，轮岗包的内容应更为具体，将多种内容组合成一个大的行动学习项目。

（3）组合有不同侧重点的培训内容与方法

学习地图关注的核心内容大大超越了通常意义上的课程体系，传统的授课培训是诸多学习内容的载体之一。在学习地图中，个体可以自选符合自己学习偏好和学习需求的学习活动，从而掌握所需学习的知识点或技能。这就要求在设计人才培训计划时，为学员提供多种培训方式，既要包括面对面授课，也要有网上学习等，从而满足学员不同的学习要求。同时，在设置培训内容时，也要从不同活动阶段入手，分析参与人群的需求特点，进行有针对性的设计。

5.1.4　党政机关和企业人才培训计划的相关政策

政策是影响培训计划制订的最重要的也是最直接的外部因素。中央站在历史经验和现实需要的高度，对党政机关和企业的人才培养计划提出了具有指导性、普适性的规划意见。

1.党政机关人才培训计划的相关政策

党政机关的人才主要指各级党组织与政府机关的干部。针对党政机关人才的培养，中央发布了相关的指导政策，对培养目标、培养内容和培养方式提出了意见。以下列举几个近年来发布的有关党政机关干部培养的政策文件。

中国共产党第十九次全国代表大会发布报告《决胜全面建成小康社会　夺取新时代中国特色社会主义伟大胜利》，从社会建设的角度提到了对党政干部的任用、培养和监督。[①]其中，在对干部的培养上，报告提到"注重培养专业能力、专业精神，增强干部队伍适应新时代中国特色社会主义发展要求的能力""注重在基层一线和困难艰苦的地方培养锻炼年轻干部，源源不断选拔使用经过实践考验的优秀年轻干部"，为设计培养内容和培养方式提供了广泛的指导。

《2018—2022年全国干部教育培训规划》是针对干部队伍建设的重要指导文件，是中共中央为培养造就忠诚干净担当的高素质专业化干部队伍制定的规划。该文件以深化理论教育、开展党性教育、提升专业化能力、提高知识培训有效性和深化干部教育培训体系改革为目标，确定了完善党的基本理论教育、党性教育、专业化能力培训和知识培训等培训内容体系，其中着重强调了"培养又博又专、底蕴深厚的复合型干部，使之做到既懂经济又懂政治、既懂业务又懂党务、既懂专业又懂管理。加强党的路线方针政策和宪法法律法规学习培训，开展经济、政治、文化、社会、生态文明、党建和哲学、历史、科技、国防、外交等各方面基础性知识学习培训，开展互联网、大数据、云计算、人工智能等新知识新技能学习培训，帮助干部完善履行岗位职责必备的基本知识体系，提高科学人文素养"。

《中央和国家机关培训费管理办法》是对培训费用进行管理、推进反对浪费制度体系建设、推进干部教育培训事业持续健康发展的指导性文件。该文件对开展培训的开支范围和标准，如师资费、培训场地费、培训资料费等进行了规定。此外，该办法还提出，"培训举办单位应当注重教学设计和质量评估，通过需求调研、课程设计和开发、专家论证、评估反馈等环节，推进培训工作科学化、精准化；注重运用大数据、'互联网+'等现代信息技术手段开展培训和管理"。

2.企业人才培训计划的相关政策

目前，大多数企业都将做好人才培养工作作为推动组织发展的核心要素，并依据企业自身的实际情况做出培训计划。统观社会发展和企业发展的现状和未来要求，中央对企业的培训计划提供了一定的指导，近年的主要政策有如下几个：

在2021年9月27日到28日召开的中央人才工作会议上，习近平总书记对深入实施新时代人才强国战略、加快建设世界重要人才中心和创新高地提出了重要意见。习近平总书记指出，我们的目标是"到2025年，全社会研发经费投入大幅增长，科技创新主力军队伍建设取得重要进展，顶尖科学家集聚水平明显提高，人才自主培养能力不断增强，在关键核心技术领域拥有一大批战略科技人才、一流科技领军人才和创新团队；到2030年，适应高质量发展的人才制度体

---

① 习近平. 决胜全面建成小康社会 夺取新时代中国特色社会主义伟大胜利 [N]. 人民日报，2017-10-28（01）.

系基本形成，创新人才自主培养能力显著提升，对世界优秀人才的吸引力明显增强，在主要科技领域有一批领跑者，在新兴前沿交叉领域有一批开拓者；到2035年，形成我国在诸多领域人才竞争比较优势，国家战略科技力量和高水平人才队伍位居世界前列"[①]。这为企业设置人才培训的目标、培养更高层次的急需人才提供了指导。

2019年国务院办公厅印发的《职业技能提升行动方案（2019—2021年）》是以职业技能提升作为最终目标，致力于提高培训针对性、实效性，全面提升劳动者职业技能水平和就业创业能力的政策文件。该文件对企业的培训行为提出了明确要求，"企业需制订职工培训计划，开展适应岗位需求和发展需要的技能培训，广泛组织岗前培训、在岗培训、脱产培训，开展岗位练兵、技能竞赛、在线学习等活动，大力开展高技能人才培训，组织实施高技能领军人才和产业紧缺人才境外培训""在全国各类企业全面推行企业新型学徒制、现代学徒制培训"。该文件对企业的培训内容、培训方法做出了指导，要求企业不断开展培训活动，提升人才的职业技能水平。

2017年国务院办公厅印发的《关于深化产教融合的若干意见》对深化产教融合，促进教育链、人才链与产业链、创新链有机衔接提供了指导意见，其中明确提出校企合作是人才培养中的重要方式，提出"强化企业职工在岗教育培训。落实企业职工培训制度，足额提取教育培训经费，确保教育培训经费60%以上用于一线职工。创新教育培训方式，鼓励企业向职业学校、高等学校和培训机构购买培训服务。鼓励有条件的企业开展职工技能竞赛，对参加培训提升技能等级的职工予以奖励或补贴"，这要求企业加大对一线人员的培训力度，在培训方式的选择上与教育机构寻求合作。

5.2　培训计划的内容和一般设计流程

对培训计划的内容进行设计是本章的重点内容。一般来说，人才培训计划的内容由固定的几个部分组成，但由于组织的出发点不同，培训的侧重点不同，设计内容的流程会有一定差别，本节主要介绍培训计划设计的一般流程。

5.2.1　人才培训计划的内容

人才培训计划由不同的模块共同组成，主要包括以下几部分：

1.培训目标

培训目标是培训活动的目的和预期成果。目标可以针对每一培训阶段设置，

---

① 佚名.习近平在中央人才工作会议上强调 深入实施新时代人才强国战略 加快建设世界重要人才中心和创新高地［M］.人民日报，2021-09-29（01）.

也可以面向整个培训计划设定。在人才培训计划中，培训目标要表述简洁、具有可操作性，最好能够衡量，以便于有效检查人才培训的效果。

2.培训对象

培训对象是指接受培训的群体。在人才培训计划中，培训的对象是组织中各种能够创造价值的人力资源，既包括中高层管理者，也包括基层员工等。

3.培训内容

培训内容指培训中所教授的知识和技能等。一般来说，培训内容涉及管理实践、行业发展、企业规章制度、工作流程、专项业务、企业文化等课程。

4.培训方法

培训方法是指将培训内容传递给培训对象的形式和途径。传统的培训方法有课堂讲授、导师制等，在互联网技术的加持下，更多的人才培训方法得到了开发，这些内容将在5.3部分详细讲述。

5.培训讲师

讲师是培训内容的传授者，一般可以分为内部讲师和外部讲师。内部讲师是组织培养的，一般是组织中的高管或优秀人才，外部讲师则是来自高校、其他企业等组织的，具有丰富经验的指导者。

6.培训时间

培训时间包括执行培训的计划期或有效期、培训计划中每一个培训项目的实施时间和课时等。培训计划的时间安排应具有前瞻性，时机选择要得当，以尽量不与日常的工作时间相冲突为原则，同时要兼顾学员的时间安排。

7.培训地点

培训地点包括每个培训项目实施的地点，以及实施每个培训项目时的集合地点或召集地点。培训地点的选择一定要恰当，并在通知地点时做到准确无误。

8.培训设备

培训设备主要包括资料类和器材类。资料类主要包括配给学员的教材、笔记本、评估表、培训说明等，其中以教材最为重要。器材类主要包括视听设备、录音录像设备及教室布置的器材。配置设备时要考虑到现有条件的可能性。

9.考评方式

在培训结束后，组织往往要对学员的学习效果进行评估。考评方式一般采用笔试、面试、操作或是绩效考核等方式。

10.工作人员安排

在设计每一个培训步骤时，都要确定执行、管理该步骤的责任人，明确他们的任务职责、汇报对象、时间安排等。

11.培训预算

培训预算包括整体计划的执行费用和每一个培训项目的执行或实施费用。制定预算的方法有很多，如根据销售收入或利润的百分比确定经费预算额，或根据公司人均经费预算额计算等，具体会在5.4部分讲述。

5.2.2　人才培训计划的设计流程

组织一般按照以下流程设计人才培训计划，当然，根据实际情况的不同，可以适当调整流程：

1.确定培训目标

一个科学的培训计划一定要有一个具体、明确且可度量的培训目标。这个目标要在制订计划前由人力资源部门和相关部门共同商议决定，可以是短期目标，即让学员掌握一定的工作技能，从而适应工作岗位的新需要；也可以是一个长期目标，关系到组织未来一定阶段的战略走向和经营方向，培养学员的思维方式并建立组织的核心价值观。培训目标既为接下来要开展的一系列培训活动提供指导和指明努力的方向，也为评价培训是否成功提供参考依据。

2.确定培训对象

培训对象即接受培训的人才群体，他们在接受培训之前必须做好学习、工作的全面准备。管理者在挑选培训对象时必须保证这些学员的工作是与所培训的内容相关的。比如，让财务部门的员工参加即将开展的营销技能培训是不合适的。同样，管理者还要对培训对象的人数、性别比例进行必要的控制，以避免一些不必要的问题。

此外，在确定培训对象时，也要考虑个体接受培训的主客观条件，尤其是学员的可培训性，他们必须同时具有学习的能力和主观上想要学习的动机。那些尽职尽责工作、热爱学习、较为年轻的人才群体的可培训性要更高，主动要求培训的学员会比那些被迫、强制参加培训的学员收到更好的培训效果。因此，组织在挑选学员时，不妨从能力、动机的维度进行考虑。对于那些有强烈意愿参加培训的员工来说，给予他们这些学习与发展的机会将会对他们产生必要的激励效果，从而保证培训目标的实现。

3.确定培训内容和培训方式

确定培训内容和培训方式是培训计划中最重要的一环。在确定培训目标和对象后，就要根据之前培训需求分析的结果设置培训内容，即基于组织要达成的战略目标，行业内出现的新知识、新技能，员工为提升绩效所需的素质、能力，人才盘点、人才画像的结果来安排授课内容。值得注意的是，在安排具体内容时，组织要尽可能地参考行业内优秀组织的培训内容，听取第三方机构的建议，从而设置真正合理有效的培训课程，切忌闭门造车。

培训内容还需要以适当的形式展现出来并传达给学员，这就需要组织根据培训内容和培训对象的特点安排适当的培训方式。培训方式既可以是线上的，也可以是线下的，既可以是自组织的，也可以是统一管理的。自新冠肺炎疫情出现以来，越来越多的组织开发并采用了线上培训方式。

4.确定培训讲师

培训讲师是教授培训内容的主体，组织要根据培训的内容和形式确定讲师。一般来说，组织首先考虑内部讲师，这是因为他们对组织的运营情况比较了解，能够将培训内容与组织实践结合起来，使得学员将培训内容更快地应用于工作中，同时，聘请内部讲师也能够降低培训的成本。因此，对于组织来说，建立一套高效的讲师选拔和培养体系十分重要，这也是对某些具有个人成就动机的人才进行激励的有效方式。

当然，内部讲师并非有能力讲授所有的内容，这时就要寻找合适的外部讲师。在聘请外部讲师时，组织要注意拓宽选择范围并严格遵守遴选程序。对外部讲师的选拔要遵守申请、试讲、认证、评价、续聘等流程的管控。为了让外部讲师清楚地了解组织的具体情况，在培训前可为他们配备内部讲师作为助手，向其提供组织的案例故事和素材，从而增强外部讲师的课程针对性和适用性。

5.确定培训地点与时间，准备培训设备

选取合适的培训地点和时间也是使培训顺利进行的重要保证之一。培训组织者要事先确定培训地点并保证地点方便学员开展学习和工作，确定地点之后要尽快通知讲师和学员。如果选取的地点离工作单位较远，还要告知其详细的交通路线。场地确定后，还要对如何布置进行计划，保证环境干净整洁，并提供必要的辅助设备，如投影仪、摄像机、白板等。同时，要在培训计划中列出培训所需要的材料，并规定将其放在场地中的哪些位置。

培训时间是培训计划中的一个关键项目，培训时间合理，既能保证日常工作的顺利进行，又能保证学员的学习效果。一般来说，每一期的培训时间从几十分钟到数周不等，不同的时间对应着不同的培训内容。此外，要注意错开组织实施重大项目的时间，避免核心项目的进度与培训时间发生冲突，导致组织的利益受损。同时，培训组织者还要询问学员和讲师的时间安排，找到一个最佳培训时间以顺利实施培训计划。

6.确定考评方式

为了检验人才培训效果并督促学员学习，在培训计划中还应该对考评方式进行确定。考评方式应科学合理，切忌形式化，以致失去考评的真正意义，如可以在培训结束后采用笔试或者实践操作的方式检验学员对培训内容的掌握程度。在设置考评方式时，还要明确组织后勤的保障工作，提供必要的人力、物力支持。

7.确定各环节负责人和培训预算

上述步骤完成后，要对每个环节设置负责人，由其监督、管理各个环节的实施。一般来说，负责人为组织内部的成员，尤其以人力资源部的员工为主，他们对培训的整体计划较为了解，能够保证培训活动顺利进行。最后，培训组织者还要结合市场行情评估整个活动的预算，在制定培训预算时要考虑多种因素，如组织业绩的发展情况、过去培训的总费用、人均培训费用等。本章5.4部分会详细讲解确定预算的方法。

5.3 人才培训与开发的方法

微课 5-2

人才培训与
开发的方法
与预算

组织培训的效果在很大程度上取决于培训方法。当前，组织培训的方法越来越多，既有起源于传统教育的培训方法，又有互联网技术支持下的新兴方法。不同的培训方法具有不同的特点，各有优劣势。要选择合适有效的培训方法，就要考虑到培训目的、培训内容、培训对象自身的特点及组织具备的培训资源等因素。同时，综合运用各种方法对提升培训效果也十分有效。

5.3.1 传统的人才培训与开发方法

传统的培训方法主要是在培训中应用教育方法。一般来说，传统的培训方法以讲师直接面对学员为主要特征，在组织中经历了长时间的应用和检验，其效果较为稳定。

1.课堂讲授法

课堂讲授法，简称讲授法，是最常用的脱产培训方法，是面对面授课的教育方法在培训中的应用。讲授法指培训师用语言把知识、技能、文化等培训内容传授给学员，既可以作为单一的培训方式，也可以作为其他培训方式的辅助，如在培训前向学员传递有关培训项目的内容要求和行为规范等。

在使用这种方法时，要保证讲授具有系统性，条理清晰，突出重点。同时，要尽量配备必要的多媒体设备，将语言具象化，从而加强培训的效果。此外，培训师要与学员相互配合，用问答方式获取学员对讲授内容的反馈，这是取得良好效果的重要保证。

讲授法之所以成为最为传统和普及的培训方式，是因为其独特的优势：

① 讲授法是最节省时间、最具有规模效应的培训方法。讲授法可以让一名培训师同时面对众多的学员，每增加一个学员的边际成本几乎为零。

② 讲授法对培训场地、设备等硬件设施的要求低。简单的讲授法只需要一个独立的空间、一块黑板和一支粉笔就可以开展。即使需要运用多媒体技术，相对而言，其对场地和设备的要求还是较低。

③ 讲授法的培训过程和进度便于控制。讲授法是以培训师为中心的培训方法，培训内容、培训进度、培训资料、考核方式等都是由培训师来决定的。因此，培训师能及时、全面地了解培训的情况，并以此设定培训内容的广度和深度，控制培训的进度与节奏，从而更好地实现培训目标。

讲授法主要存在以下问题：

① 讲授法是一种规模化教学方法，难以实现因材施教。讲授法是由一名培训师采用统一的教学计划对学员实施培训，只有在学员同质性明显的情况下，教

学的规模效应才能取得应有的效果。然而，学员的同质性只是一个相对的概念，每个学员的学习能力和知识水平不可能基本相同，因此培训师只能着眼于全局开展培训，对于那些认知能力和技能水平高于或低于平均水平的学员而言，这样的培训方式不能实现最佳的培训效果。

② 讲授法是单向式的培训方式，缺乏灵活性。讲授法主要是由培训师向学员单向传递知识和技能，双方之间缺乏沟通，学员在大部分时间里只是被动地接收知识，缺少独立思考和主动探索的机会。

③ 讲授法的培训手段单一，缺乏直观体验。讲授法主要以语言为媒介来传递知识和技能，然而有些知识和技能光用语言是无法完全表达的，学员在没有一定经验的情况下难以理解和想象。

2.研讨法

研讨法又称讨论法，是由培训师有效地组织学员以团队的方式对工作中的课题或问题进行讨论，并得出共同的结论，由此让学员在讨论过程中互相交流、启发，以提高其知识和能力的一种培训方法。研讨法的基础是集思广益，通过收集每个学员的不同意见，鼓励他们自由思考，从而产生解决问题的创新想法。

从形式上来说，讨论可以分为演讲提问型讨论、小组讨论和对立交锋型讨论。无论采取哪种形式，都要注意在讨论前建立明确的目标，并让每位参与者了解这些目标，还要使学员对讨论的问题产生兴趣，并启发他们积极思考。

研讨法具有以下几个优点：

① 研讨法能够鼓励新想法的产生。研讨法能够让学员在平等主体间的交流中进行思维碰撞，开拓学员的视野。此外，经过讨论得到的一些知识和观点具有创新性，是基于已有知识的创造性感悟。

② 研讨法能够锻炼学员的交流能力。讨论主要通过语言表达来实现，学员接受培训后表达能力必然得到锻炼。讨论是人与人交流的方式，在讨论时，学员能够在无意识中提升自己的沟通能力和人际交往能力。

讨论法的缺点表现在以下两个方面：

① 培训进度难以控制。研讨法是由多元主体参加的，在开展后就由学员主导整个过程，削弱了培训师的控制力。有时在讨论中学员会偏离主题和重点，或者长时间关注同一个问题，从而影响整个培训计划的推进。

② 培训效果难以确定。研讨法对学员的素质要求较高，他们的知识积累和经验水平直接影响讨论的质量和层次。另外，参与者的逻辑思维能力也直接影响培训计划的顺利进行。

3.案例研究法

案例研究法由美国哈佛商学院提出，目前广泛应用于管理层的培训。案例研究法是指为参加培训的学员提供如何处理棘手问题的书面描述，让他们分析和评价案例，提出解决问题的建议和方案，其最终目的是提升学员的决策能力，帮助他们学习如何在紧急状况下处理各类事件。

在具体操作中，案例研究法始终围绕着一个主题，即"你将会怎么做"，学员的答案必须是最佳的、切实可行的。同时，要根据培训目标进行案例的编写和选用，案例应具有真实性，不能随意捏造，其内容应该是描述完整的经营过程或组织过程，并包含一定的管理问题，否则便没有学习与研究的价值。

案例研究法的优点有：

① 生动形象。案例研究法提供具体的情景，内容丰富、生动，能够克服理论学习枯燥、单一的固有弊端，为培训营造良好的氛围，调动学员的学习和研究兴趣，优化培训效果。

② 与实际相关联。案例研究法中的案例都是实际存在的事件，学员对案例的分析和思考不同于一般学习理论时的纸上谈兵，而是需要考虑现实环境、可行性等实际情况，有助于培养学员考虑问题时联系实际、将理论应用于实际的思维。

案例研究法的缺点主要有：

① 对学员的要求较高。学员和培训师的素质直接决定了培训的质量。案例研究法对学员的理论基础、分析能力、解决问题能力、探索能力、创新能力、思维能力等多方面的素质都有较高的要求；否则，学员无法理解案例背后的问题，不能达到案例分析应有的效果。

② 不适合系统学习和掌握某个理论知识点。案例是众多事件中的个例，为模仿实际情况并解决问题，一个案例可能涉及很多理论知识，但这些知识较为分散，逻辑联系不大。学员在这一过程中会综合分析多个知识点，但无法对单个知识点进行深入的学习。

4.情景模拟法

情景模拟法是由培训师提供仿真的工作环境、设备和其他条件，模拟现实工作情况，让学员在模拟的情景中完成指定工作的一种培训方法。通过模拟，学员可以在实际工作的环境下，按照既定的运行程序、操作规则进行训练或演习，形成适合工作岗位的知识结构和能力系统。学员在接受情景模拟训练时主要采取实际行动，其他语言讲解、文字材料、技术设备等只是培训的辅助手段。

情景模拟大体上可以分为人机模拟和人工模拟两种。人机模拟是学员运用设备或者计算机进行模拟的方法，适用于对设备依赖性比较强或者对技术水平要求较高的岗位。人工模拟是指由学员扮演的各种角色所构成的培训活动。人工模拟适用于对角色定位和角色互动要求比较高的岗位。人工模拟由学员模拟实际工作背景和人际环境，能够让他们在完成各自任务的过程中了解实际工作中的角色，理解角色规则与角色行为，掌握与不同角色之间的交往技能。

情景模拟法的优点主要有以下两个：

① 提供仿真环境。情景模拟为学员提供的是仿真的环境，能够让他们在培训中切实了解实际工作内容、工作职责、工作程序、技能要求等。与讲授法、讨论法相比，情景模拟法更贴近现实。

② 避免实际工作风险。情景模拟法一般不在实际的工作岗位上进行，避免了在实际岗位上培训时可能产生的风险和成本，减少了对日常工作秩序和效率可能造成的干扰。

情景模拟法的缺点也可归纳为以下两个：

① 与现实情况仍有差距。虽然情景模拟法所提供的工作环境、设备、人员等都是对现实工作的模拟，但是模拟与现实之间必定存在一定的差距，因此学员在模拟环境中所获得的培训效果可能无法完全适用于真正的工作环境。

② 实施成本较高。情景模拟法对场地、设备、道具等要求较高，需要花费较多的人力、物力和财力才能实现高质量的模拟，因此总体的培训成本较高。

5.操作示范法

操作示范法是专业技能训练的通用方法，一般由部门管理者主持，技能操作的优秀人才担任培训员，在现场向学员简单地讲授操作理论与技术规范，然后进行标准化的操作示范表演，把所要学的技术、程序、技巧、事实、概念或规则等呈现给员工。员工通过反复模仿实习，经过一段时间的训练，操作逐渐熟练直至符合规范的程序与要求，达到运用自如的程度。

操作示范法有以下两个优势：

① 学习过程较为直观。通过操作示范，学员可以直观感受某项工作的正确或标准的行为方式。与培训师讲授、自主阅读等学习方法相比，操作示范法更加生动和直接，能够给学员留下深刻的印象。

② 流程简单。操作示范法简单、标准、固定，在具体的操作过程中不需要设置其他的步骤以及安排其他器械，只需要与工作相关的工具和设施即可。

操作示范法的缺点如下：

① 过程较为枯燥。操作示范法提供的是一个简单、标准、固定和缺少变化的模型，学员对模型做反复、机械地模仿，演练过程较为枯燥，学员容易在这一过程中失去学习兴趣。

② 学习效果较为僵化。操作示范法所提供的是对应状态的标准行为，因此，学员记住的往往是某个固定的行为。然而，实际工作往往存在不确定性，任何具体的行为方式都不可能普遍有效，有些行为无法解决突发情况和新问题，如果学员形成了思维定式，标准行为可能反过来成为阻碍。

6.导师制

导师制是指组织中富有经验、有良好管理技能的资深管理者或技术专家与学员建立指导关系，辅助其成长。导师制是传统师徒制在现代组织中的应用，是一种在职培训方式。一般来说，导师制有正式和非正式的区分。非正式的导师关系对被指导者的职业发展有着深刻的影响，更侧重对价值观的培养与职业发展的指导，并且主要是指导者和学员之间的私人行为，双方自行选择，没有指定目标。正式的导师制则源于组织的期望，经组织的安排建立，指导关系是结构化和合约化的，有一定的持续时间，既涉及培养学员的核心胜任力和动态能力，也涉及对学员职业生涯的指导。因此，正式的导师关系有清晰的指定目标、可度量的结果、正规的指导和固定的沟通时间。

导师制有以下两个优点：

① 能够传授给学员学习经验。导师作为优秀的管理者或专家，掌握着丰富的知识与技能，了解组织的运行系统和各种政策，在指导时，不仅能够传授给学员应掌握的知识和技能，还能够分享自己总结的技巧和经验，帮助学员提升学习效率。同时，学员还能够向导师深入了解组织的情况，更快地融入组织。

② 具有特殊的情感纽带。导师制最特殊的地方是强调"师"与"生"之间的互动与交流，这种关系不同于其他培训方式中培训者与受训者之间的关系，它远超于工作上的指导与合作。导师对学员的教育与指导还涉及学员的情感价值观等生活中的其他方面，导师能够有效了解学员的工作与心理情况，及时调整培训计划，优化培训效果。

导师制有以下两点局限性：

① 传授内容可能较为落后。导师所传授的知识、技能甚至培训的过程可能是具体的、狭窄的，当组织的环境发生变化，导师的技能变得落后时，学员从导师处学习的内容和继承的能力可能毫无用武之地，甚至会影响对新知识和新技术的学习和掌握。

② 影响导师工作效率。导师往往都是组织中具备优秀能力的人才，当要求其指导学员时，可能导致他们没有足够的时间投入原有的工作中，进而造成工作效率的下降，影响企业的绩效。同时，导师工作繁忙时，也难以支出足够的时间对学员进行详细的指导。

7.教练式培训

教练式培训是在教练技术基础上发展出来的培训方式。教练一般由组织中富有经验的管理者、资深的高级人才担任。与导师制不同，教练式培训更关注未来，是一种目标导向的培训方式。教练的主要培训方式是倾听与询问，他们不直接提供建议，而是通过非指令性的提问来帮助学员分析和解决所面临的问题，引导他们有效制定行动策略，进一步激发他们对目标的思考。同时，教练和学员的身份是平等的，双方没有层级的概念。

教练式培训的优点主要有以下两点：

① 提升人才的自主性。教练式培训是一种具有运动心理学和教育学基础的培训方式，能够引导学员从心理上战胜阻碍，克服自我限制的想法，自发地找到新的成长和发展机会，充分发挥人才的主观能动性和创造力。

② 为学员提供一个安全、平等的学习环境。教练与学员身份平等，且采用倾听和询问的方式进行培训，能够让学员感到放松，减轻学习时的压力，并能够在持续的反馈和学习中实现行为的持久变化，将所学的内容转化为行为的改善。

教练式培训的局限性可以归纳为以下两点：

① 对学员要求较高。教练式培训是一个民主合作的过程，教练通过建议、

提问等方式激发和引导学员发现问题、解决问题，学员的自主选择性较高。在这种情况下，教练式的培训对学员的自主学习能力、领悟能力、心理能力等综合素质的要求较高，培训的效果难以掌控。

② 培训结果易受教练影响。教练注重通过心理影响和指导来激发学员的心理动机，实现培训目标，因此学员在培训中所形成的价值观、目标与愿景深受教练个人的影响，如果教练偏离方向，则培训目标也极易偏离原有计划。

5.3.2　基于互联网技术的人才培训与开发方法

随着互联网的不断发展，新媒体、增强现实、虚拟现实等技术逐渐普及。在组织中，这些技术与传统的培训方法相结合，发展出了新的培训方法，为人才的培养提供了更多的途径与形式。在后疫情时代，这些方法日益受到组织的重视。

1. 网络课程培训法

网络课程培训法是讲授法与互联网的结合，是应用信息技术和互联网进行内容传播和快速学习的方法，培训师在网络环境中，通过语言把知识、技能、文化等培训内容传递给学员。网络课程通常分为直播课程和录播课程。直播课程要求所有学员在同一时间登录培训网址或软件，进行实时的学习。录播课程由培训师提前录制完毕，学员可以在任何时候打开链接进行学习。

网络课程培训法有以下几个优点：

① 突破了学习地点的限制。使用网络课程培训时，培训地点成为培训计划中的次要因素，学员可以选择任何地方开始学习，如果是录播课程，学员的学习时间也可以更加灵活。

② 能够反复观看。传统的培训方法都是单次的，学员通过记录来复习、回忆重点内容，如果记录有误或者缺失，培训效果就会大打折扣。网络课程培训提供多次回看和暂停的机会，学员可以就某个复杂的知识点进行反复查看，直至理解为止。如果学员在一段时间后遗忘了具体内容，也可以再次查看课程。

③ 有效控制学习进度。网络课程培训法主要以培训师为主，培训师可以掌控培训的时长和进度，保证课程的进度符合培训的设计要求。

网络课程培训法的缺点主要有两个：

① 缺乏互动。与讲授法一样，在进行网络课程培训时，培训师与学员之前缺乏交流，网络的环境更是为沟通设置了障碍。在直播课程中，学员也许可以通过线上提问的方式与培训师互动，但在录播课程中，学员没有与培训师实时沟通的渠道，只能通过一些补充方式，如社交软件留言、等待负责人收集意见等，反馈自身的问题。

② 难以确定培训效果。一般来说，在使用网络课程培训时，培训师不能直接观察到学员的动作和表情，即使能够通过视频技术看到学员，也难以掌握他们的学习状态，学员有可能在课程播放的过程中执行其他行为，从而影响到培训的效果。

2.基于学习平台的自我培训法

自我培训是要求学员自己做自己的老师、自己给自己讲课、对自己进行训练，达到教与学的统一，其根本含义是激励人才的自我学习、自我追求、自我超越的动机。在互联网和信息技术的加持下，组织可以将自主设计的学习内容与网络学习资源结合起来，以网上学习和信息沟通社区为平台，形成一个对学员开放、信息共享、高度综合的资源库，供学员自我培训时使用。此外，要实现学员的自我学习，除了提供网络学习资源外，组织还要建立健全培训激励机制，从制度上对员工的自我培训进行激励。例如，对员工自发的技能改进、学业晋升实施奖励。

基于学习平台的自我培训法有以下优点：

① 尊重学员的学习节奏。自我培训法是学员自己决定学习时间和学习内容的方式，通过自我评估所需要学习的内容，学员登录学习平台，根据自身的学习习惯和学习节奏来获取新的知识和技能，这在一定程度上提高了学习的积极性。

② 减少边际投入成本。学习平台是存储学习资料的资源库，其中的资料可供学员同时观看、反复提取，因此，在平台建成后，学员人数的增加一般不会超过其容纳能力，培养新学员的边际成本几乎为零。

基于学习平台的自我培训法有以下缺点：

① 资源库需要维护。资源库的建设并不是一劳永逸的，组织需要派专人对资源库的已有内容进行维护，保证系统的正常运转。此外，组织还要不断更新、添加内容，从而适应外部环境的发展。

② 对学员自主性要求较高。学员应用学习平台进行自主学习时，组织缺少相应的监督过程，只能通过激励来推动学员学习。因此，这种方式对学员的学习自主性要求较高，学员必须充分认识到自己是需要学习的，学习对自身是有益处的。

3.虚拟现实法

虚拟现实法通常是以计算机为基础开发三维模拟技术，学员通过使用专业设备（佩戴特殊的眼镜和头套）和观看计算机屏幕上的虚拟模型，可以感受到模拟情景中的环境，并同这一环境中的要素，如设备、操纵器、人物等进行沟通。它可以刺激学员的多重感知，有的设备还具有将环境信息转变为知觉反应的能力，例如，通过可视界面可以真实地传递触觉的手套、脚踏和运动平台，从而创造一个虚拟的环境。利用各种装置，学员可以将运动指令输入电脑，这些装置就会让学习者产生身临其境的感觉。

虚拟现实法具有以下优点：

① 没有危险后果。虚拟现实法可以为学员提供大量的感性经验，模拟真实的生活情景，给予学员在受控环境中检验各种假设的机会，这样在操作中既不承担现实世界的后果，又不浪费资源，比较适用于具有一定危险性并且练习费用昂贵的培训内容。

② 提供游戏感。虚拟现实法的环境是通过电子设备实现的，能够提供给学员一种操作游戏的感觉，提升学员的学习乐趣。在虚拟现实的世界中，学员较少把培训过程与直接工作联系起来，在心理上会更加放松。

虚拟现实法具有以下几个限制因素：

① 前期投入较高。组织在使用虚拟现实法前，需要投入大量的资金购买设备，通过程序设计虚拟的操作流程，并在实际的培训过程中不断检验与更新。一般来说，虚拟现实的设备价格较为高昂，对于组织来说负担较大。

② 培训效果可能与实际要求不同。设备和设计方面的问题都可能使学员所获得的感觉是错误的，例如空间感是失真的，触觉的反馈不佳，或感觉和行为反应的时间间隔不真实等，导致他们可能会出现被称为模拟病的症状，包括恶心、眩晕等，也可能使学员回到现实工作场景时把握不住真实世界的空间和时间。

5.4 人才培训与开发的预算

培训计划最终要得到高层管理者的批准。高层管理者除了关心计划是否完善可行外，更关注培训的成本效益分析。因此，成本预算是设计培训计划的必需环节，也为培训实施过程中的各项支出提供参考。

5.4.1 制定年度培训预算

1.制定培训预算的方法

企业在制定培训预算的过程中要根据组织的实际情况来选择具体的方法。常用的方法有以下几种：

（1）推算法

推算法是指在制定培训预算时参考上年度的经费情况，同时在计算中加上一定比例的变动幅度，形成本年度的培训预算。推算法的特点是较为简单，核算成本低，国内很多组织都采用这一方法，但是推算法要求组织上一年度的每个支出项目均为必要，并且在下一年度中都有形式和内容上的延续。

推算法为组织降低了预算工作本身的成本，但是它的缺点也是显而易见的。首先，推算法没有明确培训的内容，在每个培训项目上的支出都是模糊的，高层管理者不能了解每个培训项目的具体情况，使得预算的流出缺乏具体性。其次，推算法假设下一年度的培训项目不会发生大的变化，当组织因战略变化、经营发展而需要更多的人才参与培训或者设置更多的培训项目时，根据推算法制定的培训预算就会不足，从而无法支撑新的培训要求。

（2）零基预算法

零基预算法是指在每个预算年度开始将所有还在进行的管理活动都看作重新

开始，即以零为基础，重新审查每项活动对实现组织目标的意义和效果，并在费用效益分析的基础上，重新排出各项管理活动的优先次序，资金和其他资源的分配以重新排出的优先次序为基础，而不是根据经验进行外推。零基预算法要求在制定预算前考虑以下问题：

① 组织的目标是什么？员工的知识、能力离组织的要求有多远？培训要实现的目标又是什么？

② 各项培训课题能获得什么收益？这项培训是不是必要的？

③ 可选择的培训方案有哪些？有没有比目前的培训方案更经济、更高效的方案？

④ 各项培训课程的重要性次序是什么？需要多少资金才能实现培训目标？

从零基预算法的步骤来看，它建立在对组织发展战略、员工培训需求、员工能力进行调查和诊断分析的基础上，这使得预算更具有科学性、针对性。其突出的优点在于：

①保证培训费用的合理流出。零基预算法有利于管理层对整个培训活动进行全面审核，避免内部各种随意性培训费用的支出，保证培训支出方向明确。同时，根据这种方法设置的培训预算有助于组织计算出每项培训课程的投入产出比。

②有利于实现组织战略目标。零基预算法将组织的长远目标和培训目标以及要实现的培训效益三者进行了有机结合，是在实现组织战略基础上对培训内容和预算进行的重新审视，保证了预算为组织发展所服务。

零基预算法的主要缺点是成本较高。组织使用零基预算法制定预算时，需要对组织目标、员工情况、课程内容等进行多次的调查与分析，这一过程需要花费大量的人力、物力。同时，这种方法还需要花费一定的时间，组织需要在提交预算前的1~2月着手进行。

（3）比例确定法

比例确定法是根据核算基数和特定比例确定培训预算的方法。一般来说，组织可以将过去一年的销售收入、利润额、工资总额作为基数，也可以考虑以当年适度增长后的数值作为基数。在比例的选择上，国际大公司的培训总预算一般占上一年销售总收入的1%~3%，最高可达7%，平均为1.5%。在市场竞争比较激烈的行业，如IT、快消品行业，企业培训费用能够占到销售总收入的2%左右。当然，组织在设置比例时要从自身的实际情况出发。

此外，我国也出台了相应政策指导培训预算的比例设置。根据《关于企业职工教育经费提取与使用管理的意见》，企业应"切实执行《国务院关于大力推进职业教育改革与发展的决定》（国发〔2002〕16号）中关于'一般企业按照职工工资总额的1.5%足额提取教育培训经费，从业人员技术要求高、培训任务重、经济效益较好的企业，可按2.5%提取，列入成本开支'的规定，足额提取职工教育培训经费。要保证经费专项用于职工特别是一线职工的教育和培训，严禁挪作他用"。一般情况下，培训管理者可以据此确定本企业年度培训总预算的参考上限，在此基础上，再计算年度人均培训预算上限。

2.培训预算的分配

确定总额后，组织可以根据年度策略进行分块预算，确定不同部门、不同层次的预算比例。例如，组织重视销售额增长时，就要针对营销部门分配更多的预算。在实践中通常依照下述比例具体分配培训预算：

① 如果培训预算包含内部培训组织人员的费用，则大约有30%用于支付内部培训组织人员的工资、福利及其他费用，30%作为内部培训费用，30%作为派外培训费用，10%作为机动费用。

② 如果培训预算不包括内部培训组织人员的费用，则大约有50%作为内部培训费用，40%作为派外培训费用，剩下的10%作为机动费用。

3.解决培训预算与培训计划的冲突

培训预算往往会与培训计划产生冲突，其中最主要的冲突是培训预算不足，无法满足培训计划的需求。组织在经费紧缩时往往会首先想到削减培训预算，这就会导致削减后的培训预算无法完成原定的培训计划。解决这个问题有以下两种思路：

（1）加强内部培训

提升组织内部培训的数量和质量是解决预算不足的有力方法。一般情况下，内部培训的费用往往低于外部培训的费用，这是因为外部的培训讲师和场地费用普遍较高。因此，在预算费用不足时，组织就需要大力挖掘和任用内部讲师，节约培训成本，尽可能将外部培训转化成内部培训。

（2）寻求联合培训

联合培训是指与其他组织合作，共同开展培训，从而分摊并降低培训费用。组织可以寻找同行业的其他组织，加入它们主办的培训活动，也可以自己主办培训活动，邀请其他组织的员工参与。同时，联合培训也可以与内部培训相结合，即先派出部分人才出去接受联合培训，随后安排其在组织内部传播培训内容。

5.4.2　编制培训项目费用预算草案

1.培训项目费用预算草案概述

培训项目费用预算草案是运用会计方法计算培训项目的各种费用支出所得出的草案。在制定培训预算时，有时只会列出培训项目的直接成本，但如果要确定培训的经济效益，就需要了解培训的全部成本信息，比较各种可选择的培训项目成本，进行最终的成本控制。为实现这一目标，编制费用预算草案十分重要。

2.编制培训项目费用预算草案的流程

一般来说，编制培训项目费用预算草案主要有两个步骤，即计算培训总成本和预测培训收益。

（1）计算培训总成本

计算培训总成本是运用会计方法计算培训的直接成本与间接成本。其中，直接成本包括项目开发或购买成本、外聘培训师的费用、向培训师和学员提供的材料成本（资料购买或印刷费用）、硬件设施成本（设备、器材等的购置或租赁费用）、场地费、交通差旅成本、食宿成本等。

培训的间接成本由预算编制人员运用一定的评估方法进行估算，主要包括培训组织者及辅助人员的工资及福利、学员在接受培训期间的工资及福利（或发生的替代成本、代替他们工作的临时工的成本）、高层管理的时间成本、一般的办公费用分摊、自有设施设备的维护费等。

（2）预测培训收益

在计算培训费用后，就要对培训的收益进行预测，以便为未来选择培训方案、进行培训效果评估做出指导。培训的收益主要体现在以下几点：

① 任职者可以提高本职工作的完成质量；

② 任职者可完成超过本职位技能要求的工作；

③ 随着技能的提高和完善，任职者可以从事以前无法胜任的工作，进而减少用人，降低人工成本；

④ 为企业中远期的人才需求做好储备；

⑤ 提高企业任职人员的整体能力素质，提升企业整体的工作效益和质量，增强企业的市场竞争力。

确定了培训内容的主要收益，就可以运用会计方法计算收益的具体数值。当然，准确地计算收益结果是较为困难的，因为大部分培训收益是基于假设提出的，即"培训后可能减少的招聘需求""培训后可能增加的工作效率"等。为了方便计算，组织必须回顾进行培训的初始原因。以下几种方法可以帮助组织计算培训收益：

① 运用专业技术的研究成果、生产实践活动的变化证实与特定培训计划有关的收益；

② 在组织大规模投入资源之前，通过实验性培训评价一小部分学员所获得的收益；

③ 通过对成功的任职者的观察，确定成功与不成功的任职者的绩效差别。

人才思政堂

革命理想大于天
——国家管网集团人才培训的思想

国家石油天然气管网集团有限公司（简称国家管网集团）成立于2019年12月9日，是国务院国有资产监督管理委员会监管的国有重要骨干企业，主要从事油气干线管网及储气调峰等基础设施的投资建设和运营，负责干线管网互联互通和与社会管道联通，以及全国油气管网的运行调度，定期向社会公开剩余管道输送和储存能力，实现基础设施向用户公平开放。

国家管网集团以习近平新时代中国特色社会主义思想为指导，深入贯彻落实习近平总书记"四个革命、一个合作"能源安全新战略和重要指示批示精神，坚持新发展理念，坚持服务国家战略、服务人民需要、服务行业发展，大力实施市场化、平台化、科技数字化和管理创新"四大战略"，加快建设"全国一张网"，着力打造智慧互联大管网、构建公平开放大平台、培育创新成长新生态，建成中国特色世界一流能源基础设施运营商，为实现"两个一百年"奋斗目标和中华民族伟大复兴的中国梦做出新贡献。

成立国家管网集团是习近平总书记亲自谋划、亲自部署、亲自批准的，党中央对国家管网集团寄予了殷切厚望。自成立以来，国家管网集团牢记使命、强化担当，在2021年的人才培训与开发过程中，在计划阶段首先从长远发展的角度，将思想政治工作的内容融入中青年干部的培训与开发内容。

国家管网集团的人才培训与开发计划具有以下三个特点：

1.思想政治工作内容重于业务工作内容

国家管网集团在计划伊始就选定与中国人民大学合作。该校的马克思主义学院在中共党史、党建工作等领域具有历史久、名师多、声誉好的特点。国家管网集团将中青年干部的培训与开发活动放在该校进行，就是考虑到了这一特点。

2.内容新颖、形式多样

在确定了以思想政治工作内容为主的培训目标之后，国家管网集团除了组织中青年干部参加夜读、分享学习心得等活动之外，还举办电影观摩、外出参观、话剧演出等多种形式的活动，保证了培训与开发计划的完整性。

3.时间长，预算严

本次中青年干部的培训与开发活动共分为三期，每期四周。在静谧的校园里，学员可以暂时告别工作事务，心无旁骛地投入思想政治学习和业务知识培训中。国家管网集团人力资源部就学员的住宿标准、师资、场地费用事先做出了周密的计划与预算，保证了培训与开发活动的顺利实施（见表5-3）。

表5-3　　　　　　　国家管网集团中青年干部培训班课程表

日期	时间	日程安排及课程内容	授课教师/主持人	能力模块
8月30日	全天	报到		
8月31日	上午	开班仪式及开班第一课	×××副书记	政治能力："四史"学习 抓落实能力：重点业务
	下午	课程导学及团队破冰		

日期	时间	日程安排及课程内容	授课教师/主持人	能力模块
9月1日	上午	落实新发展理念——集团公司"十四五"发展规划	战略与执行部×××	抓落实能力：重点业务
	下午	习近平总书记"七一"重要讲话解读	中国人民大学马克思主义学院×××	政治能力：习近平新时代中国特色社会主义思想
	晚上	分组讨论：习近平总书记"七一"重要讲话学习感想；集团公司区域化改革	各组长	
9月2日	上午	习近平关于党的政治建设的重要论述	中国人民大学马克思主义学院×××	政治能力：习近平新时代中国特色社会主义思想
	下午	推进基础设施建设，打造智慧互联管网	工程部×××	抓落实能力：重点业务
	晚上	研读原著	各组长	
9月3日	上午	集团公司油气管网设施运营现状与挑战	生产部×××	抓落实能力：重点业务
	下午	习近平新时代中国特色社会主义思想蕴含的基本立场观点方法	中国人民大学马克思主义学院×××	政治能力：习近平新时代中国特色社会主义思想
	晚上	安全生产（《隐患直击——祸从违章来》）及保密（《办公室的一天》）观影教学	班主任	抓落实能力：重点业务
9月4日	上午	习近平新时代中国特色社会主义经济思想	中国人民大学马克思主义学院×××	政治能力：习近平新时代中国特色社会主义思想
	下午	强化风险管理，提高处突能力	安全环保部×××	应急处突能力：应急处突能力提升
	晚上	个人自学、研读原著	各组长	

⋮

续表

日期	时间	日程安排及课程内容	授课教师/主持人	能力模块
9月20日	上午	做好巡视审计工作，发挥监督作用	党组巡视办领导	抓落实能力：重点业务
	下午	中国共产党思想政治工作的历史与现实	中国人民大学马克思主义学院×××	政治能力："四史"学习
	晚上	观影教学（《血战湘江》或《革命者》等选一）	班主任	政治能力："四史"学习
9月21日	上午	调查研究方法及调查研究能力建设	中国人民大学马克思主义学院×××	调查研究能力：调查研究能力提升
	下午	向中国共产党学管理	中国人民大学马克思主义学院×××	政治能力："四史"学习
	晚上	研读原著	各组长	
9月23日	上午	中国共产党的百年组织历程	中国人民大学马克思主义学院×××	政治能力："四史"学习
	下午	从新中国史汲取前进的智慧和力量	中国人民大学马克思主义学院×××	政治能力："四史"学习
	晚上	分组讨论：集团公司区域化改革	各组长	
⋮				
9月29日	全天	返程		

资料来源　部分内容参见国家管网集团官网（https://www.pipechina.com.cn/gywm/jtjj.html），本书主编作为讲师参与了该项目的第一期和第二期培训。

思考题

1.人才培训计划设计的概念和一般流程是什么？

2.传统的培训方法有哪些？都有什么优缺点？

3.基于互联网技术的人才培训方法有哪些？都有什么优缺点？

4.年度培训预算的制定方法有哪些？

案例分析

G公司培训与开发计划书

1.培训计划概述

基于市场开拓以及业务发展的形势需要，G公司对人才结构的优化和员工素质的提升提出了更高的要求。为了顺应公司的发展，建立科学的培训方法，加快人才培养，全面提高员工素质，特对教育培训管理岗位人员进行培训需求分析，并以此为基础制订本岗位员工的培训计划。

制订本培训计划有以下三个方面的目的：第一，作为来年培训工作开展的指导性文件。通过培训计划书可以比较直观地了解本年度教育培训管理相关专业人员需培训的课程、培训方式、培训时间、期数、培训内容等，促进培训工作更加正规和有序地开展。第二，作为培训效果的评估依据。本培训计划书根据课程目标详细阐述了培训效果的检查方法和标准，可用于指导学员培训效果评估。第三，为今后的培训需求分析及培训计划制订提供参考。在今后进行培训需求分析时，可通过该培训计划书了解员工接受过的培训内容，为来年制订培训计划提供参考。

2.G公司教育培训管理岗位人员本年度培训计划总表

结合组织战略与培训需求分析结果设置的本年度培训计划如表5-4、表5-5所示。

表5-4　　　　　　　　　　**核心胜任力类课程计划表**

培训项目名称	培训对象	培训时间	培训天数	培训人数	培训方式	实施部门	培训地点	培训讲师	费用预算
跨部门沟通与合作	教育培训管理人员	5月	2天	45人	讲授/案例研究/角色扮演	区公司	略	外聘	40 000元
个人成效与时间管理	教育培训管理人员	5月	2天	45人	讲授/行动学习	区公司	略	内聘	25 000元
目标与计划管理	教育培训管理人员	10月	2天	45人	讲授/行动学习/研讨	区公司	略	外聘	40 000元
问题分析与解决	教育培训管理人员	10月	2天	45人	讲授/案例研究	区公司	略	外聘	45 000元

表5-5　　　　　　　　　　**专业知识及其他类课程计划表**

培训项目名称	培训对象	培训时间	培训天数	培训人数	培训方式	实施部门	培训地点	培训讲师	费用预算
ISO100015培训管理体系	教育培训管理人员	8月	2天	45人	自我指导学习	区公司	略	外聘	45 000元
G公司教培管理制度	教育培训管理人员	4月	1天	45人	讲授/自我指导学习	区公司	略	区公司人事部领导	12 000元

3.培训项目介绍

在确定总体培训计划后，G公司对各培训项目进行了计划，表5-6简要介绍了个人成效与时间管理项目的计划。

表5-6 　　　　　　　　　　　　　个人成效与时间管理项目计划

课程2：个人成效与时间管理	
培训对象：教育培训管理人员	培训时间：5月
期数安排：1期	课时安排：2天
培训人数：45人	教材名称：《番茄工作法》
培训讲师：王洪	教学方式：讲授、行动学习

教学设备设施	投影仪，会议桌
课程目标	树立正确的时间管理理念 掌握高效管理时间的工具和方法，提升工作效率 提高个人工作成效，避免时间管控原因所造成的工作失误
课程内容	第一章　打破范式，不断改进 　不断改进，才能生存发展 　改进的难度在于打破范式 　"破"的方法 第二章　树立时间管理的正确理念 　机遇与选择 　消费与投资 　应变与制变 　效率与成效 　紧要与重要 第三章　时间管理的杠杆原理 　帕累托原理 　巅峰期 　每天十五分钟 第四章　时间管理实用工具 　记事本 　日程表 　月度计划表 第五章　挑战生产率 　桌面整洁有序/确立优先目标/摆脱危机管理 　一次做完 　反馈跟进 　养成自律 　会说"不" 第六章　VCD：《时间管理》
教学安排	略
培训预期效果	时间管理能力得到显著提高
培训效果检查 方法和标准	培训前、培训后试卷考核
培训经费	25 000元

4.结束语

面对日益激烈的竞争环境，组织的生存和发展将更依赖于人才。对人才的培养和开发需要组织高层、各专业部门的鼎力支持，提升内部客户的满意度，并致力于加速组织核心竞争力的建立，逐步向以绩效为导向的学习型组织迈进。今年，在公司和局领导的关怀和各单位的鼎力支持下，培训工作得以顺利完成，并且取得了显著的成效。

明年，根据G公司发展战略要求和实际情况，教育培训管理岗位的人员将参与包括跨部门沟通与合作课程在内的7个培训项目。这些项目的顺利落实，有赖于人才培训与评价中心的大力支持。

资料来源　改编自本书主编主持的培训项目实例.

问题：

1.这份培训与开发计划书包含了哪些内容？

2.这份计划书对你未来撰写培训计划提供了哪些指导？

第6章　人才培训与开发方案实施

学习目标

✓ 重点掌握培训实施前的沟通对象和内容
✓ 掌握对培训过程进行控制的内容
✓ 掌握培训实施中可能出现的问题及其应对方法

导入案例　　　　　　学员不满教师，教师不满工资！怎么办？

速勤物流公司是一家以大件快递为主力，联动快递、物流、跨境、仓储与供应链的综合性物流供应商。在辽宁分公司，人力资源部门组织了针对核心业务部门工作人员的培训，高价聘请了某机构的知名培训师前来授课，然而，这次培训活动却同时招致培训师和学员双方的不满。课堂上，培训师时而在长篇大论地讲述，时而在白板上书写着，但是讲台下面十分混乱。中间下课休息时，学员聚集在一起小声议论。

小李："实话实说，你们觉得这位名师如何？我可是耐着性子听了这两天半的课了，本以为他可能会讲些实用的内容，可是这三天的培训课快结束了，我也没听到和我这个做仓储的有关系的东西！"

小齐："我们的主管在培训前可是早已经发话啦，培训结束后回岗可是有任务的！我是做运输的，我想知道如何解决运输中的突发事故，如果遇到发错货了、途中遭劫或货物被人做手脚了等问题该如何处理，可是上了这么久的课还是没有真正的收获啊！"

小杨："这可不行啊，我们可是花了大价钱请他来上课的！平常，我们那么忙碌，能坐到这里听课非常不容易啊！要不是看他斯斯文文的样子，我早就提议大家将他赶下讲台了！"

小李："我们在这里抱怨也没用啊，还是快想想办法吧。要不我们将这些情况向HR经理反映一下？"

小齐："对！对！我们花钱并不是坐在这里听听课就行了，虽然他讲得都没错，但对我们没用啊！这些想法一定要讲出来！"

在学员小声议论的同时，培训师的心中也是既无奈也不满。他心想：本来我已经提前计划好了要讲授的内容，还设计了一些活动，但是在培训开始前一天，来了好几位部门主管，提出想要添加一些针对自己部门的授课内容。他们的要求既复杂又分散，可能自己都不知道想让我多讲些什么内容，没办法，我只能推翻之前的准备工作，尽快想办法把他们的要求加在授课计划内，搞得内容"四不像"。前天开始培训时，各个部门又塞进来好几位学员，远远超出了之前告诉我的学员数量，这下一些设计好的互动也做不了了。来之前公司负责人和我商量得很好，来了之后又让我增加内容，又增加了学员的数量，工作量和之前谈好的完全不一样，这次收取的费用本来就不高，这一下工资更是远远不够我的工作量，现在课堂的纪律还这么差，真是非常不愉快的经历，好在培训课程快讲完了，以后可不再来这里给他们上课了。

问题：

1.培训活动中出现了哪些问题？

2.你认为这些问题与什么因素有关？

微课6-1

6.1 人才培训与开发的准备工作

人才培训与开发方案实施

在培训计划制订后，就要根据计划实施培训内容。计划向实施的转变需要经历一系列的过程，其中的首要步骤就是准备工作，即具备实施计划的条件，从而为培训计划的具体执行奠定基础。

6.1.1 前期沟通工作

沟通是准备工作中的重要内容，也是贯穿准备活动的主要方式。培训组织者通过与培训师、学员和其他部门进行有效的沟通，使培训计划中的培训对象、培训内容和培训方式等内容都能够得到落实，保证后续活动的顺利实施。

1.培训沟通概述

（1）培训沟通的概念

沟通是个体分享信息、思想和情感的任何过程。这种过程不仅包含口头语言和书面语言，也包含形体语言、个人的习气和方式、物质环境等能够赋予信息环境的要素。培训沟通就是培训的组织者与培训师、学员和其他部门就培训内容和安排进行信息交换与分享的过程，其最终目的是保证培训的顺利实施。

（2）培训沟通的类别

根据不同的分类标准，沟通可以分为不同的类型。

①正式沟通和非正式沟通。

正式沟通是通过组织规定的沟通渠道进行信息的传递和交换。培训中的项目例会、培训计划、培训需求报告、培训合同和协议、部门间的往来公函等都属于正式沟通。非正式沟通是通过正式沟通渠道以外的方式进行的信息传递和交换，如同事之间的问候、培训活动结束后的闲聊等。

正式沟通常用于重要的沟通和决策，其优点是比较严肃，约束力强，沟通效果好，信息具有法律效力；缺点是沟通速度慢，方式刻板，可能会受传递渠道的影响而造成信息失真和扭曲。非正式沟通主要用于培训组织者了解培训师和学员的情况，其优点是沟通速度快，沟通压力小；缺点是对信息的真实性难以辨认，不留证据，难以控制。

②垂直沟通和水平沟通。

根据沟通对象的层级，沟通可以分为垂直沟通和水平沟通。垂直沟通包括上行沟通和下行沟通，两者均属于上下级之间的沟通。在培训中，培训组织者与学员之间的沟通就属于垂直沟通。平行沟通是平等组织、部门、团队成员之间的沟通方式，例如培训组织部门与其他部门间的沟通。

垂直沟通的优点是沟通速度快，信息传递准确；缺点是如果相隔层次过多，信息传递就会变慢，可能会出现越级沟通和隐瞒事实的现象。水平沟通的优点是沟通主体之间彼此平等，沟通顺畅；缺点是容易产生矛盾和冲突，难以控制局势。

③单向沟通和双向沟通。

单向沟通是在沟通过程中只有发送者发送信息，接收者接收信息，是单一方向的交流，例如报告会、培训中的课堂讲授、宣读培训要求等。双向沟通是在沟通过程中，发送者和接收者经常互换角色，即接收者接收到信息后要以发送者的身份反馈信息，直到沟通完成。双向沟通的例子比较多，比如培训中的研讨、与培训师讨论培训要求等。

单向沟通的优点是传递速度快，意见统一，时间和进度易于控制；缺点是信息没有反馈，信息发送者的观点变得片面。双向沟通的优点是参与度高，反馈信息及时，能够完善沟通结果；缺点是观点难于统一，沟通可能会偏离原有话题。

④书面沟通和语言沟通。

根据沟通的承载方式，沟通可以分为书面沟通和语言沟通。书面沟通是用书面形式进行的信息沟通，在培训实施中表现为培训通知、培训评估报告、培训协议、实施方案等。语言沟通是运用语言表达所进行的信息沟通，例如谈话、演讲等。

书面沟通的优点是提供能够长期保存的证据，描述周密，逻辑性和条理比较清晰；缺点是耗费的时间较多，而且相关资料需要保管。语言沟通的优点是信息传递快，沟通灵活，约束少，反馈及时；缺点是沟通内容容易被忘记，沟通过程和结果没有证据。

⑤对内沟通和对外沟通。

根据沟通的方向，沟通可以分为在组织、部门、团队内部进行的对内沟通和与其他平等主体为合作而进行的对外沟通。对内沟通和对外沟通的界定，要看如何划分内、外的边界。例如，组织中的技术部和市场部就一个项目的合作方案而进行的沟通就是对内沟通，如果技术部就此项目合作方案讨论自己的职责、任务、工作等，那么市场部就是它的外部。

对内沟通和对外沟通是因业务和工作需要开展的沟通。一般来说，对内沟通较为直接、简单，沟通对象会因为同在一个组织中而提供更多的信息；其缺点是所获取的资源和信息有限。对外沟通的优点是能够获取组织内部没有的信息，沟通的范围更广；缺点是外部人员或组织会对沟通的开展存有戒心，前期的沟通会出现阻碍。

（3）培训沟通的特点

培训活动中的沟通与一般生活中的沟通不同，其具有以下几个特点：

① 沟通对象范围较广。在培训项目中，培训负责人需要和培训师、学员以及其他部门的管理者进行沟通，从而顺利实施培训。一般来说，接受培训的学员来自不同的部门，他们人数较多，且性别、年龄、性格、爱好、学历等各不相同，呈现出较为明显的层次性。同时，与培训师和其他部门人员的沟通也增加了沟通的幅度。

② 沟通时间跨度较大。就培训计划的整体实施而言，年度计划往往包含不同周期的培训项目，每一次培训项目的启动都需要进行前期的沟通，在培训项目较为密集时，沟通贯穿了培训计划的全程。此外，一些培训项目周期较长，有2～3个月，这也导致了沟通的时间跨度较大。

③ 沟通信息复杂多变。培训内容的广泛覆盖性和形式的多样性决定了培训准备时的沟通要随之变化。根据不同的培训形式，沟通的重点也会改变。例如，当培训师采用课堂讲授法时，沟通的重点是培训材料的准备，而当培训师采用案例研讨法时，场地的布置成为沟通的重点内容。另外，培训项目的作用对象是人，这意味着在培训开始之前，培训组织者还要注意与学员在生活上、思想上、情感上进行沟通，这就进一步增强了沟通信息的复杂性。

（4）培训中沟通的一般作用

① 排除培训实施过程中的不确定性。培训活动的主要目标是提升个体的素质，在确定培训计划后，要实现这一目标，就要保证培训活动按照计划顺利实施，这就需要培训组织者尽最大努力降低培训过程中的不确定性，避免各种问题的发生。在培训活动执行前期开展有效的沟通，用完整的沟通链条贯穿整个培训的实施过程，能够帮助培训组织者从参与人员中了解潜在的问题，有效排除实施阶段可能出现的重大风险。

② 建立有效沟通，促进培训活动有效管理。在培训实施的过程中，培训组织者从所有的培训参与人员处获取全面的信息后，才能准确地分析出培训实施过程中的关键问题，并将有效信息的分析线索反馈给下属去执行。有效的前期沟通能帮助培训的组织者在培训开始前获得各种可供参考的信息，为其决策提供重要的支撑。

③ 满足对信息的多方需索和验证。对于培训组织者来说，仅凭借经验和文件是难以顺利实施培训计划的，还必须从他人处获取建议，来对自己的实施方案

做出补充。同时，多方的交流也可以帮助培训组织者验证不同信息的正确性，从而保证其一直获取相对准确的信息。

④构建紧密培训关系。构建紧密的培训关系可以分成对内与对外两个方面。对内主要是面对培训工作人员与培训学员，让学员因为感受到培训的有效性而与培训工作人员建立紧密关系。对外是指培训组织者与培训师之间，学员与培训师之间，通过互相沟通和了解建立信任关系，使培训课程更加顺利地实施。

2.与培训师的沟通

（1）沟通的内容

培训师是培训内容的传授者，是参与培训的核心人员。为了保证培训师能够按照培训计划传授组织规定的、学员需要的内容，培训负责人要在培训实施前与培训师进行沟通，主要的沟通内容包含以下几个方面，这也是确定培训师人选的一般顺序：

①了解培训资质。个人之所以能够成为培训师，是因为他对从事某一类工作具有相当多的经验，或对某领域的知识或技能进行过大量的研究和应用，这些经验和研究往往能够通过个人的任职经历、学历背景、各种资质证书体现出来。因此，在筛选内部培训师或招募外部培训师时，培训负责人可以询问他们之前的任职情况、曾经的最高职务、何时获得了哪些资质证书等，来判断他们是否有资格成为培训课程的讲师。

②探查授课能力。面对同一主题，不同培训师由于能力不同，所达到的培训效果也不尽相同。因此，在与培训师沟通时，培训负责人要注重觉察他们的授课能力，可以通过语言的交流判断其表达能力，让他们描述一些之前的培训经历以及与其他组织的合作情况，来推测他们的授课能力。①如果有必要的话，还可以进行试听，让内部培训师进行试讲，或者参加外部培训师的其他培训课程，直观体验培训效果。

③明确擅长领域。对于外部培训师来说，培训负责人还要了解他们所擅长的领域与培训内容的匹配程度。外部培训师一般都是复合型人才，他们往往熟悉多个领域的内容，但精通的范围有限。要想达到最好的培训效果，培训负责人要了解培训师最擅长的领域，以此来确定合适的人选，例如直接询问培训师的主要研究方向、查看培训师所著的书籍和文章，以及其深入性和实用性。

④告知培训内容。在确定培训师的各方面素质符合培训课程的要求后，培训负责人就要告知其培训内容，这一过程主要以单向的沟通为主，由培训负责人详细介绍组织的情况，培训计划中的培训目标、培训内容，以及学员特点等信息。同时，在这一阶段，培训负责人要力求完整地说明对培训的其他要求，以免在后期实施过程中出现纰漏。

⑤获得培训师反馈。在告知培训内容后，培训负责人要等待培训师的反馈，

---

① 高强. 如何选择满意的培训讲师［J］. 人才资源开发，2005（3）：65-66.

反馈内容一般包括培训师对培训内容的理解、培训实施方案的设计、培训过程中需要的组织支持等信息。如果培训师对这个课程非常熟悉，就能够迅速提出授课的逻辑和合适的培训方式。在获得反馈后，培训负责人要对培训师做出评价，进一步判断其能否胜任培训要求。如果培训负责人对反馈满意，就需要与培训师进一步沟通，共同优化和完善培训构想，最终达成双方满意的方案。

⑥协商时间、费用等安排。对于内部培训师，培训时间和费用的安排可以根据组织的规章制度执行。外部培训师的时间往往较为紧张，需要培训负责人与其进行多次协商，确定符合双方要求的培训时间。同时，外部培训师的费用一般较高，根据其能力和声望等因素的不同，费用的差距也较大，培训负责人要与培训师妥善沟通费用的问题。

⑦签订培训合约。签订合约是正式的书面沟通形式，是培训师与组织确定培训关系的证明。培训合约一般要明确教授的课程、课程大纲和内容、培训时间和地点、培训形式、培训费用及其支付方式、违约处置和其他应体现在书面沟通中的内容。

⑧签订讲师守则。讲师守则是关于培训师在培训过程中的行为规范文件。组织通过书面沟通的方式，主要对讲师的不恰当行为做出说明，从而避免其出现在培训过程中，影响培训的效果和组织的利益。图6-1展示了某组织的讲师守则内容。

讲师守则

第一条 为维护您的学术地位和个人名望，请您严格保守课酬标准秘密，不得向学员透露课酬标准。

第二条 为维护组织学员利益，请您不要向班委或者学员索取学员通讯录，如有需要，请您与公司人力资源部联系，经公司批准同意后，予以提供。

第三条 尊重学员人格，维护学员权益，禁止有害于学员的行为或者其他侵犯学员合法权益的行为。

第四条 遵守合作协议中乙方责任和义务条款中的具体要求。

第五条 在课程中，言语健康文明，不过分自大，不出现有损学员的话语。

第六条 不向学员透露私人的联系方式。

第七条 作风正派，注意个人形象修饰，严于律己，自觉抵制社会不良风气。

第八条 遵守企业课堂规约，按时到达授课现场，组织学员上课。

甲方（签章）   乙方（签章）
  年 月 日   年 月 日

图6-1 讲师守则示例

⑨提供后勤支持。提供后勤支持是与培训师沟通的最后一个环节。在这一阶

段，培训师要主动与培训负责人沟通，提出在培训过程中所需要的支持，例如打印资料、准备多媒体、提前告知地点、安排交通住宿等。此外，培训负责人还要在培训开始前几天再次与培训师确认并完善后勤工作。

（2）沟通的技巧

与培训师的沟通是一种以筛选与合作为目标的对外沟通，其沟通效果在一定程度上直接决定了培训的效果，因此，在与培训师沟通时要使用一定的技巧。

① 建立信任。与外部培训师沟通是一种对外沟通，沟通主体之间可能是完全陌生的关系。由于不了解对方的情况，在沟通的开始，培训师对培训负责人可能有戒备心理，不愿意透露自身具体的情况，这时培训负责人就要想办法在沟通中与其逐渐建立信任，例如表现出对培训师的尊重，首先提供关于培训活动的详细信息，实事求是，避免夸大其词等。

② 进行追问。培训负责人在和培训师沟通时的一个重要目标，就是判断培训师能否胜任培训课程，这就需要培训负责人通过追问尽可能地获取自身需要的、有关培训师的信息。在培训师说明了自己的资质后，培训负责人可以通过追问来澄清并确认这一信息，并提出开放式的问题，给予培训师更大的自由度完善回答，从而获取更多的内容来辅助自己的判断。

③ 及时确认。确认是澄清双方的理解是否一致，强调重要内容，以及表达对所讨论的内容十分重视的沟通技巧。在培训师提出自己的培训构想时，培训负责人要及时予以确认，例如通过短句回答或者使用着重语气重复内容，从而保证培训的安排符合双方的要求。

3.与学员的沟通

（1）沟通的内容

学员是培训活动的主要受众群体，与学员进行前期沟通的主要目标是激发他们的学习兴趣，鼓励认真学习的行为，明确培训过程中的要求。一般来说，与学员沟通的内容主要有以下几个方面：

① 介绍培训活动。介绍培训活动是与学员沟通的重点，即详细告知学员即将参加的课程内容、培训方式、培训师的信息等，这一过程可以采用会议讲授或播放以往培训视频的方式进行。通过介绍，学员了解了培训活动的具体安排，有助于其提前调整自己的工作与生活节奏，避免与培训发生冲突，也能够快速进入培训准备状态，积极等待培训活动开始。

② 说明培训益处。培训的目的是提升员工的素质，但部分学员不了解培训对自身的益处，认为参加培训只是为了满足组织的要求，这就会影响培训的效果。因此，在培训开始前，培训负责人要说明学员在培训活动中的收获，包括自身能力的提高、可能的职位晋升、组织的奖励等，从而激发学员的学习积极性，提升其对培训活动的好感度。

③ 告知培训要求。告知培训要求可以采用书面沟通的方式，如电子邮件、告示等。培训要求主要包含培训日期、时间、地点、着装，需要准备的材料或提

前观看的内容等，从而让学员有准备地参加培训活动。

④ 签订参加培训协议。签订协议是正式沟通，协议的内容主要包括：培训费用的支付说明；培训学习期限的说明；纪律要求；员工的待遇、福利规定；奖惩规定；违约规定和免责声明等。通过与学员签订书面协议，组织能够提升学员对培训活动的重视程度，并在处理后续问题时做到有本可依。图6-2展示了培训协议的示例。

参加培训协议

　　为提高员工的基本素质及职业技能，公司鼓励并安排员工参加相关培训。经受训员工与公司沟通后，双方同意缔结如下协议：

　　一、公司安排该员工赴＿＿＿＿学习，学习期自＿＿＿年＿＿＿月＿＿＿日至＿＿＿年＿＿＿月＿＿＿日，实际为期＿＿＿天。

　　二、受训员工应到公司指定或约定的机构和地点就学，误课、旷课情形以旷工论处。

　　三、受训员工学习时间计入工作时间，按连续工龄累计。

　　四、受训期间的工资视情况按原工资的＿＿＿%支付，奖金按通常支付额的＿＿＿%支付。遇晋级或工资办法修订时，受训员工作为在册人员对待；社会保险、劳动保险等按有关规定作为在册人员对待；受训员工受训期内不享受年度休假。

　　五、受训期间医药费用按在职人员对待，但由于本人过失或不正当行为而致病（伤）者除外。受训人员患有不能继续学业的疾病时，应接受公司指令，终止学习，返回公司，并依有关规定处理。

　　六、受训员工在学习期间必须参加组织的考试活动。

　　七、受训员工应自觉遵守培训师的各项要求。凡因违规违纪受到培训师或培训场所的处罚者，公司将予以追加惩处。

　　八、受训员工的学费由公司支付，本人自行承担培训期间的餐费。

　　九、受训员工辞职，其工龄在一年以内的，则需向公司交纳公司所负担的全部培训费用；其工龄在两年以内的，则需向公司交纳公司所负担的培训费用的50%；其工龄在两年以上的，则可免交培训费用。因违纪被公司辞退的员工亦照此办理。

　　十、在培训期间，受训员工接受公司交付的调查或出差任务，差旅费按员工差旅费规定支付。

　　十一、培训结束，受训员工应及时返回并向公司报到。

　　十二、受训员工在学习期间成绩优异、有杰出表现，公司将视情况给予奖励。

　　　××公司（签章）　　　　　　　　受训员工（签字）

　　　　年　月　日　　　　　　　　　　年　月　日

图6-2　参加培训协议示例

（2）沟通的技巧

与学员进行培训前的沟通，一般需要使用以下技巧：

① 强调重点。由于学员的人数众多，培训负责人在与其沟通时，通常采用群体沟通或者书面沟通的形式，这两种沟通方式都要求信息的发出者提炼重点，用尽可能短的时间和尽可能小的篇幅将沟通的内容表达出来。因此，培训负责人在与学员沟通时，要强调重点，说明学员需要了解的核心内容。

② 回应情感。在与学员沟通时，既要观察他们的语言回应，更要关注他们的情感反应。一般来说，学员在群体的环境下不会直接反对培训负责人的安排，但是他们会通过语音语调、表情等表达出迷茫、不满的情绪，这就需要培训负责人能够敏锐地感知到这种情感，并思考其产生的原因与解决方法，如果有必要甚至可以采取进一步的沟通。

4.与其他部门管理者的沟通

（1）沟通的内容

与其他部门沟通的主要目的是获得各部门管理者的支持，从而避免由于其参与不足而可能出现的障碍。与其他部门的沟通内容主要有以下几点：

① 介绍培训活动。与和学员的沟通内容类似，在与其他部门管理者的沟通中，首要内容是介绍培训活动。不同的是，为管理者介绍时只需要重点介绍培训的内容，让其了解部门的员工在培训结束后会有哪些能力得到提升，有助于哪些工作在随后高效开展，从而推动管理者支持员工参与培训活动。

② 说明培训时间。说明培训时间是通过单向沟通告知部门管理者学员无法照常参加工作的时间段，有助于部门管理者提前安排、布置部门的工作，保证培训过程中部门功能的照常运转。

③ 提出支持内容。人才培训是基于组织和员工共同的需要开展的，不只是培训部门的工作，在培训过程中需要组织内各个部门的支持。培训负责人要就急需支持的内容与其他部门的管理者进行商议，让各个部门参与进来并提供所需要的资源。

（2）沟通的技巧

与其他部门的沟通是一种内部沟通，培训负责人与其在一定程度上是一种资源的索取与被索取的关系。在这种情境下，沟通的内容要具体，培训负责人要准确提出需要对方协助的内容，例如需要其他部门提供的物资明细、使用的时长，需要部门管理者动员自己的员工参加培训等。

6.1.2　其他准备工作

其他准备工作是指除沟通外，对场所、工具、资料、餐饮等内容的准备，这是保证培训顺利实施的物质基础。

1.培训场所的准备

培训场所是培训活动的发生地点，合适的培训场所能够协助培训师采取理想的培训方法，并提升学员对培训的期待和学习的积极性。本书主要讨论对室内培训场所的准备。

（1）培训场所的选择

在挑选培训的课室时，要考虑以下事项：

① 房间面积要足够大，既要能够容纳所有学员，也要保证学员能够不受限制地流动，从而方便培训师使用多种培训方法。

② 在培训教室内设置供培训师书写和放置资料的工作区。

③ 检查培训教室是否有通风设备，设备是否运转良好、如何控制。

④ 确认培训师的工作区是否有足够大的空间来放置材料、多媒体工具和其他器材。

⑤ 保证教室后排的学员可以看清屏幕，听清授课内容。

⑥ 检查周围是否有干扰培训活动的要素，如其他培训班、工作人员办公室等。

⑦ 如有需要，检查休息室、饮用水、茶点的状况。

⑧ 检查灯光、空调的使用情况和控制设备。

（2）培训场所的布置

培训教室可用多种方式加以布置，应考虑的主要因素是匹配培训方式，并满足培训的要求。一般来说，教室布置主要涉及环境设计和桌椅摆放。前者与培训主题和组织的标志性元素相关，本书不进行讨论。后者的布置有以下几种方式：

①如果培训方式需要学员以分组的形式配合，则采用如图6-3所示的圈形布置较为妥当。这种形式便于让学员形成一个临时的团队来参与讨论、练习或游戏。

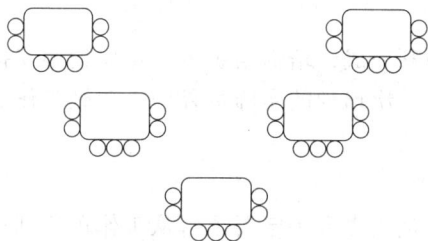

图6-3　圈形场地布置

②如果培训方式是以培训师的讲授为主，则可以采用U形场地布置培训现场，如图6-4所示。这种布置方法有助于培训师观察到每个学员的目光和表情，从而和他们进行有效的沟通。

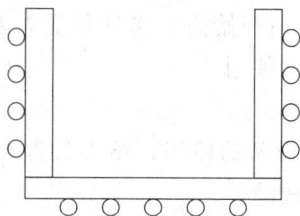

图6-4　U形场地布置

③剧场式是较为普遍的场地布置形式，在学生教育和培训中十分常见（如图

6-5所示）。剧场式布置能够容纳更多的学员，但学员之间的沟通以及培训师与学员之间的交流会受到一定影响。

图6-5　剧场式场地布置

（3）培训场所的管理

在培训正式开始的几小时前，培训负责人还要对培训场所进行最后的准备，主要包括以下几个方面：

①电源插口。进行培训前要到现场检查电源插口的位置和数量，所需设备的电源线是否够长，设备插头与插口是否匹配等。同时，为了防止授课时挪动电源线，或妨碍人员走动，可以提前将电线贴在地面上。

②灯光。在室内培训要保证灯光充足，学员能清楚地看到演示版和投影。在培训中如果需要关灯或调暗灯光来播放录像，培训负责人要提前告诉培训师灯光开关按钮的具体位置。

③室内温度。要在培训开始前保证室内温度适宜，温度过低或者过高都会影响培训的效果。

④其他设备。除了上述内容，在培训开始前还要确定其他设备是否运转正常，如音响、通风设备等。

2.培训的后勤工作

为了保证培训的顺利完成，培训组织者一定要精心安排相应的后勤保障，来保证培训顺利进行。在一次培训的实施过程中，后勤工作的具体内容有以下五个方面：

（1）交通

在培训开始前，培训负责人一定要了解从工作单位到达培训地点的时长。如果距离较远，就要考虑是否安排专车将学员送到培训教室。如果由学员自行到达培训场所，就要交代清楚培训的确切地点，并建议到达的时间。

（2）准备教学设备及辅助工具

培训所需要的设备与资料主要包括投影仪、电脑等教学设备，以及签到表、培训材料等文件资料。在培训开始前，培训负责人要确定这些材料已经布置妥当，且主要的设备都可以正常使用。

（3）设定技术维护人员

由于在培训中涉及教学设备的使用，培训负责人要安排技术维护人员到场，以及时应对可能突发的设备故障。

（4）餐食安排

如果培训课程在组织内的会议室或培训室进行，餐食的安排一般较为灵活，可以让学员自由选择。如果培训场地在外部，就需要培训负责人提前做好安排：如果在酒店会议室培训，则按照酒店餐饮提供时间安排就餐；如果在其他场所则需要负责人提前订餐。

（5）熟悉培训场地周围环境

在外部场地培训时，培训负责人要提前了解培训现场周围的环境，如卫生间和电梯的位置、安全通道的路径、停车场的位置等，为学员提供便利。

6.2 人才培训与开发的事中控制和实时应对

培训是人与人之间的互动，任何良好的培训计划和培训准备的效果，都要在培训的组织实施中得以实现和检验。有时，尽管培训的准备工作充分，但由于实施过程中的控制不当，对各种变数的处理不当，培训效果失色不少，甚至使前期大量有价值的工作受到质疑。因此，保证培训按照计划和准备流程实施，并预想培训实施中可能出现的问题及其对策十分重要。

6.2.1 培训实施的事中控制的内容

培训实施的事中控制主要体现在行政事务与教育管控上，前者是培训过程中的后勤支持，对其进行适当控制能够保证教学活动的顺利展开，后者则是培训活动的主要载体，直接决定了培训效果。

1.行政事务

（1）工作分配与执行

由于培训涉及的事务繁多，培训负责人必须把工作任务细化并分配下去。一方面，这可以保证有专人负责需要处理的事情，能够投入足够的时间和精力来确保安排妥当、落到实处；另一方面，把权力下放，也是对下属的一种锻炼。在进行工作分配时，培训负责人要强调可行性和实效性，即按照培训实施的时间和工作任务顺序列出工作清单，内容包括工作任务、完成时间、执行人、检查人、检查时间等，这样能够起到提醒的作用，推动培训准备工作按步骤实施。

（2）安全保障

无论是在室内还是在室外开展培训活动，都存在安全隐患，根据培训方式的不同，安全隐患的等级也不同。如果是以讲授为主的室内培训，则应主要防范火灾隐患。如果采用操作示范或进行室外培训，培训负责人就要特别注意安全问题，例如：使用质量可靠的培训器材，并对器械进行持续的安全检查；在学员操作器械时采取保护措施；要求学员统一行动、听从指挥等。

（3）经费控制

在培训经费划拨下来后，培训负责人要根据培训计划进行分配，并且对培训经费开支进行控制与管理，从而保证培训能够得到足够的资金支持。控制培训经费最有效的手段是确保人均培训费用在预算之内。人均培训费用的计算公式为：

$$CIT=（CC+TR+S+RC+T\&L+TS+PS+OH）/PT$$

其中：CIT 为人均培训费用；CC 为咨询费；TR 为培训场所租金；S 为培训资料和设备费用；RC 为培训餐饮支出；T&L 为培训师和学员的旅行与住宿费；TS 为培训师的工资和福利；PS 为学员的工资和福利；OH 为员工所在部门的经费开支；PT 为学员数量。

2.教学管控

（1）课堂动员

课堂动员是培训课程的第一个环节，主要由组织高管或者部门领导进行演讲，说明培训的重要性，提升学员的学习积极性。在进行课堂动员前，培训负责人要提前告知高管演讲时间，安排高管到达培训现场，同时保证动员演讲时所有学员都已到齐。

（2）纪律宣导

教学管控的核心是保证课堂的纪律，这离不开组织制度和人员的双重监督。组织的规章制度中一般包含与培训相关的制度内容，例如培训考勤制度（如图6-6所示）、培训结果考核制度等。在培训过程中，负责人需要向学员重申培训制度的要求，并安排工作人员严格执行，从而保障课堂纪律。

培训考勤制度

一、本规定适用于集团所有参加培训的员工。

二、员工培训出勤管理由绩效考核办负责。

三、培训期间不得随意请假，如确需因公请假，须填写培训学员请假单，呈请相关领导核准后交至绩效考核办备查，否则以旷工对待。因特殊情况不能及时请假者，必须向绩效考核办申明，并补办请假手续。

四、上课期间迟到、早退依下列规定办理：（因公并持有证明者不在此限）迟到、早退达三次者，以旷工半天论；迟到、早退达三次以上六次以下者，以旷工一天论；缺勤时数超过课程总时数1/3者，取消其培训资格，并通知本人所在部门按照《集团劳动管理实施细则》相关规定执行。

五、自收到培训通知当日起，所有上课学员凡遇公务或私事与上课发生冲突者，一律需办理培训请假手续，凡违反规定的人员，旷课时数以旷工论处。

六、员工参加培训，必须在员工培训签到表上亲笔签名以示出勤，严禁其他人代签，一经发现，代签学员和被代签学员均按旷课处理。

七、绩效考核办以签到及课上点名为依据，将参训员工的上课记录登记在员工培训记录上，并由人力资源部归入员工培训档案中保存。

八、外派培训及岗位锻炼的员工应遵守所在公司及部门的考勤管理规定。

图6-6　培训考勤制度示例

6.2.2   人才培训与开发的实时应对

培训实施的过程并不总是一帆风顺的，即使在实施前期进行了充分的准备，在培训课堂上进行了全面的控制，也会具有很大的不确定性。因此，培训组织人员要在事中控制外，考虑各种突发情况，并设计预案。

1.学员层面

学员作为数量最多的群体，在接受培训的过程中最容易出现突发情况，例如学习积极性不高、纪律较差、学员之间发生冲突等。

（1）积极性不高

学员积极性不高是培训过程中常见的问题，主要表现是学员在课堂上无法集中注意力、以工作繁忙为由临时离开培训课堂、学习效率低等。这可能是由于学员觉得授课内容不能解决自己的问题，认为培训师所讲的内容与自身的能力提升无关，也可能是讲师的授课风格较为沉闷，无法引起学员的倾听兴趣。

当发现学员的学习积极性存在问题时，培训负责人需要及时与其进行沟通，寻找问题的原因。如果学员对培训师的授课风格不满意，负责人要在课间休息时与培训师进行沟通，建议他们在接下来的课程中综合使用其他的培训方式，如案例研究、情景模拟、研讨法等，或是使用观看视频、做游戏的方式增添课程的趣味性。如果学员反应课程内容对其没有作用，负责人就要建议培训师调整讲授内容的重点，鼓励培训师现场提问学员想了解的内容，并将其作为补充加入随后的授课中。如果学员的积极性较差与培训师无关，而是学员自身的问题，那么负责人就需要在课间再次强调培训课程对于提升学员素质的重要性，有必要的话，还可以临时增加培训结果的测试环节，或者加大奖励和惩罚的力度，即使用控制手段提升学员的学习积极性。

（2）纪律问题

纪律问题主要表现在学员故意缺勤、迟到早退、寻找"替代者"上课、授课过程中做其他无关行为等。纪律问题既影响学员的学习效果，又打击培训师的授课积极性。对于学员的纪律问题，培训负责人首先要严格运用相关制度进行追责和惩罚，例如根据培训出勤管理规定对旷课的学员按照旷工处理。对待严重违反纪律的学员，培训负责人需要采用其他严肃手段，如单独约谈、公开批评、要求学员所在部门的主管进行劝导或批评等。

（3）发生冲突

在培训过程中，学员之间或者学员与培训师之间可能会产生冲突，需要培训负责人及时介入和调解。一般来说，学员之间的冲突主要是在课程中的讨论、合作、竞争等环节产生，这是一种良性的冲突，如果培训负责人认为培训师能够掌控并化解这种冲突，就可以暂时不进行干预。此外，培训中也可能出现学员由于私人恩怨在课程中爆发争吵的现象，这时培训负责人就要及时将双方带离培训场地，分别进行疏导，避免影响培训课程的进行。学员与培训师爆发冲突是比较棘手的问题，培训负责人需要立刻干预，将引起冲突的学员带离培训现场并与之谈话，避免产生更大的负面影响，同时要安排其他工作人员安抚培训师的情绪，如果有必要的话，还需要对培训师给予补偿或提前结束课程。

2.培训师层面

相比较而言，培训师经常参与培训活动，对培训流程和规定较为熟悉，一般不会出现突发问题。在少数情况下，培训师可能会暴露出以下问题，需要培训负责人进行干预：

（1）授课内容偏离计划

虽然培训负责人在培训开始前会与培训师沟通并确定培训内容，但在培训课堂上，培训师可能由于学员提问、过分专注某一问题等而偏离原有的授课计划，使得培训无法达到组织的目标。遇到这种情况时，培训负责人可以等到课间休息时与培训师及时沟通，委婉告知授课内容与预先的共识有出入。如果授课内容严重偏离培训计划，或者授课内容中包含不恰当的信息，培训负责人需要立刻安排课间休息，与培训师进行沟通并予以纠正。

（2）交流涉及组织机密

在培训过程中，培训师不免会对学员进行提问，了解学员的知识结构以及对授课内容的理解。然而，对学员已有知识和工作经历的提问可能涉及组织的机密，例如技术部门正在研发的新产品、财务数据等。当培训师来自外部时，培训负责人要及时打断，暗示培训师这是涉密问题，同时私下与学员进行沟通，要求他们注意此类问题的回答。如果外部培训师在授课过程中知晓了某些组织机密，培训负责人要在培训结束后向培训师强调对内容的保密义务。

（3）无法继续授课

在培训过程中，培训师可能由于家庭、身体等方面的意外情况需要提前结束培训课程，这通常较为罕见。如果这种情况发生，培训负责人要迅速采取应对措施，如更换培训师、暂停培训计划或者更换培训形式。同时，在培训师处理好个人问题后，负责人还要与培训师进行沟通，讨论培训中断的处理办法。

3.其他层面

除学员与培训师外，其他主体也可能会在培训过程中出现问题。

（1）设备故障

设备突然出现故障在培训过程中较为常见，主要表现为多媒体设备出现问题、电脑和投影设备不兼容、话筒没有声音等，一般来说只需要安排相关工作人员及时处理即可。当然，培训中也可能会遇到较为严重的设备问题，如在情景模拟、操作示范培训过程中，工作设备出现故障。这种设备维修起来较为复杂，培训负责人遇到这种情况时需要暂停培训，寻找新的设备后再继续进行培训。

（2）部门工作与培训冲突

有时学员缺席培训课程的主要原因是没有得到部门主管的批准，这可能是由于部门主管不支持培训活动，或者部门内部确实有较多的工作任务需要完成。遇到这种情况时，培训负责人要先与部门主管进行沟通，询问其对培训的态度以及建议，通过交流转变主管的想法。如果部门主管仍然拒绝让员工参加培训，负责人就要寻求组织高管的介入，共同商讨解决办法。

6.3 人才培训与开发的事后控制

授课过程的结束并不意味着培训实施环节的完成。在授课结束后，培训负责人仍需要根据培训计划或协助培训师处理相应的收尾工作。事后控制和准备工作、事中控制一样，是保证培训成功实施的重要管理手段，培训组织者应予以重视并做好落实工作。

6.3.1 培训实施事后控制的重要性

在培训实施中，事后控制是指培训师授课结束后，培训组织者所进行的管理与控制工作。部分组织往往会忽略系统的事后控制工作，因此有必要对其重要性进行强调。

1.为培训效果评估提供信息

在培训课程结束后，培训组织者对培训实施情况有了整体的把握，学员在这一阶段对培训的感受也最为深刻，在这时收集学员对培训的评价，特别是学员的培训满意度和对培训内容的掌握程度，最能反映真实情况，这些评价信息也为后续的培训评估工作提供了资料来源。如果错过了这一时机，等到组织准备进行培训效果评估时再去收集学员的相关信息，就难以保证结果的真实性，信息收集的成本也会增加。

2.有助于与培训师深入沟通

虽然培训组织者在培训准备阶段就与培训师进行过沟通，但这种沟通往往是围绕授课内容和接待安排进行的。如果培训师来自外部，这种沟通一般是通过电话、网络等方式进行的，很少有面对面交流的时间。在培训课程结束后，培训师一般会有一定的空闲时间，这为培训组织者与培训师进行深入沟通提供了机会。这时，双方可以围绕培训师对培训实施工作的建议、学员学习情况、下一次合作的想法进行讨论，帮助组织改善培训准备工作，同时与培训师建立良好关系。

3.培训记录的重要时间点

在授课刚刚结束时，各培训环节的负责人都留有工作记录，也能够清晰记得培训实施工作中存在的问题，因而这是收集、整理、保存培训记录的重要时间点，这些记录也为后期回顾培训流程、进行培训效果评估提供了资料。如果没有进行系统的培训事后控制，关键的培训记录可能被遗失，无法指导以后的培训工作。

6.3.2 培训实施事后控制的内容

授课结束后，培训组织人员的工作仍未停止，他们还需认真做好以下工作，才能真正达到培训的目的：

1.培训课程相关内容

（1）对培训活动进行回顾与展望

培训课程结束后，组织高管或培训负责人应对学员的学习情况进行简单的总结，并介绍在培训过程中涌现出来的优秀事迹，从而激励学员参加后续的培训活动。同时，还应鼓励学员积极地将培训所学的内容运用到实际工作中去，以真正达到培训的目的。此外，还需要对培训师、培训工作人员表示感谢。

（2）考核学员培训成绩

为了解学员对培训内容的掌握情况，在培训课程结束后，培训组织人员应及时通过笔试、现场检查、实际操作等方式对学员进行成绩考核。这项工作具有两方面的作用：一是了解培训活动的直接成效，尤其是培训师的能力，为后续聘请培训师提供参考；二是了解学员对培训内容的学习情况，为后期的培训效果评估提供信息。在考核结束后，培训负责人应该及时告知学员考试结果。

（3）制作并颁发相关证书

随着多数组织对培训工作重视程度的加深，培训证明逐渐成为员工的"勋章"，影响着他们的发展。为此，培训组织人员在每次培训活动结束后，还应根据成绩考核情况为成绩合格者制作并颁发相关培训证书，以作为年度考核、晋升晋级的证明。

（4）培训效果评价

在培训课程结束后，组织要对培训的评价进行管理。为不断提升培训质量和学员满意度，培训负责人要收集学员对培训实施中各环节的评价内容，如培训通知情况、教材提供及时性、培训环境评价、教材内容评价、培训师评价等。通过分析评价内容，组织能够有针对性地改进后续的培训实施过程，优化培训活动。

2.培训师相关内容

（1）履行合同约定

在大部分情况下，授课结束也代表着培训师对合同职责履行完毕，这时，培训负责人就要代表组织履行自身的责任，如支付授课费用、对培训师的授课资料进行保密等。如果合同中涉及培训师在课后需要履行的义务，负责人应该予以提醒。此外，有些因培训工作繁忙未能及时签署的文件，此时也可以请培训师签字确认。

（2）行程安排

在授课结束后，培训负责人需要安排培训师返程。一般情况下，培训负责人会根据培训师的要求为其提前购买返程车票或机票，培训师在返回后将乘坐交通工具的报销凭证发给负责人。在这一过程中，负责人要告知培训师返程交通的具体安排，提醒培训师提交报销凭证并告知提交方式和要求。

（3）培训过程评价

培训师是培训活动的独特参与者，对培训安排有着不同的观察视角和感受。在授课结束后，培训负责人者要请培训师对培训组织工作、学员的学习情况进行评价，从培训师角度了解培训的改进方向。

（4）组织参观

带领外部培训师在组织内部进行参观是宣传组织文化的方法之一。培训负责人可以带领培训师参观组织的优秀事迹、发展史、重要展品等，让其了解组织文化，成为潜在的组织文化传播者。这一过程也可以邀请或要求学员加入，从而将参观活动转变成组织文化的建设活动。

（5）安排高管交流

组织邀请的外部培训师一般在企业界、学术界具有一定的影响力，在培训师与组织高管同意的前提下，可以安排双方在培训后通过会议、聚餐的形式深入交流，加深相互之间的了解，为之后的长期合作奠定基础。

3.其他内容

（1）整理培训相关资料

培训结束后，除了要对培训场地、设备进行整理、复原外，培训负责人还应特别注意对培训期间的课件、培训师资料、录像、录音、照片、签到表、课堂行为记录表、试卷等相关资料进行整理和归档，为后续的培训评估工作提供档案资料。

（2）撰写培训小结并汇报

每一次培训活动结束后，培训负责人都需要对整个培训的实施过程进行一次全面的总结，说明培训中学员的表现、可能的积极效果以及出现的问题。这既是对培训实施的经验归纳，也是对高管的汇报内容，让其及时了解培训的进行情况，对培训给予更多的支持。

（3）发布新闻或宣传材料

培训活动不仅是帮助学员提升能力的活动，更是组织宣传的内容。培训结束后，培训负责人根据培训情况，通过撰写新闻稿或制作视频等形式，将培训活动信息展示在官网等相关平台上，从而让未参与培训的人员、组织高层以及外部组织和人员了解到培训活动的举办情况。这有助于组织打造雇主品牌，为宣传下次培训提供展示资料。

人才思政堂

重走长征路，重温革命史

长征是中国共产党领导中国人民英勇革命的壮丽史诗。1934年10月，在国内外局势发生重大变化，特别是第五次反"围剿"失败的情况下，中共中央和红一方面军被迫撤离中央革命根据地，开始了艰苦卓绝的长征和北上抗日的战略转移。红二十五军，红四方面军，红二、六军团，相继撤出根据地挥师北上。长征途中，中国共产党召开了遵义会议，结束了"左"倾教条主义错误在党中央的统治，确立了毛泽东同志在红军和中共中央的领导地位，在最危急的关头挽救了红军，挽救了中国共产党，中国革命从此走上了正确的道路，开启了从胜利走向胜利的新征程。在毛泽东等同志的领导和指挥下，红军冲破百万追兵的围追堵截，跨过急浪汹涌的江河大川，征服空气稀薄的雪域高原，穿越渺无人烟的沼泽草地，于1935年10月到达陕北。1936年10月，红二、四方面军也到达甘肃会宁，红军三大主力胜利会师，创建了以延安为中心的陕甘宁革命根据地。

虽然长征已成历史，但伟大的长征精神是博大精深的思想宝库，无论处在什么时代，无论从哪个方面进行发掘，人们都会产生新的震撼，受到新的激励。对于组织的人才，特别是事业单位的人才来说，理解长征精神"一不怕苦，二不怕死"的内涵，既能让他们感受到美好生活的来之不易，也能够治愈其在工作中的畏难情绪，帮助自身戒骄戒躁，重塑当代年轻集体意识。

红色文化资源具有非传递性的特点，仅仅依靠言语无法令学员理解其内涵。因此，在对人才进行有关长征内容的培训时，课堂讲授法具有其局限性，使用情景模拟法，选取长征路线中的一段，让学员穿着道具身临其境地走过长征路，才能够激发其对长征精神的真切感受和深刻理解。在实施长征体验式培训时，要对以下几点着重进行控制：

（1）在体验式教学前，安排学员选择并穿着符合自身身材特点的红军服装，统一领取红军斗笠、道具枪等教具。在体验式教学结束当天，收回所发服装和教具。

（2）携带必备的医疗药物与器械，安排专业的医护人员随队前行，以应对突发情况。

（3）告知学员要根据身体情况量力而行，切不可勉强。培训组织者要随时观察学员状态，发现身体不适特别是心脏不适的学员，要协助其放慢速度或原地休息，必要时安排医疗救助。

（4）注意防蛇，告知学员不要踢竹子或其他树木，避免惊动蛇。

（5）严禁学员进入林区或草地后的吸烟、乱扔杂物等行为。

（6）确保所有学员统一行动，个别学员行走较慢则指定专人给予帮助或由医疗人员负责。

合理的培训控制保证了培训的顺利实施。相信在重走长征路之后，学员能够真正理解红军"不怕牺牲、前赴后继、勇往直前"的精神，坚定革命理想信念和人生价值追求，珍惜来之不易的幸福美好生活，努力学习，从严要求，扎实工作，认真完成好各项工作任务。

资料来源　刘家桂. 思想政治理论课教师菜单式培训方案研究［M］. 南昌：江西高校出版社，2019.

思考题

1. 与培训师的前期沟通包括哪些内容？
2. 与学员的前期沟通要注意哪些问题？
3. 教学管控的重点是什么？如何进行管控？
4. 人才培训过程中的突发问题可能有哪些？如何应对？

案例分析

锦绣公司的培训合作协议与实施预备方案

锦绣公司成立于2013年，是一家经营新型功能材料、新型建筑材料、生态环境材料技术开发、转让、咨询、服务及相关产品研发的公司。在成立之初，公司重视人力资源管理的相关工作，并多次要求外部讲师对公司内部人力资源管理部门的成员和其他部门的主管进行培训。以下是某次培训的合作协议与实施预备方案。

培训合作协议

甲乙双方本着"精诚合作、互惠互利、共同发展"的原则，就甲方诚聘乙方 张江教授 为锦绣学员授课的相关事宜经协商达成如下合作协议：

一、合作项目

甲方组织会议邀请 张江教授 授课，授课主题为： 企业人力资源管理 。

二、20××年授课时间和地点如下：

日　期	地　址	课　程　名　称
20××年9月8—9日	沈阳	企业人力资源管理

如需要更改时间或者授课地点，甲方应提前至少一个月通知乙方。

三、双方的责任与义务：

1. 甲方：

（1）甲方有义务为扩大乙方的社会影响进行必要的宣传活动，例如：在乙方的同意下于培训现场录制培训实况用于日后宣传活动；结合公司整体活动印制培训师宣传资料等。

（2）依照协议约定按时支付乙方费用。对于乙方提供的课程讲义，除提供给锦绣学员以外，有责任进行保密。

（3）负责学员招收及课程安排组织工作。

（4）负责给学员服务，向学员提供讲义、文具等学习用品。

（5）确定会场及会场所需配备。

（6）负责确定课程组织的合法性及处理好与当地有关部门的关系。

（7）负责乙方的食宿招待。

（8）有责任对乙方的个人联系方式、家庭住址、课酬收入等个人隐私资料进行保密。

2.乙方：

（1）结合学员情况设计、调整授课大纲，并针对甲方收集的学员作业，在每次课程后至少点评审阅五份作业。

（2）乙方承诺在其授课期间，不发布任何有关政治倾向性和有损甲方声誉的言论，并且保证其授课内容符合我国相关法律法规和政策的规定，如涉及侵权，法律责任由乙方承担。

（3）准时在协定时间内出场授课及讲授与甲方协定内容，并在课程结束前根据学员对于课程的理解程度布置三道与课程相关的作业题。

（4）乙方在开课30天前向甲方提供授课提纲、讲师简介、照片等，供甲方做宣传资料及学习资料。

（5）乙方带自己或他人书籍、音像出版物、资料等到甲方会场销售时需征得甲方同意并和甲方签订相关协议。

（6）乙方以甲方培训导师的身份面对服务对象，因此在培训现场必须发放甲方事先提供的名片及电子邮箱，并不得在其放映的讲义上出现乙方的公司名称、公司网址、邮箱及联系电话；如遇客户有公开课、内训、咨询需求项目，乙方应热情解答咨询内容，同时应如实转交给甲方培训助理继续跟进、承接，甲方根据客户的公开课、内训及咨询等项目需求再次聘请乙方作为项目的实施者；遇甲方学员私下与乙方联系，邀请乙方进行培训项目时，甲、乙双方按照3：7的比例计提项目费用。

（7）不能向同行业及其他单位透露甲方商业信息。

（8）维护甲方的企业制度及品牌形象，如对甲方工作安排以及课程布置有意见或者不满，承诺不在学员面前涉及和评说。

四、讲师课酬及支付方式：

1.授课时间及课酬

乙方每次的授课时间为 2 天，每天的授课时间为 6 小时，课酬为人民币 2万 元/天，2 天的总课酬为 4万 元整。

2.其他费用

（1）讲师交通：甲方承担讲师上课期间国内的往返交通费用（不包括讲师在出发城市产生的市内交通费用）。

（2）讲师用餐：甲方承担讲师上课期间的工作餐费用。

（3）讲师住宿：甲方承担讲师上课期间的住宿费用，标准为三星或以上级别酒店（视上课场地而定）。

（4）以上承担交通、食宿费用的上课期间为课前一天到达至课程结束当天，除本协议提到的相关费用以外，甲方不承担乙方其他费用。如遇特殊情况甲乙双方协商解决。

3.付款方式：

甲方和乙方约定好时间后，若乙方单方面取消课程需赔偿课酬的两倍费用给甲方作为补偿，若甲方单方面取消乙方课程，也同样赔偿课酬的两倍费用给乙方。甲方在授课前一周内将培训课酬一次性汇入乙方指定账户。

五、协议中止

1.当甲方出现下列情况时，乙方可提出协议中止并向甲方提出赔偿要求：

（1）没有在协议付款时间内按时付款；

（2）未经乙方同意擅自更改授课时间及地址。

2.当乙方出现下列情况时，甲方可中止协议：

（1）当30%的学员对课程效果持不满态度且反映强烈并有投诉的；

（2）乙方违反协议的第三条"双方的责任与义务"第2款；

（3）课程评估的平均分数低于70分。

六、违约责任：

双方因任何原因需调整授课时间，均须至少提前一个月与对方沟通并经对方同意，否则视为单方违约；如甲方未经乙方同意擅自调整课程，则仍需按协议支付乙方课酬；如乙方不能按协议时间授课，则乙方须按协议课酬的双倍赔偿甲方。

如遇自然灾害或不可抗拒原因导致课程不能如期召开，双方协商延期举行。

七、本协议一式两份，甲乙双方各执一份，双方签字、盖章生效。

对未尽事宜，甲乙双方秉着友好合作、共同发展的原则协商解决。如有纠纷由甲方所在地有关部门裁决。

甲方：锦绣公司　　　　　乙方：张江

20××年8月10日

培训预备方案

本预备方案由人力资源部制定，各负责人请按照规定要求和时间完成相关工作。

（一）前期准备（见表6-1）

表6-1　　　　　　　　　　　　前期准备

序号	任务	分解	负责人	时间	说明
1	培训筹备计划		王季	8月16日	
2	召集培训学员	起草通知	孙军	8月25日	
		印发通知、接受报名、报名咨询，指定学员	孙军	9月1—5日	
3	编制人员名册	整理、编制培训人员名册	孙军	9月6—12日	
		编制每天签到表 编制参训报名表	孙军	9月7日	以部门为单位

序号	任务	分解	负责人	时间	说明
4	编制日程安排	编制培训指南及日程安排	孙军	9月7日	
5	午餐及水准备	午餐安排、准备矿泉水	齐峰	9月6日	自助午餐30元/人，水2瓶/人
		印制餐票	齐峰	9月6日	
6	培训资料准备	整理编制培训资料	孙军	9月4—6日	报到前一天
7	印制资料、制作胸牌	印制培训资料制作胸牌	齐峰	9月4—6日	报到前一天
8	安排车辆		张英	9月6—7日	
9	现场设计	教学现场设计	孙军	9月6日	
10	现场环境准备	场地布置（含讲台、桌牌、音响、麦克及周边环境等）	齐峰	9月7日	
		讲台背景安装	孙军	9月6日	
		场地布置（含横幅、周边环境等）	齐峰	9月6日	
		设备调试	孙军	9月7日	
11	资料袋准备座位安排	空袋子30个、纪念品30个	胡平	9月7日	
		提供胸牌、日程安排、培训资料、签到表、意见反馈表	孙军	9月7日	
		提供餐票	齐峰	9月7日	
		座位规划、贴号、张贴提示牌	孙军	9月7日	
12	准备摄像工具	摄像机两台、录像带若干	胡平	9月7日	
13	警卫及停车安排	警卫安排停车安排	梁亮	9月7—9日	
14	计划预备会	准备计划	孙军	9月6日	
15	预备会安排专家	会场安排、横幅、桌牌、茶水、精品水果、午餐	李羽	9月6日	
		派车接机，安排住宿、晚餐、早餐	张英	9月7—9日	
16	编制项目费用预算		孙军	9月6日	

（二）培训期间安排（见表6-2）

表6-2   培训期间安排

序号	任务	分解	负责人	时间	说明
1	总协调		王季	9月8—9日	
2	组织接待	接待讲师	张英	9月8—9日	
		引导学员和讲师入座	孙军	9月8—9日	
3	停车安排		梁亮	9月8—9日	
4	签到	签到、发补充资料、发水	齐峰	9月8—9日	
5	学员考勤	考勤	杨萱	9月8—9日	
6	服务保障	午餐、保洁、供电等	齐峰	9月8—9日	
7	电教设备运行	电脑、投影、音响、麦克	孙军	9月8—9日	
8	参训人员信息	收取、整理参训人员名单	孙军	9月8—9日	
9	经费支付		刘慧	9月7—9日	
10	培训资料整理		孙军	9月7—9日	
11	摄像、拍照	两台摄像机全程录制	胡平	9月8—9日	注意安全
12	收集反馈信息		孙军	9月8—9日	

资料来源　改编自本书主编主持的培训项目实例.

问题：

1.培训合作协议和预备方案包含哪些内容？

2.你认为案例中的预备方案还应该添加哪些内容？

第7章 人才培训与开发效果评估

学习目标

✓ 掌握培训效果评估的概念与一般流程
✓ 掌握培训效果评估的模型
✓ 重点掌握培训效果评估方案的设计和分析方法

导入案例 某钢铁集团对培训效果的测算模型

某钢铁集团是中国大型现代化钢铁联合企业。集团专业生产高技术含量、高附加值的钢铁产品。在汽车用钢，造船用钢，油、气开采和输送用钢，家电用钢，电工器材用钢，以及高等级建筑用钢等领域，集团不仅是中国市场的主要钢材供应商，产品还出口到日本、韩国，以及欧美40多个国家和地区。

集团在不断扩张业务的同时，对员工培训也愈加重视，针对不同部门、不同岗位多次举办培训活动。随着培训项目的日益增多，集团聘请咨询公司对已有的培训项目的经济价值进行评估，从而确定培训活动的效果，并为调整、取消培训活动提供指导依据。

咨询团队来到集团后，首先收集培训相关的信息，查看集团历年的培训支出费用明细和报表，对参加培训的员工、员工所在部门的主管、人力资源部的经理进行访谈，查看相关的培训反馈表、绩效考核成绩、导师反馈信息。在综合分析以上信息的基础上，团队开始梳理进行培训产出分析的基本思路，运用企业价值（企业价值=投入的物质资本+物质资本增加值+投入的人力资本+劳动增加值）、劳动增加值（劳动增加值=企业价值−投入的人力资本−投入的物质资本−物质资本增加值）、人力资本投资收益率（人力资本投资收益率=劳动增加值总量/（非培训人力资本+培训人力资本））等基本的测算思想，结合集团的实际数据情况，得出集团培训活动的人力资本投资收益率模型、培训收益模型和培训对企业价值增长贡献率模型，为集团评估各个培训项目的效果提供了工具。

①人力资本投资收益率模型：

$$R_h = \frac{\Delta NP + (L_2 - L_1) \times r + \Delta HC_r \times S - (TA_2 - TA_1) \times R_e}{\Delta HC_t + \Delta HC_r}$$

式中：R_h 为人力资本投资收益率；ΔNP 为集团新增利润；S 为员工工资率；L_2 为期末负债；L_1 为期初负债；R_e 为物质资本回报率；r 为资金成本；TA_2 为期末

总资产；TA_1为期初总资产；ΔHC_t为新增培训人力资本；ΔHC_r为新增非培训人力资本。

②培训收益模型：

$P_t = H_t \times R_h$

式中：P_t为培训收益；H_t为培训人力资本；R_h为人力资本投资收益率。

③培训对企业价值增长贡献率模型：

$$C_t = \frac{HC_t \times R_h}{E_2 - E_1 - \Delta C}$$

式中：C_t为培训对企业价值增长贡献率；E_2为期末股东权益；E_1为期初股东权益；ΔC为新增实收资本；HC_t为培训人力资本；R_h为人力资本投资收益率。

测算模型中的各个变量都可以从集团的财务报表中找出，其中，需要进行额外计算的培训人力资本由培训直接支出和培训间接费用相加得出。培训直接支出包括为员工培训提供的设备、器材、场所和各种必需品的费用，为员工培训提供的师资和培训管理等其他劳务的费用，为员工培训支付的相关差旅费用及补贴，以及其他费用。培训间接费用包括为受训者支付的工资和其他各项福利，以及因受训者参加学习而给企业带来的损失。

在确定培训效果测算模型和计算方法后，调研团队对集团的所有培训活动进行综合分析，发现如下几个问题：

①投入力度不足。与国际领先企业相比，集团在员工年平均培训时长、人均培训费用、受训员工比例等指标上较差。

②直接用于员工培训的费用比例较低。集团近3年来直接用于员工培训的经费占当年投入总额的比例分别仅为40%、36.4%、38.1%，而教培中心机构性费用比例却占到60%、62.6%、61.9%。

③对技术人员的培训投入相对不足。技术人员是集团重要的组成部分，集团对管理人员的培训投入所占比重最大，对技术人员的培训投入所占比重最小，说明目前的培训体制中对技术人员培训没有给予足够的重视。

④其他问题。调研团队还发现了以往培训中出现的培训目标不明确、培训师资不好、培训计划设计不好、培训实际运用程度差、培训与工作发展不相关、培训浪费时间让人不感兴趣、计划安排不公平等问题。

针对前述发现的问题，调研团队提出了对应的改善建议，包括：优化培训内容、培训方式与培训主体；理顺培训管理组织体系，充分发挥培训管理人员的积极性；建立培训投入产出评估数据库和培训决策支持系统；按照培训本身系统要求进行管理；增加专用性培训，尽量减少通用性培训；发挥培训的激励作用，与员工职业生涯设计紧密结合等。这些建议为集团进一步完善培训活动提供了指导。

资料来源　根据本书主编主持的项目实例改编.

问题：

1.培训效果测算模型是如何建立的？在后续的工作中如何加以应用？

2.你认为测算模型应该如何用于培训效果评估中？

微课7-1

人才培训与
开发效果评估

7.1 人才培训效果评估概述

如果说培训方案设计和实施解决了"培训应该做到什么程度"和"怎么做"的问题，那么人才培训效果评估则是对培训的设计进行验证，对项目实施的过程进行跟踪，并对项目产生的成果进行测量，回答"培训做得怎么样"这个问题。培训效果评估并不是等到培训结束后才实施，而是在培训过程中就有计划地做准备。

7.1.1 培训效果评估的概念与作用

1.培训效果评估的概念

培训效果是指组织和学员从培训当中获得的收益。一般来说，培训效果主要体现在两个方面：一方面是培训本身是否有效；另一方面是组织和学员通过培训是否产生收益。对于组织来讲，培训效果是通过培训获得绩效的提升和经济效益；对于人才来讲，培训效果是通过培训学到各种新知识和技能、提高绩效以及获得担任未来更高职务的能力。

培训效果评估是指组织通过一系列有效的方法收集有关培训活动中的描述性和评判性信息，进而评价整个培训项目的质量和价值，以及是否取得了预期的效果。培训效果评估是对整个人才培训活动实施成效的评价和总结，同时评估结果又是以后培训活动的重要输入，为确定下一次培训活动的需求和调整培训项目提供重要的依据。

2.培训效果评估的作用

培训效果评估是提高培训体系有效性的基础，其不仅是人才培训体系中关系到培训工作改进和提高的关键环节，也是证明培训与开发项目价值的依据，在培训部门获取开发资源、支持以及成功推广人才培训项目等过程中起着重要作用，主要体现在以下几点：

（1）反映出培训对于组织的贡献

培训效果评估能够明确人才培训项目的投资收益比，不仅可以让高层管理者认识到培训的重要性，从而重视、认可、支持和推进培训工作，也可以借此体现人力资源部门或培训部门在组织中的重要作用。

（2）能为决策提供有关培训项目的系统信息，从而做出正确的判断

决策需要高质量和高可信度的信息，而评估是提供这些信息的有效手段。从评估获得的信息，有助于发现新的培训需求，判断在特定条件下何种方案将起到更大作用，决定时间跨度较长、投入资金较多的培训项目是否继续。

（3）有利于改进和优化培训体系

利用培训效果评估产生的信息，培训师可以优化课程、提高讲课的质量；组

织可以提高培训服务水平，提高学员的满意度，改进和优化培训体系，提高培训工作的整体绩效。

（4）促进培训管理水平的提升

培训效果评估可以帮助培训组织者全程审视培训的各个环节。经此过程，有关各方可从中吸取经验教训，从而在今后的培训项目中优化自身的管理行为，进一步完善各个培训环节，推动组织的人才培训工作不断跃上新台阶。

7.1.2　培训效果评估的类型

对培训效果评估的分类有多种方式，本书介绍其中最为常用的三种。

1.根据评估时间划分

（1）培训前评估

培训前评估是在培训前对学员的知识、能力、个性特质等进行考查，以作为培训组织者拟订培训计划的根据。它具体包括培训需求整体评估，培训对象的知识、技能等的评估，培训对象的工作成效及行为评估，培训计划评估。

（2）培训中评估

培训中评估是指在培训实施过程中进行的评估。培训中评估能够控制培训实施的有效程度。该评估包括培训组织准备工作的评估、学员参与培训情况的评估、培训内容和形式的评估、培训组织者的评估、培训进度和中期效果的评估等。

（3）培训后评估

培训后评估是对培训的最终效果进行评价，是培训效果评估中最为重要的部分。培训后评估的目的在于使组织管理者明确培训项目选择的优劣，了解培训预期目标的实现程度，为今后人才培训计划的制订与实施等提供有益的指导。

培训后评估可以进一步分为即时效果评估、中期效果评估和长期效果评估。即时效果评估一般是在培训刚结束时评判培训目标的达成情况、学员反应、培训师的工作绩效等；中期效果评估用来判断学员在培训中所学的知识、技能等在工作中的应用情况；长期效果评估主要用来评估培训对学员和组织的长期影响。

2.根据评估方式划分

（1）非正式评估

非正式评估是主观性的，用主观感觉进行评判，而不是用数据来加以证明。它的优点是不会给培训对象造成太大的压力，可以更真实准确地反映出培训对象的态度变化，同时评估成本较低，方便易行。

（2）正式评估

正式评估具有较为详细的评估方案、测量工具和评估标准，在事实的基础上做出判断，评估结论更具有客观性。它的优点是重视事实和数据，使评估结论更有说服力，同时其评估报告以书面形式表现。

3.根据评估目的划分

（1）建设性评估

建设性评估以改进培训项目为目的，因而通常是一种非正式的主观性的评估，其目标在于帮助学员知晓自己的进步从而产生满足感和成就感。进行建设性评估时，要保证评估不能过分频繁，否则无法有效发挥其激励作用。

（2）总结性评估

总结性评估是指在培训结束时，对学员的学习效果和培训项目本身的有效性做出评价，一般是正式的、客观的、全局性的评估。这类评估主要用于决定培训项目的存续或取消，而不能作为项目改进的依据。在进行总结性评估时必须注意培训目标和预期培训效果的清晰性。

7.1.3　培训效果评估的原则

在进行培训效果评估的过程中，需要遵守以下几个原则：

1.定性与定量评估相结合

为了避免单纯定性评估的主观性，克服单纯定量评估的机械性，评估人员必须坚持定性和定量评估相结合的原则。进行评估时，在第一阶段先进行定量分析，将培训成果分解为多项评估要素，再给每项要素分派数值，最后计算出培训成果的得分。定量评估是定性评估的基础和依据。定性评估是培训效果评估的第二阶段，在这个阶段要对培训成果的整体水平做出判断，确定培训成果的等级。

2.方案与评估目标一致

培训目标是培训方案中的核心部分，一定要牢记评估方案是为评估目标服务的。培训评估的方案一定要依据评估目标来设计，要有助于实际管理者决策。评估人员在开始评估之前，对评估方案要仔细检查，评估方案的实施过程也要时刻关联着评估目标。

3.可靠性原则

培训效果评估的结果应该具有较高的信度和效度，能为今后的培训提供建设性的意见。这要求评估人员严格按照培训标准进行评估，对评估过程中的所有环节都应保证客观性和真实性。评估人员要具备评估工作的专业素养，习惯于用批判的眼光观察事物。

4.科学性原则

培训效果评估是一个复杂的过程，因为培训的效果具有多因素、多变量、界限模糊等特点，要对其进行科学的定量分析是比较困难的。坚持评估标准的科学性就是要努力做到合理分解评估项目与要素，合理确定各项评估指标的权重，合理确定各等级评估要素的分值，使评估标准准确可测。

5. 客观性原则

客观性原则是指评估人员在进行评估时一定要坚持实事求是的态度，排斥主观臆断，真实地反映出培训的客观效果。这条原则是最重要的原则，因为评估的实质是对所实施的培训的效果进行科学的判断，这种判断必须是客观的、实事求是的，才能推动培训计划的有效开展和组织目标的实现。

7.1.4　培训效果评估的一般流程

在了解培训效果评估的基本内涵以后，就要思考评估培训效果应该遵循的步骤，一般来说，其流程主要由以下几个环节组成：

1. 制定评估目标

制定评估目标是进行培训效果评估的首要步骤，即明确为什么要进行评估。一般来说，评估目标主要从观点、学习、行为和结果四个方面制定。观点主要是考虑学员对培训的态度和想法，例如在多大程度上喜欢这个培训项目，认为培训项目是否有意义；学习是了解学员通过培训学到了什么样的知识和技能；行为是考察在培训后学员的工作行为是否发生了所期望的改变；结果是致力于观察在培训后学员是否提高了自身绩效和组织绩效。除了上述四个方面外，也可以参考7.2部分介绍的评估模型制定评估目标。

2. 明确评估标准

评估标准是将人才培训与开发活动的目标具体化为可测量的指标，是用来测量学员培训过程和成果的参照系。指标的来源有四种，即行业的标杆数据、历史的经验记录、计划的期望状态和咨询专家的建议。指标的形成过程一般是经过由上而下的分解以及由下而上的反馈，最终达成一个共同接受的指标。指标一经明确，应立即晓之于众，成为效果评估活动的指南。

3. 制订培训效果评估方案

制订培训效果评估方案是整个评估过程中的核心环节。在此阶段要选择评估模型、评估人员和评估对象，明确评估的时间、地点等方面的信息。本章7.3部分会对这一步骤进行详细的讲述。

4. 收集全面的培训信息

根据评估方案，评估人员开始收集资料。信息的主要来源有人才培训需求分析报告、人才培训计划、培训课程反馈表、培训过程记录、学员行为、绩效结果等。收集信息的具体方法将在7.2部分详细介绍。

5. 测量分析

在这一步骤中，评估人员对收集到的原始资料，如需求分析报告、项目计划、课程反馈表，以及通过问卷、访谈、现场观察等其他方法收集到的信息，进行统计、分析，并将结果与评估标准对照做出相应评价，得出员工培训与开发活动的目的是否达到以及达到的程度等结论。测量分析方法会在7.3部分进行介绍。

6.撰写培训效果评估报告

培训效果评估的过程和结果必须用书面的形式表现出来，以便于沟通和作为决策的依据。撰写评估报告既是对评估活动的正式总结，也是为后续的沟通和决策做好文档资料的准备。一般来说，评估报告应包括：培训项目的基本情况，如培训性质、培训时间、培训机构等；培训评估概述，如培训评估实施的过程、方法，评估指标的选择，收集相关数据的方法等；评估结果；对评估结果的分析和讨论，阐明评估的效果、未来培训应做的改进措施、培训方案的改进建议等；在评估过程中涉及的各种数据、图表和问卷等资料。

7.培训效果评估反馈

任何考核、评价都应有反馈，这符合管理的基本特点，给予正反馈能提高工作积极性。评估结果首先要向高层管理者反馈，他们是培训的决策者，自然也是评估结果反馈的首要对象。其次，要向培训组织者和培训师反馈，使其了解培训项目的优点与不足以及未来在项目开发中应注意的问题，为以后培训工作的有效展开指明方向。再次，向学员反馈，使其了解自己的培训成绩、培训师的评语及未尽之处与改进方向。最后，向学员的主管上级反馈，使其对学员在培训前后的工作态度和行为等方面的变化有直观感受。

7.2 效果评估的模型和数据收集方法

对于组织和个人而言，培训的最终目标是提升绩效。为了评判培训项目是否达成了这一目标，就需要根据组织的评估需求，选择合适的评估模型和相应的数据收集方法，从而确定评估的层次和内容，为具体的分析做好准备。

7.2.1 培训效果评估模型

培训效果评估模型是对培训评价的标准和层次进行的讨论和研究，对于一般的培训效果评估来说，柯氏评估模型最为常用。近年来，更多的评估模型不断被提出并用于人才培训的效果评估中，以下介绍几种模型。

1.柯氏评估模型

柯氏评估模型是影响力最大、应用范围最广的培训效果评估模型，由美国威斯康星大学教授柯克帕特里克（Donald L. Kirkpatrick）于1959年提出。该模型认为评估必须回答四个方面的问题，从四个层次分别进行评估，即学员的反应（满意度）、学习（知识、技能、能力、态度、行为方式方面的收获）、行为（工作行为的改进）、结果（工作导致的结果）对组织的影响。柯克帕特里克认为，这四个层次的信息是递增的，即低层次的信息是进行更高层次评估的基础，因此就像金字塔一样，越往下就越接近实际，评估时要求获得的信息量也越大（如图7-1所示）。

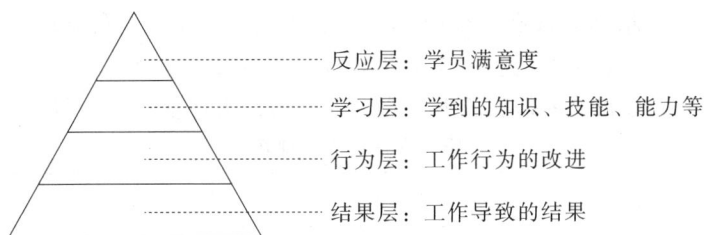

图7-1　柯氏评估模型

（1）反应评估

反应评估是柯氏评估模型中三角形的最上端，用来评估学员对培训课程、培训师和培训安排的满意程度。与最下层的基础部分所获取的评估信息类型不同，反应评估的信息并不一定能展示出培训对组织的实际绩效有何影响，而是说明学员对其的感觉和印象，正如评估顾客满意度一样。要使培训有效，首先重要的是学员对培训有积极的反应，评价的信息显示大多数学员喜欢该培训项目就说明培训的内容是学员能接受的；否则，学员将没有积极的动机与主动的学习态度来参加培训，对组织再有用的培训内容也难以成为学员的知识或技能，更难以转化为员工有效的实际行动。表7-1展示了反应评估的测量题目。

表7-1　　　　　　　　　　　　反应评估示例表

请仔细阅读下面的条目，并选择最适合您看法的数字	非常不同意←———→非常同意				
1.我非常高兴能够参加此次培训	1	2	3	4	5
2.我喜欢培训的内容	1	2	3	4	5
3.我认为此次培训所使用的教材和内容设计非常好	1	2	3	4	5
4.讲师的讲课风格与我的期望一致	1	2	3	4	5
5.我喜欢课程中所组织的案例研讨、角色扮演和游戏等活动	1	2	3	4	5
6.我认为此次培训的教室环境和前期准备都非常好	1	2	3	4	5

（2）学习评估

学习评估是用来测量学员对原理、事实、技能和能力等的获取程度。例如，学到了什么知识，学习或改进了哪些技能等。学习评估主要通过培训效果评估方案体现，通常采用前后比较或设置控制组的方式进行，这些内容将在7.3部分详细介绍。在方法上，学习评估可以采取测验的形式，例如，有些公司在进行培训后会要求学员参加考试，考试合格才向学员颁发相应的证书。

（3）行为评估

行为评估测量的是学员在培训项目中所学习的技能和知识的转化程度，以及学员的工作行为因培训得到的改善。这方面的评估可以采用360度考核法，即要求学员的上级、下属、同事、本人对接受培训前后的行为变化进行评价。值得注意的是，行为评估相对来说更为复杂，这是因为学员的行为改变是有一定条件的，如果他们在培训后没有机会应用所学的知识，行为改变就难以体现，同时，组织也难以预测学员的行为何时会发生改变，需要进行多次的中期和长期效果评估来发现。表7-2展示了某项能力素质培训后的行为评估自测题目。

表7-2 行为评估自测示例表

请仔细阅读下面的条目，并在最符合的数字上打"√"	非常不符合←———→非常符合				
1.对人谦恭，尊重他人	1	2	3	4	5
2.以身作则，言行一致	1	2	3	4	5
3.能承认错误并道歉	1	2	3	4	5
4.不暗地伤人或背后议论	1	2	3	4	5
5.对于工作的完成、目标的达成和他人的感受能平衡考虑	1	2	3	4	5
6.即便在高度情绪化和困难的情境中也能够控制行为	1	2	3	4	5
7.集中精力做自己能做的事情，而不是花时间关心太多无能为力的事情	1	2	3	4	5
8.对自己的行为和态度承担责任，不是责备他人或寻找借口	1	2	3	4	5

（4）结果评估

结果评估是柯氏评估模型中最重要也是最困难的评估，主要评估培训项目给组织带来了哪些改变，如节省成本、降低差错率、提高生产力和提升质量等。目前，对培训结果进行评估的组织较少。一方面，培训负责人本身并不确切地知道该如何评估结果，并与成本进行比较；另一方面，由于结果的相关信息往往难以收集，如果缺乏良好的评估设计，人们会对收益是否完全由培训项目导致抱有疑虑。

2.考夫曼评估模型

美国加利福尼亚大学副教授考夫曼（James C. Kaufman）对柯氏评估模型进行了丰富和拓展，他认为要使培训获得成功，培训前各种资源的获得是至关重要的，因而应该在模型中加上这一层次的评估。此外，培训所产生的效果不应该仅对本组织有益，它最终会作用于组织所处的环境，从而为组织带来利益，因此评估社会和客户的反应也成为模型的内容之一。该模型各层级评估的概念如下：

（1）反应与可能性

第一层评估包含两项内容：一是关于培训项目所需资源的可能性评估，分析组织的各项人力、物力、财力能否保证培训的成功；二是反应内容的评估，包括培训的方法、手段和程序的接受情况及效用情况。

（2）掌握

掌握评估是了解学员对所培训的知识和技能的掌握情况。

（3）应用

应用评估是评估个人和团队在接受培训后的工作表现情况，以及对所培训的知识和技能的运用情况。

（4）组织效益

组织效益评估主要评估由培训所带来的行为变化而产生的组织结果，以及培训对组织的贡献和回报情况。

（5）社会效益

社会效益评估主要评估培训项目对组织外部主体的影响，包括客户、供货商等相关主体的获益情况。

3.菲利普斯的五级投资回报率评估模型

针对普遍受到关注的投资回报率问题，美国学者菲利普斯（J.Philips）提出了五级投资回报率评估模型，其最大的特点与贡献是在柯氏评估模型的基础上增加了第五层级评估——投资回报率评估。投资回报率评估的重点是将培训项目所带来的货币价值与其成本进行比较，从而弥补了柯氏评估模型的缺陷，衡量了培训的经济价值。它具体包括以下内容：

（1）反应和既定

反应和既定评估主要评估学员对培训的满意程度和培训项目按计划实施的情况。

（2）学习

学习评估是利用技能实践测试、角色扮演、情景模拟等评估工具检验学员在培训中所学的内容，评估其知识、技能和观念的变化。

（3）应用

应用评估是使用各种跟踪手段来确定学员是否将学到的东西应用在工作实践中。

（4）业务结果

业务结果评估主要评估学员利用培训所学的知识产生的实际结果。

（5）投资回报率

投资回报率评估将培训产生的结果进行货币价值的转换，计算培训产生的经济效益，以及培训所花费的成本，进行成本效益分析。投资回报率和投资净回报率的计算公式如下：

$$投资回报率 = \frac{培训项目收益}{培训项目成本} \times 100\%$$

$$投资净回报率 = \frac{培训项目收益 - 培训项目成本}{培训项目成本} \times 100\%$$

在公式中，培训成本包括直接成本和间接成本。直接成本包括培训师、咨询人员和项目设计人员的工资福利，培训使用的材料和设施费用，设备或教室的租金或购买费用，以及交通费用。间接成本包括学员的工资和福利，一般的办公用品费用，设施、设备的购买及维护费用，与培训没有直接关系的培训部管理人员、行政人员和服务人员的工资等。具体的分析流程将在7.3部分介绍。

4.CIRO 评估模型

CIRO 评估模型是从背景评估（context evaluation）、输入评估（input evaluation）、反应评估（reaction evaluation）、输出评估（output evaluation）四个方面对培训效果进行评估，由沃尔（P. War）、伯德（M. Bird）和雷克汉姆（N. Rackham）三位管理学家提出。CIRO 评估模型的四个方面分别对应于培训需求分析、培训资源和培训方法确定、学员对培训的反应、培训结果收集四个阶段，它主张培训效果评估贯穿于整个培训工作流程，应与培训工作同步。

（1）背景评估

背景评估是指获取和使用当前情景的信息来明确培训需求和培训目标。主要操作是收集组织绩效的信息，并通过评估这些信息确定培训需求，以及在此基础上设定三个层次的目标，即最终目标（组织可以通过培训克服或消除的特别薄弱的方面）、中间目标（最终目标所要求的员工工作行为的改变）和直接目标（为达到中间目标，员工必须获取的新知识、技能和态度）。

（2）输入评估

输入评估是指获取和使用可能的培训资源来确定培训方法。这些资源包括内部资源和外部资源。在这一过程中，财务预算和管理要求可能限制对目标的选择。

（3）反应评估

反应评估是指获取和使用参与者的反应来评价培训过程。这个评估过程的典型特征是参与者的主观评价，同时，评价质量的好坏在某种条件下依赖于收集信息的方法是否具有系统性和客观性。

（4）结果评估

结果评估是指收集和使用有关培训结果的信息来评价培训过程。该评估被认为是整个评估中最重要的部分，它包括四个阶段，即界定趋势目标、选择或构建这些目标的测量方法、在合适的时间进行测量、评估结果以改善以后的培训。

5.CIPP 评估模型

CIPP 评估模型又被称为决策导向或改良导向评价模式，由美国学者斯塔弗尔比姆（Daniel Stufflebeam）基于教育领域的评估方法提出。1965 年美国通过《初等和中等教育法案》，联邦政府要求所有州在进行教育评估时从情景（context evaluation）、投入（input evaluation）、过程（process evaluation）和成果（product evaluation）出发，后来这种方法被斯塔弗尔比姆推广应用到其他项目的效果评估中。CIPP 评估模型实质上是对培训项目的评估，而不仅仅是对培训效果的评估，也可用于指导培训的优化设计。各项评估内容如下：

（1）情景评估

情景评估主要用来确定培训的目标，对环境进行描述和分析，发现机会与需求，并对特殊的问题进行诊断，包括政策背景、环境背景以及需求背景评估。

（2）投入评估

投入评估的目的主要是决定何种资源可用来实现目标，包括工作计划、所需设备经费预算和人力资源等，对各类资源进行分析，确定资源的配置和使用策略。

（3）过程评估

过程评估主要为实施培训项目的负责人提供信息反馈，包括可能存在的问题、潜在的失败因素等，有助于对培训计划进行修改和调整。

（4）成果评估

成果评估主要对培训的结果进行衡量，并与培训的目标之间进行比较分析，找出原因，为以后的培训提供参考依据。

7.2.2　培训效果有关数据的收集

根据不同的评估目的和评估模型的应用，所需要的指标数据也不相同。培训评估的指标可以分为定量和定性两类：定量指标包括人均利润贡献率、员工满意率、员工忠诚度等；定性指标的范围更广一些，如组织战略实施程度、组织文化的建立等。同时，在人才培训评估中，这些指标所需要的数据都可以归为硬数据和软数据两类：硬数据比较客观，容易测量和量化，如生产量、发货量、加班时间、事故成本等；软数据在多数情况下是主观的、富有弹性的，有时难以量化，如工作满意度、解决冲突、创新意图等。针对不同的数据类型，需要采用合适的数据收集方法。

1.问卷调查法

问卷调查法是以学员、学员的主管或培训师为调查对象发放问卷调查表，对培训组织、课程教材、培训形式、提升效果等内容展开调查。问卷通常可以分为三种：

（1）封闭式问卷

封闭式问卷是对所有的评估项目都规定固定的标准，比如优、良、中、差这几个等级，学员只需要在相应的等级上打钩即可，最后由培训组织者对数据进行统计。

（2）开放性问卷

开放性问卷是让被调查对象自己填写意见，如本次培训的课程教材有哪些不足、本次培训在形式和结构上应如何改进、本次培训的讲师有哪些优点或不足等，通过这种方式可以了解到调查对象对培训的更深层次的想法和意见。

（3）综合性问卷

综合性问卷是将封闭问题和开放问题结合的问卷形式，通常设计较多的封闭问题以及较少的开放问题。这种问卷集中了其他两种问卷的优点，适用性强，因而获得普遍推广。

2.现场考试法

现场考试法是指在培训中或培训结束后进行的理论、操作考试或测试。具体来说，理论知识培训一般是采用课堂教学的方式进行的，因此，笔试是考查学员是否掌握这些理论知识的最直接的方法，其应用也最为广泛。另外，技能操作培训要求提高学员的技能水平，这样的培训评估通常以现场技能操练或者工作模拟为主。通过这些方法，组织就能获取学员的培训结果数据。

3.直接观察法

通过直接观察学员的行为变化，可以了解培训对学员行为的改变，这种方法主要用在两个环境中。其一，培训组织者可以在培训课程中进行直接观察，了解学员对课程学习的积极程度，从而获取关于学员反应层面的信息。如果学员在培训过程中迟到早退、注意力涣散、反应冷淡，则说明对培训的满意度较差。其二，培训组织者可以在培训结束一段时间后观察学员的工作能力的变化，从而获取有关培训结果的信息。这种观察尤其适用于收集行为层面的评估信息，但需要耗费大量的人力、物力和时间。

4.档案记录法

档案记录法包含记录和使用两部分内容。首先，培训组织者需要在培训实施的过程中对各种决策和行为表现进行记录，如培训过程记录、学员行为记录等。其次，评估时还要使用培训需求分析、培训计划设计等环节的报告材料，以及组织的绩效考核结果等材料，综合分析以上所有记录，从而获取与培训评估相关的资料。

5.访谈法

访谈法是在培训过程中或培训结束后，对学员、学员主管、培训师进行访谈，从而获取与培训评估相关的信息。对学员进行访谈时，主要询问其对培训的感受、对培训内容的接受程度等；对学员主管访谈时，注重讨论学员培训后的改变；对培训师访谈时，讨论其对学员学习情况的判断等。

7.3 \ 效果评估的方案设计与方法选择

对评估方案和评估方法的选择决定了评估结果的可靠性。当然，没有一种评估方案是绝对准确的，对于培训管理者和培训设计人员来说，重要的是在适当的情景下，采用最有效的方式对培训效果进行评估。

7.3.1 培训效果评估方案介绍

1.培训效果评估方案的内容

培训效果评估方案主要涉及四个方面的内容。

（1）选择评估模型

根据不同评估模型在整体或部分层面的应用，能够确定评估的内容与层次，例如是在反应层面对学员的满意度进行评估，还是从财务角度对培训的经济回报率进行评估，或是针对所有层面进行系统的评估。对不同模型的选择决定了评估的工作量和所需资源的多少。

（2）选择评估人员

传统意义上的评估人员一般由培训师或培训组织人员承担，这种操作简便易行，但存在严重的缺陷，只能对培训效果的反应层和学习层进行评估，无法推进到其他层面的内容。因此，如果组织要进行其他层面的评估，必须将人才培训的所有利益相关者，如项目发起人（高层管理者）、学员的直接领导以及学员本人，列为评估候选人。但是，在实际操作中需要注意，并不是每个项目或每个指标的评估都需要上述所有候选人同时参加，应该根据具体需要选择相应的人员。

（3）设计评估方案与确定评估对象

设计评估方案与确定评估对象一般是同时进行的。在设计评估方案时，一般采用非实验设计或者准实验设计的方式，这就需要确定是只针对学员进行评估，还是要涵盖未参加培训的员工，是只选择部分人员进行评估，还是全员参加。

（4）选择评估时间

评估的时间与培训内容和评估方案的设计有关。对需要即时评估的内容，如连续性很强的知识性内容，要随时进行评估，否则会影响后续流程的有效性；而对需要分阶段评估的内容，如综合学习项目的子项目，要分阶段进行评估。对于大多数与经济指标相关的效果评估，则必须在项目结束后的半年甚至更长的时间内实施。

2.效果评估方案设计方法

在培训评估中，最常见的方案设计方法包括实验设计、准实验设计和非实验设计，如图7-2所示。按照是否使用参照组（未参加培训的群体）可以区分实验设计和非实验设计：不使用参照组的是非实验设计，它注重目标群体的纵向变化；使用参照组的是实验设计，它既注意目标群体的纵向变化，也注意实验组和参照组的横向比较，这样才能更好地将培训效果分解出来。

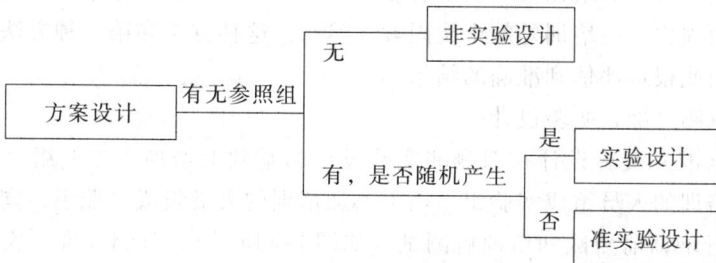

图7-2　方案设计种类

按照是否使用随机的方法，可以将实验设计与准实验设计区分开来。实验设计中的参照组完全是随机产生的，而准实验设计中的参照组不是随机产生的。一般来说，实验设计的评估更具有科学性，结果更加可靠，但并非所有组织都具有足够多的员工数量，能够花费大量的时间和经济成本来随机选择参照组，因此，本书在介绍方案设计时不对实验设计和准实验设计进行区分。

（1）后测非实验设计

后测非实验设计是最简单的设计方法，即只对学员在培训后进行一次评估。该评估设计只收集和测试学员受训后的成果，简单易行，能够了解学习效果，但由于不知道学员在培训前的知识和技能水平如何，因此很难说测量到的内容就是培训的效果。

（2）双测非实验设计

双测非实验设计是指在学员接受培训前进行一次测试，并在培训结束后对他们进行内容相同或者相近的测试，将两次测试的结果进行对比分析，观察其变化（如图7-3所示）。这是一种在组织中较常用的设计方法，培训前后两者的差距即培训的效果。实施此法的关键是评估方法的有效性。这种方法较为科学，与第一种方法相比增加了前测，这样就可以进行前后的差异检验，通过统计分析来说明培训的效果。其不足之处在于，由于没有参照组，分析出来的差异可能不是由培训所致，而是组织中其他方面的变化造成的。例如，员工工作态度的变化很可能不是由企业文化培训所致，而是因为企业实施了新的奖金制度。

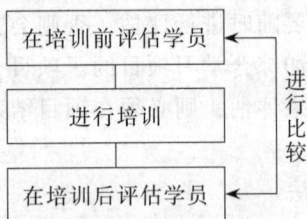

图7-3　双测非实验设计

（3）后测（准）实验设计

后测（准）实验设计在后测非实验设计的基础上增加了参照组（控制组），在培训后，学员与非学员之间存在某些差异，这些差异就是培训所导致的。该设计假设培训组与参照组在培训前没有差异，然后共同经历了除培训外的其他组织过程，从而固化一些培训外的干扰因素。然而，这种方法和第一种方法存在一样的问题，因此很难评估到准确的结果。

（4）双测（准）实验设计

双测（准）实验设计在双测非实验设计的基础上增加了参照组（控制组），即由参加培训的人员组成实验组，由不参加培训的人员组成参照组，同时对这两组员工进行培训前测试和培训后测试（如图7-4所示）。双测（准）实验设计可以剔除那些可能由组织中其他方面的条件发生变化而导致的变化。在这种设计下，如果实验组和参照组之间前测并没有显著差异，而后测有显著差异，就可以认为这种差异是由培训导致的。双测（准）实验设计虽然比较复杂，但是由于它更加准确，评估的结果最为理想。

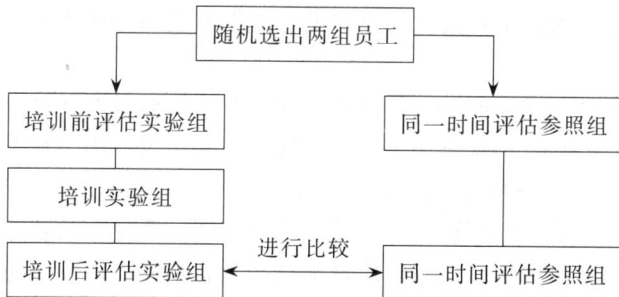

图7-4　双测（准）实验设计

（5）时间序列设计

时间序列设计是针对同一组学员在不同时间点对其培训效果进行多次评估。具体来说，首先在培训前持续检测学员的基准水平，随后在培训后的不同时间点继续测量学员的能力是否得到提高（如图7-5所示）。这种方法的假设是如果学员在培训后持续表现出某种变化，则可以认为这是由培训导致的。其适用于学员人数较少、较难进行统计分析的情况。

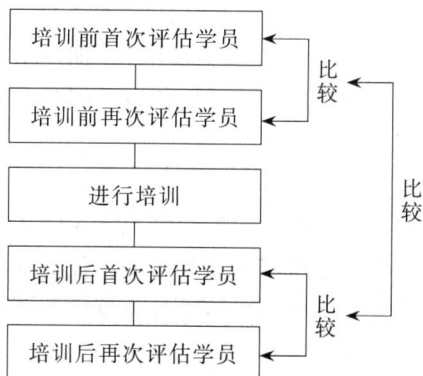

图7-5　时间序列设计

7.3.2　效果评估的常用方法

培训效果的评估方法主要分为定性评估与定量评估。定性评估建立在经验与逻辑的基础上，而定性评估是以数学、统计学为基础的。培训组织者在评估培训效果时应综合应用两类方法，以得出较为准确的评估结果。

1.定性评估方法

定性评估方法主要包含以下几种：

（1）面谈法

面谈法是通过与学员以及学员的上司、同事或客户直接面谈来评估培训效果。这种方法可以用于反应和行为层面的效果评估。一方面，评估人员可以在培训的课间与学员直接交谈，及时对培训效果进行正确合理的判断，以便了解培训是否达到了原定的进度要求和目标。另一方面，评估人员也可以与学员的上司、同事或客户进行面谈，了解其在理论知识、工作态度和工作能力等方面的变化。

（2）考评法

考评法主要是通过提前设立目标或者绩效考评指标来评估培训的效果，主要由学员的上司在培训后半年或一年进行。这种方法比较适用于结果层面的效果评估，主要分为两种：一是目标比较法，即培训组织者在实施培训前制定好目标，并将其与培训后的情况进行比较；二是绩效考评法，即设立绩效考评指标来衡量培训的效果，如事故率、生产率、质量优良率及客户满意度等，通过分析这些指标，并与开展培训前的数据进行对照，组织就能够了解培训带来的收益。

（3）跟踪观察法

跟踪观察法是指评估人员在培训结束后亲自到学员所在的工作岗位上，通过仔细观察、记录学员在工作中的业绩，并与培训前的业绩进行比较，来衡量培训对学员所起的作用。这种方法是测量学员行为改变的极好的途径，但花费的时间较多，不适合大范围使用，而且可能打扰当事人，使得收集的信息不可靠。

（4）比较法

比较法是一种相对评估法，包括：纵向比较，即对学员在自身发展过程中进行历史和现实比较，看其是否有进步；横向比较，即与参照组或未参加培训的员工进行比较，以分辨培训是否有效。

（5）征询意见法

征询意见法是调查或询问培训对象的主管或下属的意见：征询主管是否认为培训对象的工作能力、工作态度有了提高和改变；征询下属是否觉得培训对象的能力和素质有了提高和改变。当然，采纳这种意见作为评价的依据时必须考量其公正性和客观性。

2.定量分析方法

在选择实验设计后，一般要采用定量的统计方法进行数据分析，这里介绍一些常用的分析方法。

（1）平均数差异检验

平均数用于检验两组数据之间的差异在统计学上是否有意义，比如学员培训前后在测验分数上是否有差异，培训组和参照组在培训后测验分数上是否有差异。根据两个组之间的关系，平均数差异检验可以分为相关样本和独立样本的差异检验。如果两个样本内个体之间存在对应关系，这两个样本就被称为相关样本。相关样本又有两种情况：一种是根据某些条件基本相同的原则，把人员一一匹配成对，然后将每对员工随机地分入培训组和参照组，对两组实行不同的处理（培训/没有培训，或采用不同的培训方法）之后，对同一个测验所获得的结果进行分析；另一种是对同一组人员在培训前后进行两次测验，对所获得的两组结果进行分析。通常采用t检验法对以上两种相关样本的平均数差异的显著性进行检验。t统计量的计算公式如下：

$$t = \frac{xd/sd}{\sqrt{n-1}}$$

其中：xd是两组差异的平均数；sd是两组差异的标准差；n为样本数。

独立样本指的是两个样本内的个体是随机抽取的，它们之间不存在一一对应关系，比如随机选择员工进行培训，然后随机选取一些没有经过培训的员工作为参照组。对这两组的测量结果进行比较是独立样本的检验。

进行检验时，还需要设定置信区间，即设定在多大的概率范围内可以接受或拒绝两组数据有无差异的结论。通常称显著性水平为 α 水平，一般设定 $1-\alpha$ 为0.95或0.99。计算出t值以后，参照t分布表，就可以做出统计推论。

（2）相关分析

相关分析用于描述两组数据之间的关系，在分析培训效果时，可以用相关分析来判断培训前后的业绩之间的关系。如果排除了其他因素的影响，两者之间存在显著相关性，则可以认为培训是有效的。描述两个变量相互之间变化方向及密切程度的数字特征被称为相关系数。具体计算时，应用最为广泛的是皮尔逊相关系数，具体内容可参见有关统计学教材。

（3）方差分析

方差分析用于对多个变量组数据的差异进行检验，与t检验方法相比，它可以用于评估两个以上变量的效应，进行多组比较时能较准确地做出判断，具有更好的统计功效。在采用方差分析时，要计算出组内变异和组间变异。组间变异是指由于接受了不同的处理方法（如培训/没有培训，不同的培训方式）而产生的不同小组之间的差异；组内变异指的是发生在一组内部、由个别差异或误差导致的变异。在统计学中，一般通过方差分析来判断发生的变化到底是由实行不同的处理方式导致的，还是仅由误差导致的。具体操作可以学习相关统计学教材。

7.3.3   培训效果的经济价值分析

培训效果的经济价值分析是由菲利普斯的五级投资回报率模型发展而来的，主要考察培训给组织带来的经济形式的收益。下面详细介绍培训投资回报率的分析流程和方法。

1.确定培训收益

确定培训收益就是将培训效果货币化的过程，在设计好评估方案并收集相应的数据后，要将这些收益转变为货币来表示。一般来说，能够货币化的培训收益主要包括两方面：收入的增加；成本与费用的减少。前者主要是销售额的增加，后者包括原材料、燃料等消耗量的减少，人工成本的节约，残次品的减少，机器设备维修费用的减少等。将培训收益转换成货币的具体步骤如下：

（1）关注绩效度量指标

评估人员首先要选择能够实现收益转化的指标，例如衡量绩效产出的硬指标有产品生产数量、产品销售量和产品生产质量等，其中质量是一个常见指标，可以用出错率、废品率、缺陷率、返工率等来反映。软指标可以是员工抱怨次数、缺勤次数、离职率等。

（2）确定单位价值

确定单位价值是为上一步选定的指标赋予单位价值（V）。

（3）计算绩效改进数据

将其他影响因素分离后，计算出直接归功于培训项目的绩效改进数据。

（4）确定绩效变化的年度数值

计算出一年的绩效变化总数（ΔP）。

（5）计算绩效改进总价值

将上一步计算的年度绩效变化总数（ΔP）同所考察群体的指标单位价值（V）相乘，得到培训收益的总价值。

表7-3展示了培训效果货币化的步骤。

表7-3　　　　　　　　　　培训效果货币化的步骤示例

背景	某生产部门进行了生产技能培训
第一步：关注绩效度量指标	在生产过程中，达到B级缺陷的产品数量
第二步：确定单位价值	内部专家进行评估，在考虑了时间成本和直接成本后，确定生产一件B级缺陷的产品造成的损失是6 500元（V=6 500）
第三步：计算绩效改进数据	在培训结束后的6个月内，每个月的B级缺陷产品数量减少了10个，经主管确定，10个中的7个与培训相关（分离培训效果）
第四步：确定绩效变化的年度数值	根据6个月的数据，每月减少7个B级缺陷产品，得出全年的绩效变化总数为84（ΔP=84）
第五步：计算绩效改进总价值	总价值=$\Delta P \times V$=84×6 500=546 000（元）

2.培训成本核算

培训成本分为直接成本和间接成本。其中，直接成本为明确可计算的成本，包括：培训师、咨询人员及项目设计人员的工资和福利；培训使用的材料和设施费用；设备和教室的租金或购买费用；交通费用等。间接成本是与培训的设计和实施并不直接相关的费用，主要包括：学员的工资和福利；办公用品费用；设施、设备的购买及维护费用等。

在成本核算中，成本项目的选择取决于组织本身的情况、培训项目的类型以及对当前成本会计核算系统所施加的限制条件。不同组织在计算成本时选择的项目并不相同，表7-4展示了某企业的培训成本项目列表。

表7-4　　　　　　　　　　　　　　　**某企业的培训成本项目列表**

成本项目	具体内容
工资与福利（培训组织部门人员与培训师）	培训组织部门的主管人员和非主管人员的工资与福利，以及培训师的工资与福利
工资与福利（公司其他人员）	其他部门人员（包括主管人员和非主管人员）的工资与福利
工资与福利（学员）	学员的工资与福利
用餐、差旅和住宿（培训组织部门人员与培训师）	培训组织部门人员与培训师的用餐、差旅、住宿费用和其他杂费
用餐、差旅和住宿（学员）	学员的用餐、差旅、住宿费用和其他杂费
办公用品和相关服务	文具、办公用品、报刊订阅、物品邮寄、通信等项目所发生的开支
培训项目及其资料与用品	购买特定培训项目以及所需的资料和用品（包括操作用具、文件夹、讲义资料等）的开支
打印与复制	打印和复制所有资料的开支
外部服务	外部公司、机构或除本公司员工以外的个人（如管理顾问和专业培训师或辅导员等）在提供特定服务时发生的费用
设备成本分摊	包括设备初始成本中被分摊到特定人力资源培训与开发项目中的部分
设备租赁	在行政管理工作和人力资源培训与开发项目中所使用的设备的租金
设备维护	公司自有设备和家具的维修开支
注册费	学员参加讲座和会议时产生的由本公司支付的注册费以及员工加入行业、技术和专业协会时产生的由本公司支付的会员费
一般费用分摊	对每个培训项目按比例计算的一般费用开支
其他费用	为培训支出的其他费用

3.计算投资回报率

计算出培训收益和成本的货币价值后，就可以将两者进行比较，来衡量人才培训项目的实际价值，具体有两个常用的衡量方法：一是收益/成本比率法；二是净收益/成本比率法。

评价培训投资回报率最早使用的方法之一就是收益/成本比率法，即用项目收益除以项目成本，计算公式是：

$$投资回报率=\frac{培训项目收益}{培训项目成本}\times100\%$$

净收益/成本比率法是计算投资净回报率，即用净收益除以项目的成本。净收益等于项目收益减去其成本。这个比率一般也用百分比表示，计算公式是：

$$投资净回报率=\frac{培训项目收益-培训项目成本}{培训项目成本}\times100\%$$

人才思政堂

从延安归来

2018年，根据中央政法委安排，S市委干部在中国延安干部学院参加新任地市级法院、检察院书记培训示范班。这些书记们置身于红色摇篮之中，倾听专家教授娓娓讲解，敞开心扉进行学习交流，全面系统回顾党中央在延安十三年的艰苦奋斗历程，感悟领会延安精神真谛，坚定共产党人初心使命，明确自身责任担当，明晰今后工作方向，拓宽了眼界、净化了心灵、升华了思想、巩固了信念。

进入新时代，面对具有许多新的历史特点的伟大斗争，面对"四大危险""四大考验"，这些书记深刻认识到必须继续发扬伟大的延安精神，坚定正确的政治方向，增强"四个意识"、坚定"四个自信"、做到"两个维护"，对党忠诚、对人民负责，才能够承担起新时代赋予的使命责任，实现中华民族伟大复兴的中国梦。

作为地级市的法院、检察院书记，他们在系统地学习之后，将习近平法治思想和以人民为中心的工作理念贯穿始终，抓好S市的"四大建设"、履行"四项使命"、创优"四种环境"，不断提升S市人民群众的获得感、幸福感、安全感。

在全市政法系统中，他们首先组织开展学习贯彻习近平法治思想，深刻理解把握"十四个坚持""八个明确"的理论内涵，熟练掌握贯穿其中的马克思主义立场、观点、方法，开创新时代政法工作新局面，进而树立坚决打赢扫黑除恶主动仗、攻坚仗、整体仗的决心，把打击锋芒对准群众深恶痛绝的十类黑恶势力犯罪，持续摸排涉黑、涉恶案件线索，抓好"一案三查"，深挖背后"保护伞"，切实铲除黑恶势力滋生土壤；充分发挥"一委、一庭、三中心"（群众工作委员会、基层人民法庭、群众工作中心、社会治安综合治理中心、矛盾纠纷排查调解中心）在基层社会治理中的作用，推广新时代"枫桥经验"，加大"雪亮工程"建设应用力度，提升社会治理社会化、法治化、智能化、专业化水平；全面推进政法机关各项改革，做好司法体制综合配套改革，破解执行难问题，提升政法工作质效；精心做好安保维稳工作，防范化解各类社会风险，突出做好反恐防暴处突工作，确保绝对安全；扎实做好军队退役人员等特定利益诉求群体工作，抓好政治建设、能力建设、作风建设、素质建设各项工作，努力锻造一支"对党忠诚、服务人民、执法公正、纪律严明"的过硬政法队伍。

资料来源　改编自本书主编的父亲赴延安学习后的心得.

思考题

1.培训效果评估的一般流程是什么？
2.培训效果评估中最常使用的模型是哪个？能否简要介绍一下？
3.培训效果评估方案的设计方法都有哪些？
4.如何进行培训效果的经济价值分析？

案例分析

新希望公司的培训效果调查和分析结果

新希望公司立足农牧食品产业，注重稳健发展，业务涉及饲料、养殖、肉制品及金融投资等。2011年9月，公司农牧资产重组获中国证监会批准。2019年，公司实现销售收入820.5亿元，控股的分（子）公司有500余家，员工达8.2万人。销售额的逐年上涨、人员数量的不断扩张对公司的高层管理者提出了更高的要求。

2020年，公司组织高管参加管理学与组织行为学相关的培训。在这次培训中，培训组织部门采用2×2的实验设计对培训效果进行了评估，即在培训前由公司高管在反应、学习和行为三个维度上回答调查问题，3天的培训课程结束后，高管再次填写相同内容的问卷。以下是培训效果调查和统计分析的具体内容：

新希望公司高管培训效果调查

新希望公司参加2020年11月19—21日（成都班）课程的各位学员们：

大家好！

以下是一份关于此次培训效果评估的匿名调查问卷（见表7-5）。问卷中，"1"代表完全不同意，"2"代表有点同意，"3"代表不确定，"4"代表较为同意，"5"代表完全同意。请您于19日上午08：45—09：00使用"√"在相应处填写，21日使用"×"填写培训和开发后的选项，以方便统计。例如，19日上午您在回答"我认为培训中所讲授的内容非常实用"这个题目时，由于尚未开课，您可能选择"完全不同意"，由此可以在对应的"1"上打"√"。21日培训课程结束后，如果您觉得培训师所讲的内容确实非常实用，可以使用"×"在与"完全同意"或"较为同意"对应的"4"或"5"上打"×"。最后，我们将使用公司原有的评估表对培训之后的效果进行评估。此为匿名评估，请保留好问卷，分两次真实作答，谢谢！

表7-5　　　　　　　　　　　　　　培训效果评估调查问卷

请仔细阅读下面的条目，并在最符合你的想法的相应数字上标记	完全不同意◄————►完全同意				
我希望有机会与接受过"组织行为学"培训的同事共同分享、交流、探讨，解决在实际工作中遇到的问题	1	2	3	4	5
我认为在工作中应用此次学到的知识能提升我的管理技能和促进职业发展	1	2	3	4	5
通过此次培训，我深入理解并掌握了"组织行为学"的全部内容	1	2	3	4	5
我了解提升个体、团队和组织绩效，开展组织变革的组织行为学知识	1	2	3	4	5
我知道组织行为学中预测个体行为的十种方法、群体和团队的区别、沟通技巧、解决组织冲突的方式以及提升组织绩效的重点内容	1	2	3	4	5
我对"组织行为学"中所讲的原理、方法和视角已经能够完全理解	1	2	3	4	5
我完全掌握了"组织行为学"中所讲的三个层面和组织变革的内容	1	2	3	4	5

⋮

在获得两次问卷调查的结果后，培训部门根据方差分析的结果，量化了高管在学习"组织行为学"课程前后，在反应与学习两个维度上的差异（见表7-6），切实衡量出培训效果。

表7-6　　　　　　　　　　　　　　培训前后的总评分对比表

变量	培训前		培训后		F	显著性
	均值	标准差	均值	标准差		
反应	4.35	0.90	3.80	0.94	4.39	0.04
学习	3.35	0.66	3.86	0.51	5.73	0.02

由结果可知，在反应方面，公司高管培训前和培训后的得分之间存在显著

差异（F＝4.39，p<0.05）；在学习方面，公司高管培训前和培训后的得分之间也存在显著差异（F＝5.73，p<0.05）。这说明本次培训取得了符合公司期许的效果。

　　资料来源　改编自本书主编主持的培训项目实例.

　　问题：

　　1.该公司进行培训效果评估时使用了哪些方法？

　　2.你认为这次培训效果评估还有哪些需要完善的地方？

第8章 人才培训与开发的成果转化

学习目标

✓ 了解培训成果转化的理论基础
✓ 了解影响培训成果转化的因素
✓ 重点掌握促进人才培训成果转化的措施

导入案例 花那么多钱让你们去学习，成果呢？

近几年来，T市某机械制造企业在政府的大力支持下，业务逐渐覆盖至S省的大部分地区。公司总经理对企业的未来发展十分乐观，认为三到五年就可以走出S省，辐射周边市场。然而，由于发展过快，员工能力还停留在之前的水平，成为制约企业进一步发展的要素。为了使员工素质能够适应组织的发展需要，总经理高薪从某跨国制造公司聘请了人力资源专家担任人力资源部的总监。

新总监上任后，在高管的讨论会上谈论了他任职的上家公司采取的培训体系和设置的培训课程，还讲述了他参加一些论坛和会议时听到的其他企业的培训经验。这些例子形象生动，为组织的人才培养绘制了一张丰满的蓝图。总经理听后，当即要求新总监准备一份培训计划书，以生产部门和研发部门为对象，提升其工作能力。新总监接到命令后十分兴奋，认为这是一个大展身手的好机会，在一周内提交了培训计划书。不久，该计划书获得批准，公司还专门下拨了三十几万元的培训费，对培训活动抱有极大的期望。

新总监聘请了原来曾为跨国公司授课的外部讲师对生产部门和研发部门的基层员工进行新知识和新技术的培训，还聘请了他之前的同事（他任职的上家公司的研发部经理）对两个部门的管理层进行管理技能的培训。对于这样的安排，新总监十分满意，他认为将原来的成功经验引入并推广到这家公司中，一定能推动员工能力的提升。培训结束后，学员的测试成绩也比较理想，每个学员都获得了较高的分数，这恰恰证实了他的猜想。

然而，两个月过去后，培训的效果并没有体现出来，生产效率没有发生变化，如果算上之前培训耽误的时间，总的生产率还下降了。此外，生产部门和研发部门充满了抱怨的声音，除了几位中层管理干部觉得培训课程比较有趣、开阔了眼界之外，其他人员都觉得收效甚微，甚至有人提出培训师讲的技术根本没法在工作中使用。大多数人竟一致认为，三十几万元的培训费用只买来了一时的"轰动效应"，这场培训只是新官上任点的一把火，是在花单位的钱往自己脸上贴金！

看到培训结果的总经理也十分不快，在听到下属的议论后，他叫来新总监，愤怒地说："花那么多钱让你们去学习，成果呢？"

问题：

1.你认为这次培训没有效果的原因有哪些？

2.你认为如何才能保证培训有效？

微课 8-1

8.1　人才培训成果转化概述

人才培训与
开发的成果
转化

培训效果评估在一定程度上也是对培训成果转化情况的评价。培训课程结束并不代表学员能够自主将学到的内容应用到工作中，从而实现企业目标。学员对培训内容的应用需要经过组织的引导，只有合理地控制影响培训成果转化的因素及转化过程，才能促进培训成果的转化，真正实现组织培训的价值。

8.1.1　培训成果转化的概念与意义

1.培训成果转化的概念

培训成果转化是指学员将在培训中获得的知识、技能、能力等内容应用到实际工作中，使培训收益最大化的过程。培训成果转化并不等同于学习，虽然组织中的人才能够在培训过程中通过一系列的行为掌握某些内容，并在测试中取得理想的成绩，但这并不意味着他们在任何场所都能应用这些内容。如果没有经过培训成果转化这一过程，组织的培训投入将无法指向最终的目标，即无法提高个体和组织的绩效，培训投资也将成为一种浪费。

2.培训成果转化的意义

对于组织和个人来说，培训成果转化有如下几方面的意义：

（1）提高培训的有效性

培训是对人才资源的投资，通过这种方式，组织希望获取更多的利益和价值。培训工作的开展必然需要投入相应的资源，如果培训的产出不能够随着投入的增加而增长，甚至培训后组织的效益没有发生变化，那么培训就没有产生效果。培训成果转化正是解决这一问题的方法，通过分析员工没有将培训所学应用到工作中的原因并采取相关措施，可以极大地提升培训的有效性，有助于更充分、合理地利用组织资源。

（2）提升员工的个人绩效

培训成果的转化首先应该是个人工作绩效的转化，培训成果转化率的提高也就意味着员工个人绩效的提升。随着培训成果的转化，学员能够将所学内容应用到工作实践中，从而提升自身的工作能力，改善工作行为，提高工作效率。

（3）增强组织竞争力

培训成果的转化不仅发挥了培训资源的作用，也满足了组织的培训需求，使员工改善自我行为，提高个人绩效和组织的总体绩效。培训成果只有真正被应用到组织中，才能促进组织的发展，从根本上增强组织的竞争力。

8.1.2 培训成果转化的理论基础

培训成果转化也称培训成果迁移，其本质上是学习迁移的过程，受到了学习理论的指导。与培训成果转化有关的理论主要有同因素理论、激励推广理论和认知转化理论，它们从行为主义和认知主义学习理论中发展而来，并指导人才培训活动。

1.同因素理论

同因素理论是行为主义学习理论中典型的和最有影响力的学习迁移原理，从第3章介绍的操作性条件反射理论中发展而来。同因素理论认为培训转化只有在学员所执行的工作与培训期间所学内容完全相同时才会发生，能否最大限度地转化，取决于任务、材料、设备和其他学习环境特点与工作环境的相似性。其中，相似性体现在两方面，即实物相似和心理相似。实物相似指培训项目中的设备、任务和环境方面与实际工作环境中的条件相同。心理相似指学员参加的培训和实际工作被赋予了相似的含义。此外，同因素理论特别关注"转化力"的发生，根据这一理论设计培训评估方案时应考虑的重要问题是培训和实际工作当中的行动、行为方式或知识之间的关系。

同因素理论在实践中最典型的应用就是培训飞行员所使用的模拟器。飞行员的培训是在模拟器中进行的，它类似一个喷气式飞机的驾驶舱，并且与真正的飞机在各个方面（如操作设备、仪表盘、照明等）相差无几。如果飞行员是在模拟器中学习飞行、起飞、降落和处理紧急情况的技能，那么他们就会将这些技能转化到工作环境中（商用飞机上）。在人才资源开发领域，该理论对技能的培训有较大的用途，尤其是那些与设备应用相关或包含特定程序的培训，具体方式体现在案例学习、商业游戏、角色扮演和匹配等简单的模拟培训以及高级的行为模拟和器械模拟上。值得注意的是，相似性要求越高，培训的复杂性和成本就会越高，在实际工作中往往要对其进行权衡。

2.激励推广理论

激励推广理论从认知主义框架中发展而来，认为两种学习之间存在的共同成分（同因素理论）仅仅是学习迁移的外在因素和条件，而不是决定条件，产生学习迁移的关键是学习者能否概括出两种学习之间的共同原理，它强调学习者对学习内容的概括加工，而不仅仅看重回忆问题。

学习的同因素迁移只是一种简单的迁移，一旦情形发生变化，学习者将无所适从。而激励推广理论的概括是更深入、更科学的，它对学习迁移的认识也更深刻。在应用上，激励推广理论指出，理解培训成果转化问题的方法是建立一种强调最重要的特征和一般原则的培训，同时明确这些原则的适用范围。此外，激励推广理论强调"远程转换"即当工作环境（设备、问题、任务）与培训环境有差异时，学员在工作环境中应用所学技能的能力。在人才培训与开发中，激励推广理论常被用于管理技能培训项目，培训师总结、演示管理能力中的一般性原理，并为学员提供实践的机会，从而促进培训成果的转化。

3.认知转换理论

认知转换理论是基于认知主义的信息加工理论发展而来的，认为学习迁移的关键在于信息的储存和恢复，因此，培训成果转化能否成功取决于学员恢复所学知识、技能的能力，这可以通过向学员提供有意义的材料来增加其将工作中遇到的情况与所学能力相结合的机会，从而提高转化的可能性。

在人才培训的应用中，组织可以鼓励学员思考培训内容在实际工作中应用的可能性，例如找出工作中遇到的问题或状况，然后讨论应用培训内容的可能性，还可以让学员在接受培训后制订实践计划，从而帮助其自主发现在工作环境中的应用线索。这些方式能够帮助学员理解所学知识和技能与工作之间的联系，有助于他们在需要时更快地回忆起这些内容。

8.1.3 培训成果转化的流程

1.培训成果转化的四个层面

在学习培训成果转化的流程前，首先要了解培训成果转化的四个层面，如图8-1所示。

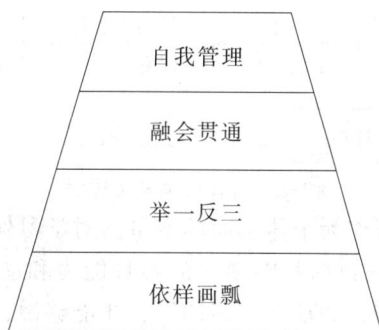

图8-1 培训成果转化的四个层面

（1）依样画瓢

培训成果转化的基础层面是依样画瓢式的运用，即当学员的工作内容和环境条件与培训时的情况都完全相同时，才能将培训的成果应用在工作中。在这一层面，培训成果转化的效果取决于实际工作环境与培训时环境的相似程度，相似程度越深，转化效果越好。

（2）举一反三

在第二层面，学员不仅能够模仿，还能够进一步理解培训成果转化的基本方法，掌握培训目标要求的最重要的一些特征和一般原则，并且清除这些原则的适用范围。这个层面的转化效果可通过培训师在培训时示范关键行为、强调基本原则的多种适用场合来提高。

（3）融会贯通

第三个层面的转化是融会贯通，即学员在实际工作中遇到的问题或状况完全不同于培训过程的特征时，也能回忆起培训中的学习成果，建立起所学知识、能力与现实应用之间的联系，并恰当地加以应用。

（4）自我管理

自我管理是培训成果转化的最高层面，这时学员能积极主动地应用所学知识、技能解决实际工作中的问题，而且能自我激励去思考培训内容在实际工作中可能的应用。例如，恰当地判断在工作中应用新掌握的技能可能会产生的效果；为自身设置应用所学技能的目标；对所学内容的应用实行自我提醒、自我监督等。

2.培训成果转化的过程

将培训成果转化为工作中的表现需要经历一个过程，其可以总结为如图 8-2 所示的模型。在这一模型中，推广和维持是成果转化的最终目的。推广指学员在遇到与学习环境类似但又不完全一致的问题和情况时，将所学技能应用于工作上的能力。维持指的是长时间持续应用新获得的能力的过程。为了保证推广和维持所获得的培训成果，学员必须先学习并保存各种能力，而这些受到学员个人特征、培训项目设计和工作环境的影响。

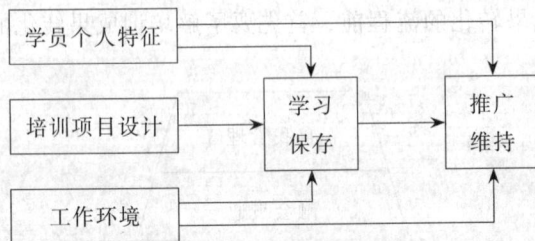

图8-2　培训成果转化过程①

首先，学员个人特征作为个体层面的变量，对学习保存和维持推广都具有直接的影响。学员个人特征包括影响学习的各种能力和动机，只有当学员具备接受、了解知识的基本技能，如认知、阅读等，才能够做到学习知识，并将其保存在记忆中。同样，当学员具有将培训知识和实践联系的能力，以及在工作中应用培训知识的意愿和动机时，推广和维持行为才会产生。

培训项目设计是指培训体系中的部分环节，包括培训理论的应用、培训需求的分析、培训师的选择等。培训项目设计能够直接影响学员的学习效果，当培训中各个环节按照流程标准得以设计时，培训的内容就会符合员工的需要，培训方式也能够吸引员工的兴趣，从而提升学员的学习效果，间接促进培训成果的转化。

工作环境是能够影响培训成果转化的所有工作上的因素，包括管理者支持、同事支持、技术支持、转化氛围和在工作中应用新技能的机会等。当学员能够感

① BALDWIN T T, FORD J K.Transfer of training: A review and directions for future research ［J］. Personnel Psychology, 1988, 41 (1): 63-105.

受到各方面的支持，察觉到组织的期望时，就会更加努力地学习培训内容，并将培训成果应用到工作中。

8.2 影响人才培训成果转化的因素

将培训成果转化为工作实践并提升个人绩效是一个复杂的过程，并不是简单的督促或是通知就能够推动的。如图8-2中的培训成果转化过程所示，培训成果的转化受到学员个人特征、培训项目设计及工作环境这三方面的影响，本节将详细讨论具体有哪些因素会对培训成果的转化造成影响。

8.2.1 学员个人特征

在培训过程中，培训师经常会发现，当采用相同的培训方法和培训内容时，不同学员的学习效果不同，即使培训效果十分接近，不同学员在培训成果转化的程度方面还会有所差异。这是因为在外部条件一致的情况下，学员的个人特征对培训效果产生了影响。

1.性格特征

性格特征是个体的内在特质，包括态度特征、意志特征、理智特征和情绪特征。每个个体的性格特征是不同的，因此他们面对相同的事件时会产生不同的想法。在人才培训中，不同的性格特征也会影响个体对待培训成果转化的态度和行为。例如，自信的学员相信自己完全掌握了培训内容，因此能够自发地将其应用到工作中；意志脆弱的学员发现培训所学的内容与实际工作有不同后，可能会放弃探索和进一步思考，难以获得理想的转化效果。

2.转化动机

在个人特征中，转化动机也是一个重要的因素。转化动机是指学员转化培训成果的意愿强烈程度，它与学员在培训中知识和技能的获得、行为的改变密切相关。如果学员不将其培训所得转化为实际的工作绩效，那么组织最终还是没有实现其培训目标。因此，转化动机是培训成果转化的助推器。转化动机主要表现为以下三个方面：

（1）期望

期望理论认为，激励的效果是效价与期望的乘积，个体之所以能够从事某项工作并达成组织目标，是因为这些工作和组织目标有助于他们达成个人目标，满足自身某种层面的需要。同时，目标价值越重要，实现目标的概率越高，所激发的动机就越强烈。因此，当学员能够明晰组织目标与个人目标的关系，并对实现目标具有较高的期望时，就会产生强烈的转化动机。

（2）公平

公平理论指出，人的工作动机与是否感到公平具有密切的关系。个体总会自觉或不自觉地将自己的付出和所获得的利益与他人或过去的自己进行比较，并对公平与否做出判断。在人才培训中，如果学员感觉通过参加培训有可能得到公平的结果，例如比未参加培训的员工获得更多报酬或晋升机会，那么他们更有可能主动学习，将所学运用到工作中；相反，如果学员感觉不到培训有可能给他们带来任何公平的报酬或其他奖励，就会挫败他们的成果转化动机。

（3）目标设置

个体的行为是由目标驱动的，目标设置为员工提供了一个动机基础。如果员工知道自己应该朝着哪个目标前进，就会清楚达到既定目标所需要进行的努力。同时，目标可以指导员工的行为，即目标为员工提供了完成具体行为的线索，指导员工的注意力和活动的方向。当员工对工作中的目标有具体的认知和明确的努力方向后，他就会有更强的动机将培训内容运用在工作中。

3.个人能力

个人能力是指学员顺利完成工作并且掌握培训所学内容的能力，是学员本身所具有的基本素质。在培训成果转化中，重要的个人能力包括认知能力、阅读和写作能力等，例如，超市收银员必须懂得基本的数学计算才能参加财务相关的培训，将财务知识用到工作中；如果学员阅读能力低，无法理解培训材料的内容，那么学习就少有成效，更难以进行成果转化。个人能力较强的学员能够高效地理解培训的内容，特别是那些复杂的、高难度的知识，同时，他们的能力水平也支持其自主寻找培训成果转化的渠道，灵活地处理、运用培训所学的内容。

8.2.2　培训项目设计

培训项目设计涉及人才培训与开发的所有环节，其中部分环节会对培训成果的转化效果产生影响，以下对几个代表性因素进行讨论。

1.理论指导

学习理论、教育管理理论和培训成果转化理论是人才培训与开发管理的核心理论，这些理论源于培训实践，又预见了实践发展的过程和结果，因此，在具体的实践中应用理论进行指导，能够使培训项目的设计与执行更加合理，推动培训成果的有效转化。

2.培训需求分析的科学性

作为培训的首要环节，准确的培训需求分析为培训过程中的其他工作建立了明确的目标和准则。只有当培训需求分析真正来源于组织、任务和个人的需要，分析结果能够指导组织的发展，并应用于实际工作中时，培训成果才能够被转化。如果组织没有根据自身的实际情况分析需求，甚至只是模仿其他组织的计划，那么培训工作也会具有较大的盲目性和随意性，培训成果不符合实际需要，就难以进行转化。

3.培训体系的完整性

组织建立培训体系的最终目的是将培训进行到底，使培训成果持久有效地发挥作用。一个完整的培训体系覆盖并协调了各个培训环节，有序地指向培训的最终目标，它不仅考虑如何激发学员的培训意愿，更重视将培训课程的内容转化为工作流程和规范化的操作文件等，从而实现培训成果的迁移。

4. 培训师

培训师是培训过程中的主要实施者，其授课能力、授课安排和授课形式都会影响学员的学习效果，以及将学习内容应用到工作中的程度。具体来说，具有丰富实践经验的培训师会在授课过程中说明如何将新方法用于实际工作中。如果培训师来自组织内部，这种对实践的讲解会更加贴合组织的实际情况，成果转化也会更加迅速。此外，如果培训师能够根据学员的个人特征和学习意愿采取相对应的授课形式，则能够大大激发学员的学习兴趣，以及将新知识、新技能应用到工作中的成就感，从而促进培训成果转化。

8.2.3 工作环境

工作环境是指能够影响培训成果转化的所有工作上的因素，是一种典型的外部影响因素。工作环境包括外部环境和内部环境，下面主要介绍内部环境对培训成果转化的影响。

1. 转化氛围

探索工作环境如何影响培训成果转化的一个方法是考察转化的整体氛围。转化氛围是指学员对各种各样能够促进或阻碍培训技能或行为应用的工作环境特征的感觉。这些特征包括管理者和同事的支持、应用所学技能的机会以及应用所学技能的结果。表8-1描述了工作环境中有利于培训成果转化的氛围特征以及阻碍培训成果转化的主要因素。

表8-1   **影响培训成果转化的工作环境**

促进或阻碍因素	具体内容
有利于培训成果转化的氛围特征	直接主管和同事予以鼓励
	学员使用在培训中获得的新技能和行为方式完成工作任务
	学员的工作特点有助于提醒其应用在培训中获得的新技能
	组织可以依照使用新技能的方式重新设计工作内容
	主管关注那些应用培训内容的员工，并给予反馈
	对学员使用培训习得的技能所造成的失误不公开指责
	学员会因应用在培训中获得的新技能和行为方式而受到物质方面的奖励
	学员会因应用在培训中获得的新技能和行为方式而受到精神方面的奖励
阻碍培训成果转化的主要因素	与工作有关的因素（如缺乏时间、资金，设备不合适，很少有机会使用新技能）
	缺乏同事支持
	缺乏管理者支持

资料来源 诺伊. 雇员培训与开发［M］. 徐芳，邵晨，译. 6版. 北京：中国人民大学出版社，2015.

　　具体来说，有利于培训转化的氛围应该具有以下特征：第一，受训后员工的工作是按照有利于其使用新技能的方式来设计的，这能起到督促或提醒学员应用在培训中获得的新知识、新技能和行为方式的作用；第二，学员的直接主管及其他管理者能与其一起讨论如何将培训成果应用到工作当中，他们对学员在工作中应用在培训中获得的新技能持鼓励、支持的态度；第三，管理者对员工刚接受完培训就将培训内容应用于工作中的行为加以表扬，以进行正向强化，当员工在应用培训内容出现失误时，管理者不会当众责难，而是个别指出并帮助其寻找原因和解决方法；第四，受训后的员工若在工作中成功应用了培训内容，而且使用频率或改善绩效达到了某一规定的标准，那么他们会得到加薪的机会，并在员工个人档案中予以记录，作为全年绩效考核和晋升的依据。

2.管理者支持

　　管理者支持体现在学员的主管或组织中其他各级管理者对学员参与培训项目以及将培训内容应用到工作中的重视程度。管理者的支持程度越高，越有可能发生培训成果的转化。图8-3展示了管理者的支持程度对培训成果转化的影响，其中：最基本的支持是允许下属参加培训，最高的支持是做培训指导者，与学员共同探讨进展情况，并为其提供实践机会，从而快速推动培训成果的转化。

支持程度		重点内容	
在培训中任教	高支持 ↑	作为培训指导者参与培训计划与实施过程，督促学员最大限度转化成果	高转化 ↑
目标管理		与学员共同制定转化目标，提出待解决的项目或难题，提供各种必要的资源，明确进度要求	
强化		与学员讨论培训成果应用情况，对成功的应用行为加以表扬，对导致失误的应用行为加以引导	
实践技能		提供工作中的现有机会，从而让学员应用新知识、新技能	
参与	低支持	全过程关心、了解培训进展和学员的收获	低转化
鼓励		通过重新安排日程让员工安心参加培训	
接受		承认培训的重要性，同意员工参加培训	

图8-3　管理者支持对培训成果转化的影响

　　资料来源　诺伊. 雇员培训与开发 [M]. 徐芳，邵晨，译. 6版. 北京：中国人民大学出版社，2015.

3.同事支持

　　同事支持主要指来自参加过培训的同事的支持。学员的上级主管应鼓励参加过培训的员工之间建立联系，及时沟通、共享在工作中应用培训所学技能的成功经验，探讨处理阻碍培训成果转化因素的具体办法。管理者也可以推荐一名同事作为刚接受完培训的员工的咨询人员或实践顾问。这位同事应该参加过同样的培训项目，并且已有培训成果转化的成功经验。此外，学员的同事当中有一部分可能因种种原因尚未参加过培训，获得他们的支持也很重要。管理者应向这部分员工做好解释并与之进行沟通，预防受训者与未参加培训的同事之间可能出现的矛盾，学员本人也应设法与他们融洽相处，使暂未参加培训的员工也成为促进培训成果转化的一股力量。

4.应用所学技能的机会

应用所学技能的机会是指向学员提供或由他们主动寻找机会来应用在培训中学到的知识、技能和行为方式的情况。这种机会受工作环境和个体学习动机的双重影响。具体来说，学员应用所学技能的一条途径是执行任务或遇到难题时使用新技能，这需要主管领导进行妥善的工作分配。另外，如果学员的主动性较差，也不会应用新方式处理任务。

应用所学技能的机会包括适用范围、活动程度和任务类型。适用范围指可用于工作当中的所学技能的数量。活动程度指在工作中运用所学技能的次数或频率。任务类型指在工作中应用所学技能的难度和重要性。有实践机会的学员要比没有实践机会的学员更有可能保持住所获得的能力。

5.技术支持

如果员工需要不断学习新的知识和技能，并不断地将所学运用于实践，那么组织为培训成果转化提供技术支持则十分必要。例如，一些组织采用的电子操作支持系统，能为员工提供技能培训、所需信息及专家建议。一旦员工在操作过程中出现设备故障，他们利用安装在操作台旁的电子操作支持系统可以很快地诊断出问题，并接受系统的指导，迅速对机器进行修理。这样的技术支持系统无疑将为培训成果转化提供极大的便利。

8.3 促进人才培训成果转化的措施

在了解影响培训成果转化的因素后，就要针对这些因素进行分析，讨论能够促进培训成果转化的措施。一般来说，这些措施不只局限于对培训工作的优化，更要综合使用人才管理中的不同模块，从而提升培训成果转化的程度和频率，加强学员接受培训后在实际转化环境中对培训内容的自我管理和行为维持。值得注意的是，并非所有的影响因素都有对应的改善措施，本节将围绕能够通过人才管理手段介入的因素进行讨论。

8.3.1 基于个人特征的成果转化措施

个人特征中的转化动机和个人能力对成果转化具有重要影响，并且能够通过外部手段进行引导。它具体包括以下几种措施：

1.结果激励

学员之所以有转化动机，归根结底离不开转化培训成果之后所得到的物质和精神奖励。对于将培训成果积极转化到实际工作中并提升绩效的学员，组织不仅应该给予加薪或职务、职称的晋升等外部激励，让学员真切地感受到转化培训成果与获取个人利益之间的纽带关系，更要进行当面表扬，提供更具有挑战性的工作，赋予精神上的满足。

提供物质激励要求组织将培训成果转化和薪酬激励机制关联起来，因此薪酬激励机制的目标必须非常明确，使员工知道转化培训成果将获得哪些奖励以及为何被奖励。同时，薪酬激励机制还必须符合组织的文化，适应不断变化的外部环境。在薪酬激励机制的运行过程中，组织还需要定期回顾该激励机制的所有要素，确保总体目标的实现。

提供精神奖励需要培训师与主管的共同参与。培训师在授课过程中要对能够主动提问或回答"如何将培训内容运用到工作中"的学员进行口头表扬，并持续进行回应和探讨。学员的主管要在学员准备或已经在工作中使用新知识时提供支持和鼓励，包括当面称赞、公开表扬以及设为榜样等。

2.自我承诺

人们往往对自己做出的承诺具有认同感，希望自己的行为能够与其保持一致，人才更是如此。一旦做了决定，来自内心和周围环境的压力会推动个体挖掘潜力去完成。承诺可以应用在提高个体的转化能力上。在大部分组织中，参加培训的员工承担了"消费者"的角色，他们将培训看作组织提供的服务，转化培训成果的压力则完全由培训组织者承担。面对这种情况，有必要强化员工在培训成果转化中的主导意识，要求员工就成果转化做出承诺，例如在一周内用新的操作方法取代旧方法，使用新技术保证生产率提高5%等。值得注意的是，要使承诺发挥最大的作用，需要引导员工根据自身情况主动提出承诺，同时，要以书面的形式将承诺记录下来，如果有必要可以进行公开，使其变成一种长久的目标。

3.将绩效评估转变为发展性评估

绩效评估是提高员工工作业绩的传统方法，通过评估员工的已有绩效表现，来决定相应的薪酬福利。绩效评估能够有效提升工作效率，但也有着显著的缺点，其最大的问题就是对失败行为进行惩罚，从而限制了员工对新技术和新知识的应用尝试，导致个体的转化意愿较弱。为了解决这个问题，组织可以使用发展性评估来代替传统的绩效评估。

发展性评估能够激励并引导员工改进绩效和发展职业生涯。与传统的绩效评估所不同的是，发展性评估更关注对未来的规划，以及管理者与员工之间的沟通和互动。在采取发展性评估时，组织以员工未来的职业发展为目标，分析其现阶段的能力水平和工作情况。虽然他们使用不熟悉的新技术可能导致绩效在短期内下降，但从员工的未来成长角度来说，应用新技术是必由之路，因此，这种绩效下降并不会使员工遭到批评和惩罚，反而会得到鼓励，从而增强个体的培训成果转化动机。此外，发展性评估强调管理者与员工的双向沟通，认为领导应承担推动员工发展的责任。员工在工作出现问题时，可以随时向主管提问，并获得反馈，管理者也要主动发现员工工作的优点和问题，做出总结性评估。这种双向沟通的过程加速了员工从理解新知识到应用新知识的过程，使员工更明白培训对自身发展的重要作用。

4.自我管理策略

自我管理是指学员自行管理新的知识、技能、态度和行为方式在工作中的运用。由于员工在工作环境中会遇到许多阻碍培训成果转化的因素，所以自我管理是培训成果转化中非常重要的一环，对学员进行这方面的技术指导能够显著提升培训成果的转化程度。

在自我管理策略中使用最广泛的是复发预防策略，它包括以社会学习理论为基础的一系列的认知和行为。组织应用复发预防策略可以帮助员工识别在培训成果保持过程中可能面临的诱发旧行为的高风险情境，并设法应对。在这一过程中，员工可以学到两种技能：一是培训内容本身；二是培训后的复发预防策略。复发预防策略的操作核心是识别出那些高风险情境，因为其容易弱化员工使用新知识和新技能的动力，进而影响培训成果的转化效果。具体流程如下（如图8-4所示）：

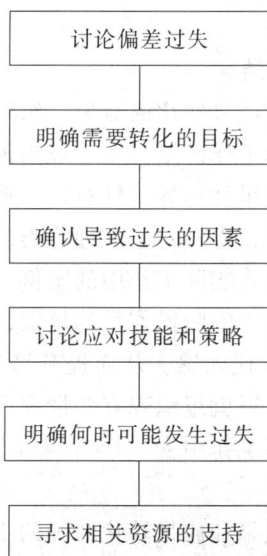

图8-4　指导自我管理流程图

（1）讨论偏差过失

首先，自我管理的教学者应该向员工说明过失不代表个人能力的不足，而是由于长时间习惯性地使用落后的工作方法。过失行为为改进绩效提供了必要的信息，还有助于发现对培训成果的转化产生消极影响的情况。

（2）明确需要转化的目标

要明确需要转化的特定行为方式、技能或策略，进而明确培训成果转化目标。

（3）确认导致过失的因素

与员工交谈，找到阻碍培训成果转化的因素，包括工作环境特征和个体特征。

（4）讨论应对技能和策略

基于上一步骤发现的因素，向员工提供克服困难的技能或策略，包括时间管理、个人支持网络的建立、自行监督等。

（5）明确何时可能发生过失

为避免过失，员工要具有发现可能出现过失情况的洞察力，并设置相应的预案。

（6）寻求相关资源的支持

最后一步是员工确认并搜寻能够辅助培训成果转化的资源，通过各种方式与主管或者其他人员沟通，从而获取资源。

8.3.2　基于培训项目设计的成果转化措施

基于培训项目设计的成果转化措施主要围绕对培训流程的强调和改善展开，包括以下几个方面：

1.培训内容与实际工作相结合

培训内容决定了学员进行成果转化的对象，组织要想提升培训成果转化的效果，就要注重培训内容与实际工作的结合。一般来说，培训内容与实际工作的相同点越多，培训成果转化的效果就越好。针对这一现象，组织可以从三个角度出发设计培训内容和培训方式。首先，对于纯理论类的培训，在设计培训内容的时候应该在讲解完每个理论后插入实际工作中的案例，方便学员更好地理解理论知识，达到融会贯通；其次，对于实际操作类的培训，可以选择实际工作场地作为培训场地，这样使得员工更有代入感，从而提升培训成果转化的可能性；最后，对于解决具体问题的培训，可以就组织现有的情况进行讨论，得到解决方案后将其制作成标准的流程，推广到工作中去。

2.注重培训中的沟通

沟通是了解学员的学习效果和成果转化情况的重要手段，因此，在培训的前期、中期和后期都应该保证培训主体间的沟通顺畅。培训前的沟通主要体现在培训组织者了解学员的需要，从而合理地分析培训需求，制订培训成果转化计划，以及建立相应的支持机制；在培训中，培训组织者要通过沟通了解学员的学习进展，鼓励优秀的学习行为并提出建议，学员则需要自我管理学习任务，对组织者的反馈意见做出建设性的改进；培训后的沟通主要体现在培训组织者与学员共同撰写培训报告，为学员提供应用新技能的机会，学员对所提供的机会进行反馈，指出工作中不利于成果转化的问题，并提出所需的进一步支持。

3.选择合适的培训师

正如上文所说，培训师是决定一场培训课程能否成功的关键环节，其授课能力、授课安排都会影响培训成果的转化，因此培训师的选择至关重要。对于外部培训师，组织应该确定其具备相关的培训资格，在相应的领域内有所作为，并在培训开始前对组织的实际情况有所了解，能够将组织需要的实践内容融入课程中。对于内部培训师，组织可以挑选对新知识和新技能应用较好的人才，让其从自身实际的工作经验出发教授培训内容。外部培训师一般具有较高的社会声望，授课内容来自对以往经历的总结和对组织发展情况的观察，表现出了较强的权威性，学员愿意相信培训内容对于实际工作是有益的。内部培训师的优势在于熟悉组织文化，了解学员的真实情况，知道从哪一方面进行培训能使得学员更好地吸收所学到的知识。因此，组织要根据不同的培训内容与学员特点选择不同类别的培训师，以促进培训成果的转化。

4.加强对培训成果转化的定期跟踪

培训体系越完整，越有助于培训成果的转化。因此，组织在设计培训环节时，应该严格遵守设计的原则，并将培训成果转化的理论落实在其中。此外，在培训体系中，也要加强对培训成果转化的定期跟踪。要使培训的目标得到贯彻，就要对培训的后期流程进行完善。有的组织虽然重视对培训效果的评估，对学员与讲师进行科学的评价，对培训工作进行总结，但是对于后续的成果转化没有跟踪，使得学员只关注培训后的评分或者考试分数，而不是将培训所学的知识长期运用到工作中去。针对这种现象，培训部门应该加强对有关培训成果转化的定期跟踪，在培训课程结束后，根据不同的培训内容分别制定跟踪的次数与周期。跟踪的方式可以选择群邮件或者小型分享会，分享员工培训后将学到的知识或技能运用到工作中的案例，在轻松的氛围中引导员工回忆培训内容。

8.3.3　基于工作环境的成果转化措施

基于工作环境的成果转化措施是最丰富的，既可以从组织层面入手，转变组织观念，提供相关资源，也可以从个体层面入手，改善管理者行为。其具体包括以下几项措施：

1.创建学习型组织

为了使工作氛围更有利于培训成果的转化，让学员获得更多应用新知识和新技能的机会，组织应该努力向学习型组织转变。学习型组织是通过整个组织持续有效的学习获得生存与发展机会的组织形态，是现代企业发展中最具竞争优势和最具适应能力的组织形态。一般来说，培训这种学习形式不仅发生在个体员工层面上，还发生在团队和组织层面上，而学习型组织则更进一步，强调系统这一层面的学习。

在学习型组织中，获得知识和技能是每个员工的基本职责，员工、上下级、团队之间都存在合作关系，而且这种合作能够得到鼓励，并形成组织的支持系统，为培训成果的转化创造良好的环境。此外，学习型组织还重视为员工个人发展提供机会，以此鼓励员工将培训获得的新知识和新技能应用到实际工作当中。这不仅为员工提供了广阔的实践平台，也极大地增强了员工转化培训成果的动机。最后，革新与竞争也是学习型组织内涵的一部分。创建学习型组织的目的是鼓励组织中的每个人增强学习和培训意识，树立共享知识和创新的理念，并且更加积极地投身到扩展技能和提高组织效率的行为中去，这样组织就能更好地适应竞争激烈、瞬息万变的外界环境。员工只有尽可能地把培训所学迁移到工作中，才有更多的机会在竞争中求取发展。

虽然向学习型组织转型是一个长期的过程，但其一旦形成，就会对促进培训成果转化、提高组织绩效发挥巨大的作用。创建学习型组织的相关内容会在第9章详细介绍。

2.知识管理

知识管理是互联网时代的新型管理方法，它是指通过设计和运用工具、流程、系统、结构和文化来改进知识的创造、共享和使用，从而提高组织绩效的过程。知识管理让组织中的资讯与知识，通过获得、分享、整合、记录、存取、更新、创新等过程，不断地回馈到知识系统内，使人才与组织的知识得以永不间断的累积。此时，组织内部的知识资源极大丰富，员工能够在工作遇到困难时及时获取相关资料，自觉地将其转化为工作实践。

在组织中，知识管理主要通过三种途径实现。首先，组织可以应用互联网和软件组建知识管理系统，并在员工当中推广，例如通用汽车公司将新车的理想尺寸以及总结的设计技巧和重点等信息全部输入公司的计算机辅助设计系统，轿车与卡车设计人员可以轻松调用这些信息，调整自身设计中的不足。其次，组织可以建立学习资源的在线图书馆，为员工提供诸如期刊、技术手册、研讨会等资源。最后，组织可以在内部设立知识管理主管的职位，让其负责信息的分类、交流与对实践的指导，从而鼓励、监督知识的共享和应用行为。

3.设立复修班

对于人才培训来说，设立复修班是很有必要的，这不是一种惩罚方式，而是为学员提供更多的机会应用培训内容。有些员工在培训结束后，少有或没有机会在工作中运用学到的新知识和新技能，在一段时间后，就会逐渐遗忘培训内容。这时，组织就要评价学员对培训内容的应用情况，将应用较少的员工列入复修班的候选人中，让其再次参加培训与实践模拟，唤醒之前的学习内容。当然，由于复修班的培训对象此前已经学习过相关内容，在这次培训时以复习为主，不需要设计较长的流程。

4.制订管理者行动计划

管理者行动计划是提升管理者培训支持行为的一种方式，是描述学员和管理者所采取的、保证将培训成果转化到工作中的行动步骤的书面文件（如图8-5所示）。在制订行动计划时，管理者要明确学员将要完成的特定项目或难题，以及需要提供的各种设备和其他资源。同时，管理者行动计划还应包括具体的日期和时间表，标明管理者和学员共同商定的在工作中应用所学技能的进展状况。

培训专题：_____	
培训成果转化目标	
为实现目标所进行的各项活动	
需要提供的资源	
在职活动	
其他	
管理者姓名： 学员姓名 成果检验日期：	

图8-5 管理者行动计划样本

5.建立相互尊重和信任的工作关系

增进管理者与员工之间、员工与员工之间的工作关系，即建立相互尊重和信任的关系，也是推动培训成果转化的重要措施。管理者通过了解员工，接受他们的独特性，并且亲自参与到他们的工作中，能够使双方建立起更高层次的信任关系。这种信任提升了员工的自尊心和自信心，有助于其承担起难度更大的工作任务，将培训成果转化到工作中。同时，增强员工内部之间的信任关系也有助于他们在工作中互相讲解、指导培训内容，并将其用在工作中。这种关系可以通过让员工参与团建活动、共同完成团队任务的方式来建立。

人才思政堂

从党校回来

——J公司高管的培训成果转化

为了适应组织结构的变化以及新时代国企改革的要求，J公司计划对原有党政部门进行整合，并派出党群工作部的张部长至党校参加培训，学习相关知识。在外学习三个月后，张部长回到公司，将在党校所学的先进政治思想和管理理念运用到实际的党务工作中。他根据公司持续发展的需要，厘清了党务部门的工作职责，将公司的思政工作落实到管理实践之中。以下是J公司党委办公室（党建研究室、信访维稳部）调整后的工作职责：

（1）负责研究起草年度党建工作要点、折子工程或重点任务；组织召开党委会及落实党委会决定事项的督办工作，落实党委会在公司"三重一大"决策事项的前置研究程序，完成会议筹备、材料收集、会议服务、拟写纪要和会后督办等工作，为公司党委日常决策提供服务保障；负责公司党建工作领导小组日常服务工作，组织召开党建工作领导小组会议并落实会后督办事项。

（2）负责组织召开年度党建工作会、季度工作推进会、党建述职评议、七一党课及表彰大会、主题党日等各类以党委名义开展的会议活动，完成会议筹划、方案制订、人员组织、文字材料及会后督办工作。

（3）负责落实党组织在企业法人治理结构中的法定地位，指导公司全资、所属和绝对控股企业党建工作纳入《章程》，同步完善《党委议事规则》和"三重一大"决策制度，发挥党组织把方向、管大局、保落实的作用。

（4）负责对新时代中央、市委和市国资委党委关于国企党建工作的政策研究和理论创新，研究制定公司中长期党建工作战略规划，提出前瞻性工作思路、参考意见和政策措施，为公司党委科学决策提供参考。

（5）负责公司党委主要领导日常重要会议活动的计划和安排，协助做好公司领导理论学习、联系基层、督导检查、出席会议等各类重要活动的组织、协调和落实。

（6）负责研究起草公司党委总结、计划、要点、报告、决定、决议和通知等各类以公司党委名义发布的文件材料，负责起草公司党委主要领导参加的各类调研、督导、座谈和论坛等会议的发言材料。

（7）负责公司政工职评相关工作，建立政工职评工作机制，组织相关专兼职党务工作人员开展政工职评报名申请、材料审核及评审服务等工作，做好政工职评培训登记、资料审核及考试管理等工作。

（8）负责做好全系统信访、维稳、综合治理、国家安全督导工作，研究制定相关工作方案和管理制度；定期组织开展公司社会矛盾纠纷隐患排查工作，开展重大投资决策社会稳定风险评估工作，统筹做好敏感时期、重大节日安全维稳和综合治理工作，指导做好国家安全人民防线建设相关工作。

（9）负责机关党总支、机关工会和机关共青团日常工作，落实机关党委"三会一课"等党内制度，加强机关群团组织建设，做好机关工会相关工作，开展群团文体活动和服务职工活动；负责管理机关本部党组织工作经费和基层党组织党建活动经费。

（10）负责机关党总支纪检监察和党风廉政建设工作，落实公司党委、纪委相关部署要求，加强机关本部各部门廉政教育、效能监察、党风廉政建设及落实领导干部"一岗双责"等工作。

（11）负责党委机要文件收发、传阅、管理和保密工作，做好公司党委各类公文收发传阅、批办流转、印信管理和文书档案管理等服务保障工作。

资料来源　改编自本书主编的父亲赴党校学习后的心得.

💡 思考题

1.培训成果转化的理论基础都有哪些？

2.培训成果转化的层面有哪些？

3.影响人才培训成果转化的因素都有哪些？

案例分析

沃尔玛有力促进培训成果转化的举措

沃尔玛是创建于美国的世界性连锁企业，是世界最大的私人雇主和连锁零售商，曾连续7年在《财富》世界500强企业排行榜中居首位。即使在过去几年，沃尔玛遭遇了电子商务、在线零售和新冠肺炎疫情的冲击，其营业额仍然逐年上升，在2021年《财富》世界500强企业排行榜中排名第一位。沃尔玛的成功离不开每一位员工的努力，作为一家零售超市，沃尔玛拥有世界上最多的员工。对于沃尔玛来说，这些人力资源不是组织的负担，而是创造价值的源泉，通过合适的培训设计，沃尔玛员工的能力水平不断提升，并在工作中得到体现，推动了组织的发展。

沃尔玛一直非常重视企业文化的作用，用良好的企业机制改造传统商业，充分发挥企业文化对形成企业良好机制的促进和保障作用，增强企业的凝聚力和战斗力。公司创始人山姆·沃尔顿为公司制定了三条座右铭："顾客是上帝""尊重每一个员工""每天追求卓越"。这也成为沃尔玛企业文化的精髓，并被应用到培训设计中。

沃尔玛认为，在培训与工作中体现出公司与员工的合伙关系是最重要的部分。"尊重每一个员工"并不只是一句口号，在培训过程中，沃尔玛注重与员工沟通，倾听员工的意见，根据员工提出的需求修改培训内容。员工不只是培训的执行者，更是培训的设计者，这大大提升了其责任感与参与感。同时，沃尔玛常用"分享信息"和"分担责任"来处理管理者与员工之间的关系，员工就培训内容和培训结果应用提出的意见往往会得到高度重视，任何员工都有权利走进管理人员的办公室，讨论在工作中遇到的问题，管理者有义务进行解答，并指导员工的具体行为。

为了让员工不断进步，将培训内容应用在工作中，沃尔玛主要采用经验式培训，以生动活泼的游戏和表演为主，训练公司管理人员"跳到框外思考"。在培训课上，培训师喜欢用讲案例、做游戏、让学员进行表演的形式模拟真实的情况，协助参与者分析问题。此外，培训师还会带领学员进入实际情景，进行课程讲解，例如，在"一线员工培训计划"中有一项著名的"四英尺训练"。具体情景是培训师与一线员工一起走进商场，所有人都站在四英尺（约合1.2米）高的货架前面，培训师先讲解货品摆放的规则与方式，然后让员工讨论面前的货架摆放有什么是值得学习的，还有什么是可以改进的，这时员工就可以思考刚刚学习到的知识，并提出自己的见解，比如在沐浴露货架上放置更好卖的品牌、沐浴露旁边挂一些沐浴球等。在充分讨论后，培训师总结并点评这些观点，随后大家移步至下一个四英尺货架前，再次进行讨论。

　　此外，沃尔玛重视激励员工的培训动机。一方面，公司注重奖金和股权奖励制度在培训中的应用，设置各种经济奖励鼓励员工参加培训，并将培训成果应用在实际工作中，向新技能应用较好、个人业绩提升较快的员工提供超额的奖励。另一方面，公司也注重对员工的精神鼓励。在总部、各个商店和培训场所的橱窗中，都悬挂着先进员工和优秀学员的照片，为那些进步较快、能够高效运用培训知识的售货员授予"山姆·沃尔顿企业家"的称号。

　　近几年，沃尔玛将培训与实践的结合升级到了一个新的层次，设计了Pathways培训计划。这项计划要求学员在参加课堂培训后立刻进入商店进行实践培训。为了配合这种培训计划，Pathways的培训场所都设在沃尔玛的商场附近，比如美国亚利桑那州的沃尔玛Pathways学院就建在沃尔玛门店的后面，实现了"前店后院"的设置。员工在Pathways培训计划中可以自由选择感兴趣的内容，在完成至少2周的课程学习和店面实践后获取结业证书。

　　可以说，沃尔玛通过为培训提供大量的组织支持及强化员工的学习动机，大大增强了培训的效果，使员工真正将培训成果应用到了工作中。

资料来源　张雅光. 财富500强经典案例之四 沃尔玛的员工培训机制探究 ［J］. 中国人才，2009（1）：55-57.

　　问题：

　　1.沃尔玛使用了哪些方法促进培训成果转化？

　　2.你认为哪种方法的效果最好？

第9章　人才培训与开发的内部途径和外包

学习目标

✔ 了解人才培训与开发的内部途径

✔ 了解对内部培训师的培养流程和管理方法

✔ 掌握合理选择人才培训外包服务的方法

导入案例

自家人还是外包？这是个问题！

温州天丰工艺品制造有限公司地处瑞安市，是一家2018年成立的民营制造企业，主要以生产、销售木质工艺品为主要业务。经过2年多的发展，公司从一家只有10人左右的小作坊，成长为拥有36位生产技术人员、10位管理人员的小型企业。在企业不断发展的同时，新晋生产技术人员能力不足的问题也逐渐暴露出来，使得培训成为组织亟须解决的问题。然而，在选择培训途径时，企业的高管层却产生了不同的意见。

人力资源部经理认为，提升生产技术人员的知识和技能水平是现阶段培训的主要目标，而这两种培训都应该以"自营"为主。知识培训要求员工熟悉企业的规章制度，特别是安全生产制度，所以通常采用上课的形式。同时，对于这类培训，特别是企业相关制度的培训，通常是企业内部的人更熟悉情况。此外，员工完成本职工作所必需的专业知识，从操作层面来说只是基础知识，采用内部培训足以解决问题。

对于生产技术人员来说，技能培训主要是要求他们掌握或提高完成本职工作所必备的劳动技能和操作技能等。培养这种技能需要贴近企业的生产实际，在通常情况下，除了必要的授课外，这类培训往往和岗位的作业指导密切相关，有时甚至就在相关的车间、设备现场完成，这样能更贴近实际，也有利于开发员工的潜能。所以，对这类培训而言，"自营"的效果最为明显。

然而，公司的生产副总，也是创始人之一，却持有不同的看法。他认为，现在企业仍属于发展初期，规模较小，人员相对较少，对员工的要求是"多面手"，他们需要在培训中学习多种知识。此外，当前企业中的优秀生产人员数量不多，如果安排他们授课，势必会影响生产的进度，导致订单无法按时交付，因此企业"自营"培训不现实也不合算。如果过几年，企业规模发展到一定的程度，人员较多，设备、工序、业务量都较大，对人员的要求就产生了变化，要由"多面手"演变为专业人才，这时"自营"培训才有效果。

资料来源　孙毅. 自营还是外包　不同阶段选择不同［J］. 印刷经理人，2008（4）：20-21.

问题：

1.你认为谁的观点正确？为什么？

2.如果你是老板，你计划怎么安排培训？

微课9-1

9.1　人才培训与开发的内部途径

人才培训与
开发的内部
途径和外包

内部途径是组织以自身力量提升人才的知识、技能水平等方面所采用的方法和手段。本书前几章对培训的流程进行了全面的阐述，如果组织仅安排内部人员执行培训流程，就是通过内部途径实现组织的人才培训。当前，内部培训的途径越来越多，已经不再局限于传统的培训模式，以下介绍三种新兴的内部培训途径。

9.1.1　创建学习型组织

创建学习型组织是基于组织建设与变革的角度，促进员工的自我学习、自我发展和自我控制。现阶段，创建学习型组织不仅是促进培训成果转化的重要方法，更是高效率、系统化的内部人才培养途径。不同企业对学习型组织的认识和要求不同，其对组织建设和变革的程度也具有差异。

1.学习型组织的概念

学习型组织的理论由美国麻省理工学院教授弗睿斯特（Jay Forrester）提出，并得到其学生彼得·圣吉（Peter M. Senge）的发展。学习型组织是指通过培养弥漫于整个组织的学习气氛、充分发挥员工的创造性思维能力而建立起来的一种有机的、高度柔性的、扁平的、符合人性的、能持续发展的组织。这正是知识型组织的理想状态，是知识型组织的实践目标，这种组织具有持续学习的能力，能够发挥综合绩效高于个人绩效总和的效应。

学习型组织源于外部竞争激烈化与内部学习常态化的要求，与传统组织相比，它在知识学习方面具有以下特征：[①]

（1）组织学习化

在学习型组织中，通过学习创造优势的观念深入人心。学习成为员工的一种自觉活动，组织形成主动学习的氛围。员工自觉关注组织生存环境的变化、组织的未来发展，以实际行动支持组织目标的实现，同时不断学习业务知识，提高自身的综合素质，帮助组织迎接挑战。

[①]　圣吉. 第五项修炼：学习型组织的艺术与实践①［M］. 张成林，译. 北京：中信出版社，2018.

（2）学习制度化

学习型组织建立了健全的个人学习制度与培训制度，在员工之间、部门之间、组织层级之间制定了共有、分享新知识和新经验的制度，同时，组织为培养学习型员工而在时间资源、物质资源、人力资源方面做出了具体的安排。

（3）持续学习

在学习型组织中，组织和员工都认同学习是一种投资而非消费。组织明白学习是应对外部挑战的重要方法，因此会持续地为员工提供培训项目。员工将学习作为提升自我、获取未来发展优势的重要方式，持续参与到培训活动中。

（4）系统化的思维方式

学习型组织鼓励员工采用新的方式思考问题，即以"提出假设—寻找联系—反馈结果—验证假设"的方式进行思考，从而获取体系化的学习内容。

（5）通过学习实现控制

规划组织学习的内容是学习型组织中高管的重要职责之一。组织通过规划学习内容、安排学习活动、考核学习效果等来改善成员的行为模式和思考方式，发展组织文化，实现对部门活动和员工行为的控制，不断增强组织的竞争优势。

（6）不断追求卓越和持续创新

学习型组织应该是不断追求卓越和持续创新的组织。在学习型组织中，开放、信任的组织文化氛围为员工之间分享信息、改进品质创造了条件。员工通过信息、知识分享和制度化学习等迅速提高工作效率和创新能力。在学习型组织中，学习是手段，创新和追求卓越是目的。

2.创建学习型组织的步骤

彼得·圣吉认为建立学习型组织的关键是五项修炼，即自我超越、改善心智模式、建立共同愿景、团体学习、系统思考。结合这一观点与人才内部培训的特点，本书提出如下的学习型组织创建步骤：

（1）制订创建方案

创建学习型组织的首要步骤是建立工作小组，并制订相关方案。工作小组一般包括组织高管、部门管理人员、优秀员工和外部咨询顾问等。通过集中学习、考察、调研和讨论，工作小组制订出创建学习型组织的实施方案，明确创建的长期和近期目标，确定阶段计划、重点议题、学习方式、检查标准等，经过组织上下讨论后，将其作为一项长期、重点、具有战略意义的工作列入议事日程。

（2）建立共同愿景

建立共同愿景要充分调动普通员工和中层管理人员的积极性，运用互动的理论和方法形成组织的核心价值观和发展目标。在这一过程中，高管的推动尤为重要，他们需要通过行动、制度、讲话、指示和内部刊物等方式，明确地将愿景表达出来，充分有效地影响和改变中层与基层员工的态度和行为。

（3）优化组织结构

组织结构是决策的执行载体，其合理性决定决策执行的及时性和有效性，是创建学习型组织的关键。因此，组织应构建扁平化、富有弹性、应变能力强的组织结构，持续不断地优化工作流程，减少不创造价值的中间流程，以保证信息顺畅流动。同时，组织也要鼓励、推动非正式学习组织的成立，如各种技术、业务、服务或管理方面的学习小组、兴趣小组或研究会等，对其活动给予时间和经费上的支持，对其研究成果予以重视，对其合理化建议及时予以采纳、应用，使这些小型组织成为创建学习型组织的重要参谋和推动力量。

（4）完善管理制度

对组织结构进行优化后，组织应重点对五个方面的管理制度进行完善：一是目标管理制度，即建立明确的目标确立、分解、调整和考核流程；二是培训管理制度，即形成个人学习与团队学习相结合、讲授和研讨相结合、初中高三层次相结合的梯队式培训体系；三是改革创新制度，即形成完善的、全员参与的、科学的改革创新与激励机制；四是绩效管理制度，即绩效结果要能够全面反映员工的学习成果与工作能力；五是员工发展规划制度，即完善员工晋升通道。

（5）建设信息网络

利用信息技术手段能够实现学习手段的革命性改变，大幅度提高学习效率，确保创建学习型组织的效果。具体方法包括建立网上办公系统、网上培训系统、网上交流系统、网上知识库和网上绩效考核系统，通过信息技术平台实现信息和知识的快速传递、有效交流和实时反馈。同时，加大信息管理系统的应用推广力度，将其作为对员工基本素质的要求。

（6）塑造组织文化

将学习型组织的内涵融入组织文化，是创建学习型组织的最后一个步骤。这要求组织营造一种有利于知识共享的文化氛围，通过建立学习团队、提倡知识共享等途径，在组织中营造一种平等、民主、自由的学习气氛，形成一种高度信任、有利于知识传播和共享的人文环境，并将其与组织的价值观、发展观融合，构成组织文化的重要内容。

9.1.2　搭建内部培训平台

内部培训平台是现代组织提升内部培训效率、降低内部培训成本、对内部培训进行科学化管理的重要工具。通过搭建并应用内部培训平台，组织能够最大化人才培养的效果。

1. 内部培训平台的概念

内部培训平台是一种基于互联网技术、数据库技术和多媒体技术实现培训管理现代化的网络平台，它可以协助培训组织者、培训师、学员完成培训过程中的大部分工作。具体来说，培训组织者可以在计算机或者移动设备中收集培训需求信息、查看考核结果、进行培训效果评估等；培训师可以上传课程文件、发布学习任务、设置考核内容等；学员可以查看学习资料和内容、进行签到等。

根据组织的需要和培训工作的复杂程度，不同组织的内部培训平台所涉及的内容具有一定区别。相对全面的培训平台包括五个模块，即学员管理、需求管理、讲师管理、培训实施和效果评估（如图9-1所示）。

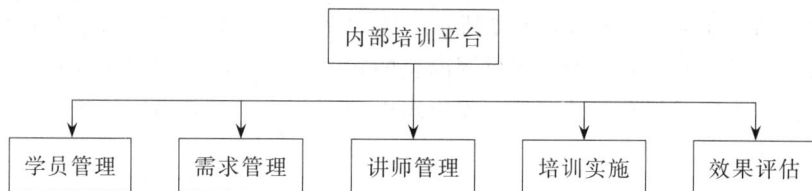

```
              ┌─────────────┐
              │  内部培训平台  │
              └─────────────┘
     ┌───────┬───────┼───────┬───────┐
┌───────┐ ┌───────┐ ┌───────┐ ┌───────┐ ┌───────┐
│ 学员管理 │ │ 需求管理 │ │ 讲师管理 │ │ 培训实施 │ │ 效果评估 │
└───────┘ └───────┘ └───────┘ └───────┘ └───────┘
```

图9-1   内部培训平台的内容

（1）学员管理

学员管理包括学员名单、学员学习进度、学员培训考核结果等内容，主要由培训组织者进行操作。

（2）需求管理

需求管理由学员和培训组织者共同操作。培训组织者发布所需要收集的信息，在学员填写后，进行分析。学员也可以主动提交与培训需求有关的建议。

（3）讲师管理

讲师管理由培训组织者和培训师共同操作。培训组织者在系统中安排培训课程，指定培训师授课，并对培训师的授课情况进行观察和评价等。培训师根据要求进行授课并签到。

（4）培训实施

培训实施由培训组织者、培训师和学员共同操作。培训组织者上传地点、时间等安排，并监督培训实施；培训师上传培训资料、培训视频等内容；学员进行签到、参加考核等。

（5）效果评估

效果评估由培训组织者操作，根据培训情况进行效果评估。

2.内部培训平台的搭建

一般来说，内部培训平台由专业的技术人员进行搭建。组织可以安排内部的技术部门负责这项工作，搭建切合组织实际培训流程的平台。然而，企业自主搭建培训平台所需的时间较长，功能设置可能不够全面。此外，寻求专业的外包公司进行平台搭建也是组织可以选择的方法。外包公司一般已经建立起了成熟的平台架构，能够快速完成搭建，但缺点是费用较高，且较难满足组织的个性化需求。

9.1.3   国际化人才培养

在国际交流日益频繁、国际竞争日趋激烈的背景下，建设一支拥有全球化视野及胸怀、具备全球化的知识结构体系、综合素质处于较高水平的国际化人才队伍是组织的重要目标，而这离不开组织内部的针对性培养方式。

1.国际化人才培养的概念

国际化人才是能够创造国际化效益的人才，其个人的能力和素质能够适应国际市场竞争的需要，并在国际市场中创造直接的经济价值和潜在的社会影响。一般来说，国际化人才具有如图9-2所示的五方面素质。国际化人才培养就是组织通过制定针对性的培养政策、提供国际化的师资队伍和培训课程等方式，构建适应国际化人才生存与发展的环境，将组织内的部分人才培养为国际化人才的一系列流程和措施。

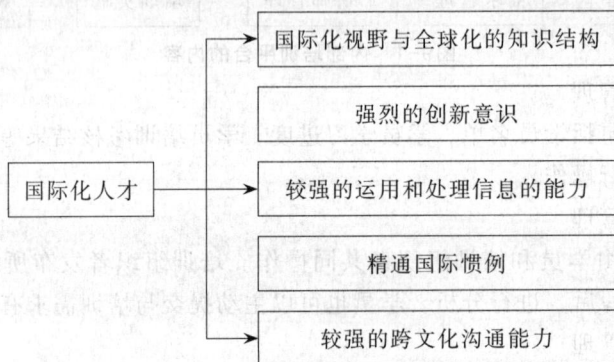

```
                    ┌─→  国际化视野与全球化的知识结构
                    │
                    ├─→  强烈的创新意识
                    │
  国际化人才 ───────┼─→  较强的运用和处理信息的能力
                    │
                    ├─→  精通国际惯例
                    │
                    └─→  较强的跨文化沟通能力
```

图9-2　国际化人才的素质

组织在进行国际化人才培养时，要注意以下问题：

（1）判断国际化人才培养的必要性

虽然国际化的人才培养能够帮助组织应对激烈的国际竞争，但并非所有组织都需要进行这方面的工作。国际化人才培养离不开相关的培训队伍、合适的培训课程，这需要组织投入高昂的时间成本和经济成本。如果组织对于国际化人才没有迫切需求，国际相关的业务量较少，无法承受长期的投入，那么直接招聘相关人才或者与其他公司进行合作是更为经济的做法。

（2）国际化人才培养不等于外语人才培养

虽然外语是国际化人才的基本素质体现，在海外工作中发挥着重要的作用，但并不能把国际化人才简化为外语人才。在国际化人才培养的过程中，组织要将语言作为工具来看待，重点培养人才基于外语的业务能力。

（3）重视培养环境

环境对人才的塑造作用不容小觑。在进行国际化人才培养时，组织不仅要在内部形成重视国际化人才、鼓励员工自我提升成为国际化人才的氛围，更要安排员工走出国门去实际了解其他国家的文化和惯例，亲身体验国际化项目的工作内容，在一个陌生的环境中自我锻炼，成为组织所需要的国际化人才。

2.国际化人才培养的措施

组织通过内在途径进行国际化人才培养，主要有以下措施：

（1）树立全面的国际化人才培养理念

国际化人才培养是一个周期长、投入高的过程，只有组织树立培养思维，确立和落实与国际化人才相适应的培养理念，国际化人才培养的具体措施才能得到贯彻。在竞争日益激烈的国际市场上，组织应该更加重视国际化人才所起到的关键性作用，摒弃原有的狭隘的人才管理观念及方法，加深对国际化人才培养的认识，系统规划适用于组织自身发展的国际化人才培养模式，从而形成自上而下共同努力和积极参与国际化人才培养的氛围。

（2）打造先进的师资队伍

国际化人才的基本素质应该在培训师身上得到大部分的体现，只有当组织的培训师资队伍具备国际化人才的能力，国际化人才培养才能实现。因此，组织应该改善并扩充内部培训师队伍，根据需要从组织内外获取更多的能够培养国际化人才的培训师。在组织内部，可以挖掘具备国际工作经验的优秀员工，在外语、国际文化等某一方面具有突出能力的个人作为培训师；在组织外部，可以根据自身需要招聘相关的人员扩充进培训师队伍。

（3）设计国际化课程

为了满足国际化人才培养的需要，组织需要设计针对性的课程，包括语言课程、相关国家的文化知识课程、沟通礼仪课程、系统操作课程、业务操作课程等。如果有必要的话，部分课程可采用双语授课的模式，为学员提供一个仿真的学习环境。

（4）奖励海外荣誉[①]

奖励相关的海外荣誉，鼓励员工自发学习国际化知识、参与国际交流活动也是国际化人才培养的重要措施之一。一方面，组织可以制作海外职业资格证书认可清单，并对获取相关证书的人员提供奖励，通过支持员工参加国际化认证考试来达到培养国际化人才的目的；另一方面，组织可以长期发布国际会议的通知，鼓励员工参会并进行交流，增强员工的沟通能力，以及对国际前沿知识的了解。

（5）安排海外项目

海外项目在人力资源配置上一般是国内派出人员和项目所在国的人员各占一定比例，通过双方在项目中的合作提升国内派出人员的国际化经营管理等能力。组织持续、交替派遣学员参加海外项目，有助于他们在实际工作中了解国外企业的运行规则、经济环境、社会文化等方面的情况，并将所学内容应用在实践中。

9.2　内部培训师的培养

当前，组织日益重视人才培训，纷纷加大培训投入力度。由于外部培训师的成本高昂，加之他们不了解组织战略、文化等实际情况，对组织培训需求缺乏深入调查，对培训后的改进措施无力辅导等，使培训缺乏针对性和有效性，不利于

---

① 孙劲飚，孙文. 我国企业国际化人才培养模式探讨［J］. 中国电力教育，2019（1）：11-12.

培训成果的转化，越来越多的组织纷纷组建内部培训师队伍，并将其作为组织培训体系最重要的组成部分。

9.2.1　内部培训师概述

1.内部培训师的概念与作用

（1）内部培训师的概念

原劳动和社会保障部批准施行的《企业培训师国家职业标准》（2007年修订），对企业培训师进行了定义，即能够结合经济、技术发展和就业要求，研究开发针对新职业（工种）的培训项目，以及根据企业生产、经营需要，掌握并运用现代培训理念和手段，策划、开发培训项目，制订、实施培训计划，并从事培训咨询和教学活动的人员。

内部培训师是指在组织内部除负责本岗位工作职责外，还能够从事上述行为的人员。具体而言，内部培训师是由组织内部挑选，并接受培训部门考核评估其资质、课程开发与设计、授课技巧与水平等的员工，通常他们会负责组织部分培训课程的开发和教学工作。专注于人力资本投资的公司往往拥有自己的培训师团队甚至全职部门，同时，一些定期培训计划（如新员工培训计划）或一些外部讲师无法胜任也不需要由外部讲师承担的课程（如产品知识、公司规章制度、企业文化宣传等）也经常由内部培训师负责。

（2）内部培训师的作用

①内部培训师是人才培训与开发体系的重要组成部分。从一套完善的人才培训与开发体系的架构来讲，内部培训师队伍是不可或缺的重要组成部分。建立一支有力的内部培训师队伍对于培训计划的顺利、有效实施，对于推进人才培训的规模化、科学化和规范化都有举足轻重的作用。此外，发现、挖掘和培养内部培训师本身就是人才培训与开发的行为，是一项创造性的系统工程。

② 内部培训师有利于提高培训的针对性和有效性。相比于学校教育，组织培训更强调针对性，目的在于改善员工的态度和行为，提高工作绩效，实现组织战略目标。在这方面，内部培训师具有得天独厚的优势。他们与组织共同发展，比外部培训师更了解组织的方方面面，更容易掌握培训需求。因此，内部培训师的培训课程更贴近组织实际，他们也有更多的时间对培训效果进行考察并持续改进。

③ 内部培训师有利于推进企业文化建设。人才培训必须符合组织的价值观和行为准则，注重人员观念的调整和态度的改进，通过培训来建设和传播组织文化。与外部培训师相比，内部培训师是组织内的员工，也是最认同和拥护组织文化的群体，因此在培训活动中，他们最能够将组织文化的实质融入自己的课程当中，向学员传递组织文化的精髓。

④ 内部培训师有利于降低培训成本。内部培训师一般是组织的员工或者管理人员，接受组织的管理。与外部培训师相比，内部培训师的经济报酬没那么

高，大部分组织将物质奖励与精神奖励相结合作为内部培训师的报酬，节省了培训的支出。

2.内部培训师的组成

内部培训师的组成较为复杂，根据不同的培训需求和目标，内部培训师队伍应该包含以下几类人员：

（1）高层领导者

高层领导者是组织的领军人物，也是内部培训师队伍的带头人。一方面，领导者的人格魅力以及资深经历是他们出任内部培训师的最好资本，他们能够给学员提供最有价值的经验和关于组织发展的最新资讯，有利于提高培训的深度和效果；另一方面，领导者对组织有着很深的感情和强烈的使命感，在授课的过程中，不仅可以传达组织的文化和理念，而且能强化大家的事业心和对组织的归属感。

（2）中层管理人员

中层管理人员是内部培训师队伍的中坚力量。中层管理人员成为内部培训师有三大优势：一是他们经验丰富、专业知识深厚，在员工群体中有一定的威信，善于沟通和交流，传授的经验和技能都具备很强的可操作性，有利于增强培训效果；二是有助于管理人员从单一的管理角色转变成为教练的角色，发现并理解员工工作中的不足与缺陷产生的原因，更好地帮助下属提升工作能力；三是使管理者在授课中更系统地整理自己的思想，进行更加深入的思考，从而提升自身的综合能力。

（3）优秀员工

优秀员工是指在组织一线工作突出、表现出色、具有榜样作用的员工，他们对本领域的技能掌握熟练，工作态度端正，工作积极性高，在员工中能起到模范作用。优秀员工担当内部培训师，既可以传授自己的专业技能，也可以展示自己的风采，带动身边的同事积极向上。

3.内部培训师承担的角色

人才培训来源于教育，但又与教育不同。内部培训师应该扮演好以下四个角色，而教师只是其中的一个角色：

（1）教师

从字面上理解，内部培训师首先扮演的是教师的角色，因此无论是教授学员如何行为处事，还是教授销售、管理或者财务技巧，内部培训师都要像教师一样具备专业知识和授课技巧。这一角色要求内部培训师具有课程设计能力和课堂讲授能力。

①课程设计能力。内部培训师的课程应当是系统而明确的，如同教师的教案一样，每门课程都围绕着一个中心，因此培训师的课程设计要有针对性、系统性。

②课堂讲授能力。内部培训师大多不是教师出身，没有受过师范专业的课

程训练，但是必须具备如同教师一样的讲解能力。内部培训师讲解时需要把一个观点、一个问题深入浅出地剖析清楚，无论深奥或是浅显都能让学员明了所要阐发的观点和意图。

（2）演员

内部培训师不仅要传授知识，更要让学员接受知识。传授与接受是两个截然不同的概念。前者是一个教的过程，而后者是学的过程。为了让学员理解、记忆并掌握自己传授的知识，内部培训师要像演员一样吸引学员的注意力，激发他们的学习兴趣。许多培训大师在授课时，动作幅度较大，表情丰富甚至夸张。在学校的教育中，教师很难采取这种方式。然而，在培训课堂上，内部培训师已经不是课下的同事或者领导，而是课堂教学中的一位演员。他们需要用这种方式始终吸引学员的注意，充分调动学员的热情，让学员全身心地投入到对课程的理解和体会中。

（3）教练

内部培训师除了教授知识以外，更为重要的是发挥教练功能。优秀的内部培训师能够根据组织的需要关注学员的未来，通过倾听与询问帮助学员分析和解决所面临的问题，引导学员有效制定行动策略，这就要求他们采用角色扮演法等多种培训方式。同时，教练的角色也要求内部培训师对学员进行耐心的指导。优秀的内部培训师会关注学员对知识和技能的掌握程度，主动予以指导，同时辅导学员准确运用所学知识和技能。

（4）咨询顾问

优秀的内部培训师也是组织的咨询顾问，可以根据组织的状况提出关于培训课程及培训重点的建议。内部培训师大多对自身的本职工作具有独特的理解并做出优异的成绩。例如，教授销售课程的内部培训师一般是组织的销售冠军，在销售领域有着丰富的实践经验和深厚的理论基础，在授课时能够结合自身经验充分阐释。此外，内部培训师对组织的需要较为了解，能够根据自身的经验和组织目标优化培训课程，找出学员存在的问题并指明解决方向。

4.内部培训师的能力要求

一名优秀的内部培训师需要具备多种能力，对于一些特殊部门的培训师来说，其所需具备的能力更为复杂。以下介绍内部培训师所需具备的一般能力：[①]

（1）丰富的理论知识和实践经验

在人才培训中，师生关系不是一种单向传递关系，而是双向沟通交流的关系。首先，培训师要有能力回答学员提出的各种问题，这就要求内部培训师必须具备深厚的理论知识。其次，培训师向学员传递的是一种工作的思路和方法，而不是空洞的、不着边际的理论内容，这就要求内部培训师对组织的人力资源管理、营销管理、财务管理等各方面都有一定深度的认知和独到的实践经验，只有

[①] 陈国海. 员工培训与开发 [M]. 2版. 北京：清华大学出版社，2016.

这样才能将他们拥有的知识和成功的经验有效地传递给员工。

（2）激励他人的能力

内部培训师要能够意识到学员的发展需要，并激励他们认同自己的情感和价值观，为实现他们的最高目标而努力。优秀的内部培训师能激发学员内在的动力而不是使用外在的压力，其信念是使学员发挥自己的潜能，他们善于激励和鼓励那些犹豫不决和失败的员工勇于承担风险和建立安全网络。然而，并非所有人都有激励他人的能力，有些人习惯于通过批评、惩罚等方式指导他人的行为。

（3）建立关系的能力

内部培训师应该是可接近的、友好的、值得信任的，即使是组织的高管，也要在培训中表现出亲和力，能够与学员建立友好的关系，从而促进学员充分表达自己的想法。培训的成败在很大程度上取决于内部培训师和学员之间的关系是否融洽。

（4）变通能力

内部培训师既有本职工作，又要进行培训授课，因此在组织的培训任务繁重时，其时间安排较为紧张。在这种情况下，内部培训师要懂得变通，确定需要优先考虑的事情和目标，并制订行动计划调整不同任务的时间安排和需投入的精力。

（5）沟通能力

内部培训师必须拥有较强的人际交往和沟通技能，并能够对他人的担忧表示出敏感和耐心。在培训课程中，内部培训师要对学员的感受和发展目标表示出赞同和理解，通过倾听，提出能够激发学员学习热情的问题，并做出清晰的、直接的反馈。重要的是，内部培训师必须愿意进行坦诚的交流，善于通过沟通解决问题。这样在培训结束后他们仍然能够在工作中和同事或下属维持良好的关系。

（6）诊断问题并找出解决方法的能力

内部培训师要在授课前收集学员的有关资料，在授课过程中仔细观察学员的表现，基于这些信息诊断学员的问题所在，意识到学员当下所面临的挑战有哪些，自己如何将培训内容运用于组织的实践中，从而提出富有创造性的观点和方案来帮助学员解决问题。

（7）人格魅力

内部培训师的人格魅力是其综合素质的集中体现。优秀的培训师一般具有积极向上的人生态度和正确的价值观。内部培训师的道德行为规范、个人修养、兴趣、礼仪等都会在培训中得到体现。一名热情、诚实、幽默、耐心、灵活、冷静、客观的培训师能在多方面得到学员的尊重和配合，使得培训课程顺利开展。

9.2.2 建立内部培训师队伍的流程

内部培训师队伍的建立涉及组织层面的政策支持和各个部门的实际行动，因此需要组织的高管、人力资源部和各个部门的管理者共同配合。其具体流程主要如下（如图9-3所示）：

```
┌──────────┐        ┌──────────────┐
│ 分析需求  │ ─────▶ │  制定相关办法  │
└──────────┘        └──────────────┘
                            │
┌──────────┐        ┌──────────────┐
│ 组织报名  │ ◀───── │   工作动员    │
└──────────┘        └──────────────┘
     │
┌──────────┐        ┌──────────────┐
│ 人员筛选  │ ─────▶ │   技能培训    │
└──────────┘        └──────────────┘
                            │
                    ┌──────────────┐
                    │   组织认证    │
                    └──────────────┘
```

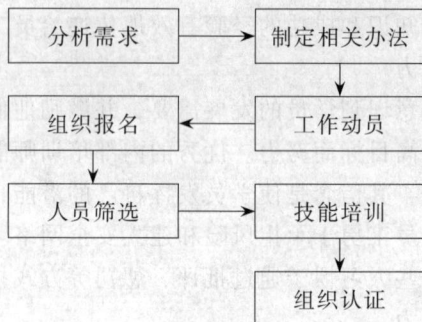

图9-3　建立内部培训师队伍的流程

1.准备阶段

（1）分析培养内部培训师的需求

在具体实施培养步骤之前，组织要对内部培训师的需求程度进行分析。如果组织的培训需求通过招聘外部讲师就可以满足，那么建立内部培训师队伍是完全没有必要的。需求分析可以从必要性和需要数量进行讨论。

① 必要性分析。一般来说，并不是所有行业、所有组织都需要建立内部培训师队伍。小型企业，或者是产品与服务通用性较强的企业或行业，不需要内部培训师，这是因为对于它们来说，培养内部培训师的性价比较低，同时企业的自身实力有限，也难以保证内部培训师的水平。如果组织规模较大、分支机构众多、标准化要求高、行业特征明显，则需要建立内部培训师队伍。可以说，培养内部培训师的必要性和组织规模与培训内容的独特性成正比，组织的规模越大，培训内容越具体、越特殊，内部培训师就越具有不可替代的作用。

② 需要数量分析。组织规模和培训体系是影响内部培训师数量的重要因素。一般来说，组织的规模越大，培训课程的数量和培训工作量就越大，平均所需要的内部培训师人数就越多。同时，培训体系越完善，需要的内部培训师就越多。例如，部分组织的培训体系以岗位分类为基础，授课内容根据组织发展需要和不同部门、不同岗位的实际技能欠缺状况确定，因此需要大量掌握不同技能的内部培训师。

（2）制定相关管理办法

内部培训师队伍的成功建设离不开制度的保障。人力资源部必须和组织高层管理者共同讨论、制定有关培训师的管理办法，例如内部培训师的工作职责、等级划分、任职资格标准、选拔与聘用程序、培养方案、考核与激励办法、晋升与退出机制、课程开发管理办法等。有了这些制度的指导，人力资源部由此才能开展培养活动，员工才能了解成为培训师需要满足的要求以及能得到的相应利益。

2.实施阶段

（1）工作动员

组织确定需要内部培训师后，就可以开始实施培养环节。首先，组织需要进行工作动员。内部培训师一般都是兼职的，对他们来说本职工作最为主要，如果成为内部培训师，可能会影响其工作投入，降低个人和部门绩效，甚至损失个人的休息时间，这对于大部分员工来说是难以接受的。因此，培养内部培训师必须在动员的基础上，争取员工所在部门的支持，并征得本人的同意。

动员活动必须得到组织高层管理者的高度重视，最好能在组织大会上公开提出建设内部培训师队伍的计划和相关的奖励方案，说明培训师所享受的经济待遇和在组织内部的地位，从而打消员工的顾虑，营造"以成为培训师为荣"的氛围。同时，各个部门的管理者也要主持自上而下的动员工作，鼓励部门内的优秀员工积极参与，为部门和个人赢得荣誉。

（2）组织报名

报名的人数越多，组织就越有可能争取到更多优秀的内部培训师。在这一阶段，组织要让尽可能多的符合要求的员工报名。报名时既可以个人为单位，也可以部门为单位。组织可以设立个人网上报名系统，说明对报名人员的知识、技能、工作年限等要求，同时提供报名表格，如内部培训师推荐（自荐）表（见表9-1），使报名人员能够方便快捷地上传有关信息，完成报名。以部门为单位报名则要求每个部门的管理者上报本部门内有资格的培训师候选人名单。

表9-1   内部培训师推荐（自荐）表示例

姓名		部门		职位	
入职日期		学历		是否有参加过专业培训的经历	
申请级别	○初级讲师		○中级讲师	○高级讲师	
申请培训授课类型	管理类课程，如企业经营战略与规划、团队建设、高效管理、领导力等				
	财务成本类课程，如部门成本分析与管控、现金流管理等				
	职业技能类课程，如时间管理、有效沟通、危机处理、公共关系等				
	心态激励类课程，如有效激励、心态管理、压力管理、执行力等				
	岗位专业知识技能类课程，如软件开发、软件测试、项目管理等				
	其他类别课程：				
申请原因及个人相关说明					
人力资源部审核					
总经理审批					

注：（1）申请人申请时请附上一份教案或讲义（含电子版）以便试讲时用
     （2）一旦被公司评定为内部讲师，要尽力配合人力资源部的培训安排

（3）人员筛选

在报名截止后，组织要开始对报名人员进行筛选。如果人数过多，可以先采取考试筛选的形式，如通过笔试或者操作考查知识和技能水平，通过无领导小组讨论考查表达能力和逻辑能力，淘汰掉一部分相对来说业务不够精湛、个人基本能力不强的报名者。随后，组织可以组建包括高管、部门负责人、外部专家在内的评价小组，参加培训师候选人的试讲课，直观地考查其授课能力，并最终确认培训师人选。这一过程可按照一个部门或一类部门1~2个名额的原则确定人员，并上报组织进行确认。

（4）技能培训

技能培训事关组建的培训师队伍能否有效地发挥应有的作用，以及人才培训和开发的效果。得到确认并不意味着员工已经成为合格的培训师，他们需要接受一系列的培训后才可以正式上岗。

由于这些新任培训师上任以前很少或没有接触过组织培训，对于培训的专业技巧掌握得很少，即使具备一些，也需要加以规范和强化，因此培训的重点就是培训活动的策划和组织技巧，具体包括培训师的职责和角色、培训师的基本技能、课堂组织技巧、表达技巧、培训效果的评估方法等。

针对培训师的技能培训，当前最普遍的是TTT（training the trainer）模式，这需要人力资源部的充分配合。具体来说，在培训之前，人力资源部要与TTT培训师进行充分沟通，根据学员的情况、组织的期望和时间的长短设计具有针对性的课程内容。TTT的课程通常为期三天，人力资源部应根据培训的进程督促学员掌握每天学习的内容，并在培训后安排实践机会，加强培训效果。

在TTT模式中，每一天的重点都不相同。第一天主要是帮助学员了解培训的基本理念和思路等；第二天教授一些授课技能；第三天主要是学员演练，让学员上台进行为时几分钟的演讲或授课，每个学员展示完毕，TTT培训师进行点评，评价学员对前两天学习内容的掌握情况，并提出改善建议。当然，有的TTT课程是将学员练习贯穿于培训之中，即每天都有训练，但时间的长度和训练的深度不同，每一天都比前一天更有挑战性。无论采取何种方式，在这个过程中，人力资源部都需要全程参与，对学员的表现和关键行为做好详细的观察和记录，对学员的展示过程进行全程录像，并在培训结束后反馈给学员，让他们全方位地了解自己的不足和优势。

（5）组织认证

技能培训结束后，组织要对合格的学员进行正式的资格确认，这一环节标志着培训师队伍的最终建立。进行资格确认可以仿照培训动员的方法，即由企业的高层管理机构或管理者出面，以开会颁发证书的方式进行公开确认和表扬，宣布培训师队伍的最终建立。随后，人力资源部将培训师资格归档并录入个人人事档案，作为绩效考核、晋升、薪酬评定等方面的依据。

在进行认证时，组织可以考虑设置不同的认证级别，如"初级培训师""中级培训师""高级培训师""资深培训师""首席培训师"等，并规定不同级别所需要的工作经验、业绩表现、培训时长和评估结果等条件，以及能获得的相应待遇。划分认证等级有助于员工成为培训师后积极参与到培训活动中，不断提升授课水平。

9.2.3 内部培训师的管理

对内部培训师的管理不同于对普通员工的管理。内部培训师的职业发展路径和成果更多依赖其本职岗位，人力资源部应保证培训工作与其本职工作不发生冲突，同时运用考核和激励手段提升内部培训师的积极性。

1.日常管理方面

一般来说，培训只是内部培训师的兼职工作，与其本职工作的关系可以遵照"分开管理、双重管理"的原则处理，即本职工作由其所在部门管理，人力资源部与其所在部门及管理者沟通，保证其顺利圆满地完成本职工作。[①]对兼任的培训工作，人力资源部要及时、经常地给予内部培训师适当的指导和监督，并负责与其所在部门做好协调，保证培训的顺利进行。

2.培训工作方面

在安排内部培训师授课时，组织要处理好其在培训流程中的分工，保证人力资源部和内部培训师各司其职。这具体体现在以下几个方面：

（1）培训内容准备

在课程开发、教材编写、培训活动策划方面，组织要尽量保证培训师基于本部门实际情况采取相对独立的操作。人力资源部要支持和鼓励培训师根据实际情况进行课程开发，在必要时给予协作或帮助。

（2）培训课程安排

人力资源部要将内部培训师开发的培训课程纳入整个培训计划中，同时根据组织要求安排学员、场地和设备等，完成各种后勤准备工作。

（3）培训实施

培训实施过程由内部培训师主导，人力资源部进行观察并协助培训师处理课上突发事件，以便于指导和监督培训的过程和质量。

（4）培训跟踪评估

跟踪评估的工作由人力资源部承担。无论是对于培训现场的评估还是对于培训后的跟踪评估，人力资源部都要亲自操作。这一方面是出于对培训全局的控制和监督的考虑，另一方面是由于培训师本身对评估工作不了解、本职工作压力较大、工作时间的限制等因素。

3.考核方面

为保证培训的有效性、保持内部培训师队伍的先进性，每年应对内部培训师

---

① 杨光永，靳娟. 如何培养管理内部培训师［J］. 当代通信，2006（11）：46-47.

进行一次考评，优胜劣汰。考评项目包括授课总量、学员满意度、培训管理部门满意度、培训需求部门满意度和年度绩效考核结果等。

对培训师的考核结果可以分为优秀、称职、基本称职、不称职四个等级。考核结果的应用主要体现在奖励、降级或退出几个方面。年度考核结果为"基本称职"的培训师，需重新参加TTT培训，培训合格后，才能再次上岗担任内部培训师；年度考核不符合所在级别的要求但仍能胜任低一级别要求的培训师，可降级使用；年度考核为"不称职"的培训师，应退出内部培训师队伍。严重违反培训师行为规范并造成重大影响的内部培训师，须立即退出内部培训师队伍。

4. 激励方面

建立和优化内部培训师激励制度，不仅有利于开发和使用培训师资源，而且可以有效促进培训师队伍核心能力的不断提升，激发内部培训师的积极性。激励制度包含以下五个方面：①

（1）薪酬激励

内部培训师担任的培训工作包括课程开发、教材编写、培训教学、项目开发等，达到相关工作要求的，可获得培训津贴。不同级别的培训师以及不同工作量的培训任务享受的报酬应该呈梯级分布。

（2）职位升迁

内部培训师的培训业绩可以作为职位晋升的参考依据。专业系列岗位的培训师，如在一年内完成指定课时的授课量，且年度考核结果为优秀，则可以优先获得晋升机会。

（3）培训师晋级

根据培训师的胜任力水平和考核结果，调整培训师的认证级别，并给予相应级别的待遇。

（4）提供培训学习机会

优秀培训师可以优先获得参加内部重要培训和相关业务领域的外派培训的机会，以及优先享受培训资源（如图书、资料等）、培训咨询服务等。

（5）公开表彰

组织在倡导学习型组织建设的同时，营造尊重知识的文化氛围，定期对表现突出的优秀内部培训师进行通报表彰，并将"内部培训师"作为一种专业水平的称谓，与职务称谓一样应用于各种场合。

9.3　人才培训与开发的外包

组织利用社会上的培训资源可以弥补内部培训的不足。通过他人介绍或者媒

---

① 曾志元. 企业内部培训师队伍建设探析［J］. 商场现代化，2012（13）：55.

体报道等方式，组织能够接触大量的社会培训资源。一旦组织决定从外部采购人才资源开发项目或其中一部分课程，那么接下来的任务就是选择培训提供者。根据需求程度的不同，组织可以选择将人才培训的环节外包出去，或者仅联系外部培训师进行授课。

9.3.1　第三方培训机构的选择

第三方培训机构有能力为组织提供多种培训服务。选择合适的机构有助于组织事半功倍地完成培训任务。

1.第三方培训机构概述

第三方培训机构以企业或企业家为服务对象，提供与组织培训流程相关的各类服务，包括培训需求分析、培训计划制订、培训方案实施、培训效果评估等。根据组织的要求，第三方培训机构既可以提供全流程的培训服务，也可以帮助组织完成培训的某一环节。

虽然第三方培训机构的收费较高，但其通常具有较强的业务能力，能够为组织节约大量的时间。培训体系不完善、培训工作专业化程度较低的组织也可以在与第三方培训机构合作的过程中，提升自身的培训管理能力。需要注意的是，为了确保第三方培训机构的工作更有针对性，组织需要为其提供部分内部资料或允许其进行深度访谈。在这一过程中，组织需要与其签订保密协议，防止内部信息外泄。

2.第三方培训机构的类别

第三方培训机构主要包括外部专业机构和商业院校两大类，其中外部专业机构包括专业培训服务公司和咨询公司两种。选择合适的培训机构并不意味着组织要在专业机构和商业院校中做出取舍，而是要基于不同的培训对象选择合适的合作伙伴。

（1）外部专业机构

①专业培训服务公司。

专业培训服务公司主要承担大型公开课和组织培训课程的设计、开发、实施工作。它们具有丰富的培训组织经验，虽然很少拥有专职的培训师，但能够联系到大量的讲师资源，所开设的培训课程可以根据组织需要细分为知识传播、热点问题讨论与实战经验传授等内容。

以知识传播为主的培训，培训讲通常由专业院校的教授或讲师担任，他们的特点是具有系统的知识，以讲授和研讨为主，但可能缺乏实际工作经验，不了解受训组织所面临的具体问题或特性问题，需要组织结合自身的情况转化所学的知识。以传授实战经验为主的培训更偏重组织的实际情况，培训师也以从事管理工作的经理人为主，他们注重启发与互动，通过传授与培训课题相关的技能和经验，引导组织员工正确使用这些技能。

②咨询公司。

咨询公司属于知识、经验密集型企业，拥有一批既具有实际工作经验又接受过系统的专业教育的员工。很多咨询公司招募咨询顾问的标准是拥有 MBA 学位、至少五年的工作经验、良好的工作记录、批判性思维和团队合作精神等。咨询公司既可以为组织提供培训设计、实施等服务，也可以只为组织提供培训师。

为组织提供培训服务的主要是咨询公司的合伙人和咨询顾问。以自有资源为主向组织提供服务是咨询公司有别于专业培训服务公司的首要特点。经验丰富的咨询公司对自己服务过的客户及其行业有深刻的认识和了解，并以与客户建立长期合作关系为目标。

（2）商业院校

商业院校也是提供培训服务的机构之一，主要为组织提供培训课程的设计与实施服务。组织可以通过多种形式与商业院校合作，包括：与商业院校开设联合课程，为组织定向培训员工；组织派出员工到商业院校进行脱产学习；组织与商业院校共同开展案例编撰、组织文化研究等专项课题。与商业院校建立长期合作关系一直是西方企业的常见做法，它有利于提炼与传播成功经验，具有极大的社会价值。目前，不少中国企业也开始了这方面的工作。

3.选择第三方机构的方法

组织一旦与第三方机构达成了合作协议，就不能轻易取消或更改，因此对第三方机构进行考察、选择合适的机构十分重要。考察的方法一般有以下几种，组织可以根据情况综合使用。

（1）查看以往案例

一般来说，第三方培训机构在官方网站或其他媒体上会公布以往的培训案例作为宣传材料。组织可以通过查看这些案例了解培训机构的服务方向与服务能力，获得一个初步的判断。

（2）直接询问

直接询问是组织普遍使用的考察方式。组织通过与培训机构的工作人员进行电话沟通或面谈，询问其能够提供的服务内容、以往的培训经验等信息，考察其信誉与资质。如果机构符合组织的培训要求，就可以准备与其签订相关协议。值得注意的是，在提问题时要详细，根据组织的具体情况提出不同的问题，必要时要求对方提供相应的证明材料。表9-2展示了组织常用的选择培训机构的对比问题清单。

（3）考察客户群体

组织可以查看第三方机构所服务过的客户信息，通过了解服务对象的规模、级别和声望等，间接判断机构的培训服务水平。此外，组织也可以更进一步通过电话或其他方式联系服务对象，询问其对该机构培训服务的评价，以获取更直观的判断。

表9-2	选择培训机构的对比问题清单
基本状况	该机构的简介、培训课程、收费标准等
	该机构的信誉
	该机构能否提供组织所需要的培训服务
向专业机构了解的问题	贵公司主要的培训业务方向是什么
	贵公司能够负责培训工作的哪些流程
	贵公司曾为哪些客户服务过，是在哪些方面合作
	贵公司是否提供过类似课题的培训服务
	贵公司如何看待我公司的培训需求
	贵公司近期内是否有相关培训公开课
	贵公司将派谁担任培训讲师，该讲师的情况如何
	这些讲师目前是否还有其他的项目在进行
	我们将怎样合作
	贵公司是否会在项目开始前进行调查，将调查哪些问题，这些问题对培训的开展有什么帮助
向商业院校了解的问题	贵校开设了哪些课程，分别面向什么类型的对象
	贵校的核心课程是什么，由谁来讲授，他/她的讲课风格是什么样的
	贵校在哪些研究领域有独到的研究，为什么
	贵校最受欢迎和最不受欢迎的课程是什么
	贵校是否有校友会；若有，是否有定期开展的活动

9.3.2　外部培训师的选择

即使组织决定自主设计培训环节，不与第三方机构合作，也可以单独聘请外部的培训师，与其确定培训内容和形式，由其按照组织的培训安排进行授课。

1.外部培训师概述

外部培训师是指当组织的培训项目含有专业理论或前沿技术方面的内容，或者组织没有合适的内部培训师能够完成培训项目时，从组织外部获取的培训师资源。外部培训师一般包括高等院校的教师、研究机构的专家、从事自由职业的专业培训师、咨询公司的培训顾问以及其他企业的管理和技术专家。

相较于内部培训师，外部培训师的选择范围更大，他们可以带来许多全新的理念，还可以从第三方的角度揭示组织的一些敏感问题。然而，外部培训师一般费用较为高昂，对组织的了解不多，适用性较低；同时，缺乏实战经验的培训师对组织绩效的提升也没有帮助。

2.外部培训师的类型

对于组织来说，重要的是挑选符合自身实际情况的培训师。选用何种类型的外部培训师与课程内容、学员的知识准备和职级层次、组织文化以及培训师的费用等有密切的关系，组织需要结合经费预算选择性价比最高的培训师。根据知识与经验、培训技巧和个人魅力三个方面，外部培训讲师可以分成以下类型（见表9-3），其中各种类型的培训师都有适合的学员对象，没有绝对的好坏之分。大师型培训讲师当然好，但收费昂贵，课程内容较为深入，不一定适合组织。因此，只有根据组织和学员的实际情况选择合适的培训师而不是盲目跟风，才能获得最佳的培训效果。

表9-3　　　　　　　　　　　　　　**外部培训师的类型**

类型　＼　标准	知识与经验	培训技巧	个人魅力
大师型培训师	非常丰富	丰富	高
专业型培训师	比较丰富	一般	一般
技巧型培训师	偏少	丰富	一般
演讲型培训师	一般	丰富	高
一般型培训师	一般	偏少	一般
经验型培训师	一般	偏少	偏低

3.选择外部培训师的方法

外部培训师一般收费高昂，因此在挑选时，组织要综合使用多种方法收集培训师的信息，在确认其能力和授课内容满足组织要求后，进行聘用。

（1）试听

试听是了解并选择外部培训师的直接方法，如果对试听结果满意，组织可以直接与其讨论相关的合作事宜。试听主要包括以下三种形式：

① 现场试听。如果条件具备的话，组织可以邀请外部培训师在正式培训前为学员进行一次试讲，以全面了解其知识与经验、培训技巧和个人魅力。这种方法具有较强的局限性，适用于名气一般的外部培训师，对于知名培训师如大师型和专业型培训师则不适用。

② 参加培训班。培训组织人员可以参加由外部培训师授课的各类培训班，直接与其进行接触。这有助于观察到外部培训师的培训风格和授课能力，如果对培训师满意，在课后可以直接与其进行交谈，就培训合作达成意向。

③ 高校旁听。高校教师是外部培训师的重要来源，培训组织人员可以去高

校旁听相关课程，例如一些著名高校的高级经理人培训班，与企业经营管理直接相关的专业院所、科室或专业技术院校的相关科室等的课程，对教师直接进行了解。

（2）看产品

产品是外部培训师对授课内容的提炼，也是其个人的"名片"。组织通过对产品的研究，能够了解外部培训师擅长的授课领域、对某一问题的理解深度等。产品一般包括以下三种：

① 视频类产品。视频类产品包括外部培训师的网课、演讲、对某种现象的讲解等内容。在互联网高度发达的时代，组织可以直接查找、观看知名培训师的视频资源，了解其表达能力是否较强，内容有无启发性或实用性，是否适合本组织等。

② 书籍。书籍往往展示了培训师对某一领域的体系化的理解。对培训师是否出版所讲课程领域的书籍、其内容是否具有一定深度、方法是否实用等方面进行考察，也是了解外部培训师的重要途径。

③ 文章。通过查看培训师是否在全国主流媒体或专业媒体上发表专业文章，文章的角度、实战性、可操作性如何，是否反映了企业的突出问题等，也可以了解外部培训师的水平。

值得注意的是，在查看外部培训师产品的过程中，其权威性由大到小依次为视频>书籍>文章，因为视频类产品与培训的形式最为相似，最能反映培训师实际授课的水平。书籍比文章更具有系统性，能够反映出培训师完整的思想。

（3）间接考察

除了对外部培训师的授课和产品进行直接观察外，组织也可以通过其他方式间接了解外部培训师的水平，并与培训师沟通合作事项，其主要包括以下几种方法：

① 客户考察。组织可以向外部培训师服务过的其他组织求证了解，通过电话沟通等方式，了解培训师的授课内容（深度、广度、实战性）、讲课技巧和风格、培训效果、学员反馈等信息。

② 媒体介绍。各种传统和网络媒体也是了解外部培训师的间接途径。这些专业媒体上经常有培训师的文章、专访、事迹等报道，组织通过分析这些报道，可以对外部培训师有一个基本的了解。

③ 专业协会。专业性的协会（如人力资源协会、营销协会、企业家协会等）聚集了大量的外部培训师。组织通过考察培训师在协会的任职情况、协会的等级和声望等信息，能够了解外部培训师的社会声望和水平。

④ 与咨询公司合作。当组织需要大量挑选或不愿亲自挑选外部培训师时，可以与咨询公司合作。咨询公司作为专职培训机构，对培训师的选用比较严格，能根据组织实际需要选择合适的人选。同时，咨询公司还能站在专业立场为组织提供配套服务。目前，与咨询公司合作聘请培训师是组织最常用的方法。

人才思政堂

"走出去"
——P大学组织教师参加思政专题网络培训

为全面贯彻落实习近平总书记关于教育的重要论述和全国教育大会精神，扎实推进学校课程思政建设，提升教师课程思政建设水平，发挥好每门课程的育人作用，切实提高人才培养质量，P大学教务处拟定期组织课程思政培训，达到"教师全覆盖、专业全覆盖"的目标。

为此，P大学组织教师参加了校外某学院举办的"深化课程思政质量建设，提升高校立德树人成效"专题网络培训。受新冠肺炎疫情影响，这次培训主要通过课程学习、主题研讨、直播答疑、研修总结等环节实现培训目标。培训开始前，P大学教务处负责人介绍了培训机构的资质和培训内容，根据教师的特点给出选课建议，要求教师在3个月以内从课程列表中选修20个课时的课程，并对报名安排、建班开课、考核要求做出了详细的说明。

经过3个月的培训后，P大学的教师们深刻理解了全面推进课程思政建设的重要意义，明确了课程思政建设的目标要求和内容要点。通过分学科专业领域课程思政建设经验交流，P大学的教师们进一步强化育人意识，找准育人角度，提升育人能力，更好地挖掘各类课程和教学方式中蕴含的思想政治教育资源，让学生通过学习掌握事物发展规律，通晓天下道理，丰富学识，增长见识，塑造品格，努力成为德智体美劳全面发展的社会主义建设者和接班人。

"走出去"的思想教育有效提升了教师的政治素养。

资料来源 根据中国人民大学组织教师参加思政专题网络培训的通告编写.

思考题

1. 人才培训与开发的内部途径都有哪些？
2. 建立内部培训师队伍的流程是什么？
3. 如何选择第三方培训机构？
4. 如何选择外部培训师？

案例分析

宝洁的人才培训与开发
——内外兼备的模式

创始于1837年的宝洁公司是全球日用消费品公司巨头之一，全球雇员超过10万人。2020财年（2019年7月1日—2020年6月30日），宝洁公司实现了710亿美元的销售业绩，相比前一年增长5%，净利润达到131亿美元。宝洁公司自进入中国市场以来，以其独特的市场战略和人才管理机制成为中国最大的日用品供应商，其有效的人才培训模式也成为业界模仿借鉴的对象。宝洁公司的培训既不是完全的内部培训，也不过分依赖第三方培训机构，而是体现为一种内外兼备的培训模式，保证了培训的高效率与经济性。

在内部培训的设计上，宝洁公司以在职培训为主，其中最著名的培训方式就是"直接经理制"。直接经理制是一个由顶头上司担任直接经理人的制度，上司要以直接经理人的身份参与制定员工的个人发展规划，更要定期与员工一对一直接沟通，指导他的工作。这个制度涵盖了宝洁公司从实习生到总经理的所有员工，并贯穿于员工在宝洁公司的整个职业生涯。宝洁公司认为最个性化的、最有力的培训是一对一的培训，当员工的老师是他的直属上级时，他的学习热情可想而知一定会倍增。此外，上司每天都会为员工总结工作中的进步和不足，使每个员工根据自己的特点得到更具有倾向性的指导。

同时，"导师制"也是宝洁公司内部培训的法宝。在宝洁公司的员工个人工作与发展计划表中，有两个维度考量员工的贡献程度：一是对公司业务层面的贡献；二是对公司组织层面的贡献。简单来说，只有把自己的下属培养得具备了接替自己职位的能力，上司才有资格升职。宝洁公司保持着非常良好的导师制，让彼此没有直接业务联系的学员和导师可以相互质询，不会因为关系敏感而沟通困难，还会帮助员工从更广阔的角度看待问题，增强其归属感和认同感。同时，导师也教会员工从多方面看问题，培养其高瞻远瞩的能力。

在外部培训上，宝洁公司与IBM公司签署了一份协议，由IBM公司提供人力资源的外包服务，内容包括对行政部门、财务部门、人力资源部门等的全流程培训以及人力资源数据管理等。同时，IBM公司还利用宝洁公司现有的处于领先地位的全球SAP系统和员工门户网站，为宝洁公司的人力资源系统提供应用开发和管理服务。

IBM公司作为一家同样具有成功管理经验的国际化企业，提供的培训计划服务为宝洁公司的人才带来了丰富的业务流程知识和深入的技术专家知识，宝洁公司的人才能够直接学习到IBM公司在管理和财务中的成功经验。对于宝洁公司而言，将那些既不涉及公司的核心竞争力也不产生最大效益的部门的培训外包给专业公司更省事。通过外包，往往能够实现资源共享与集约化管理，从而实现效率和利益的最大化。而对IBM公司来说，这一协议显著增强了其全球人力资源业务转型外包服务的能力，巩固了其领先地位，为双方打造了一幅双赢的蓝图。

资料来源　佚名.宝洁：最具个性化培训让工作变成一生职业［EB/OL］.［2022-02-23］.https://edu.qq.com/a/20110825/000317.htm.

问题：

1.宝洁使用了哪些培训方式？

2.你认为这种内外兼备的培训途径有哪些优点？

第10章 人才成长的外部环境与内部支持

学习目标

✓ 了解影响人才成长的外部环境与内部支持的内容
✓ 了解改善外部环境的方法
✓ 掌握帮助组织提供有助于人才成长的内部支持的方法

导入案例

"孔雀东南飞"
——东北地区的人才困境

近几年来，东北地区的人口资源和人才资源出现了大量流失的情况。虽然辽宁、吉林和黑龙江都拥有国家重点院校，培养了大批的优秀毕业生，但一些学生难以在企业实践中成为组织需要的人才，不少优秀人才也逐渐离开东北，前往北京、上海、广州等城市发展并安家生活，导致东北地区人才增长速度放缓，人才存量急剧下降，陷入了人才困境。这种人才问题并不是单个或是几家企业造成的，而是由于东北地区的整体环境发展欠佳，无法满足人才成长的需求。

1.高校教育培养目标落后

东北地区在早期发展中客观上对于工业的依赖导致其经济发展主要依靠国有大中型工业企业拉动。受该种经济模式的影响，东北地区的教育制度必然以工业发展为指向。以哈尔滨为例，高校优秀人才的培养方向多集中于工业、农业、林业，其中又以重工业为重。然而，现阶段东北地区的工业在一定程度上面临生产设备老化、生产技术落后的问题，相关毕业生可能无法有效地在工作中利用所学的知识，难以转化为技能人才。同时，与作为东北地区未来经济发展增长点的第三产业相关的人才培养仍处于摸索发展阶段，产学研结合有待深入，短期内无法有效地培养出地区发展所需要的人才。

2.劳动力薪酬较低

发展至今，东北地区绝大多数人对物质基础、安全机制的需求得到了满足，人才开始追求更高的经济待遇和福利待遇，然而，东北地区平均工资却低于国家平均工资水平。薪酬的高低是能否吸引、留住人才的重要因素之一，当劳动者所付出的劳动不能收获同等水平的薪酬时，他们可能出现愤懑不平、懈怠工作、丧失斗志乃至辞职等一系列消极行为。东北地区的民营企业发展缓慢，民营经济发展速度低于全国平均水平，缺乏能够吸引人才的薪资待遇和合理完善的奖励机制，许多企业内部管理体系不健全，组织协调能力低下，人员相互推诿责任，又没有高薪吸引、留住人才，人才只能如工厂流水线工人一般来一批走一批。

3."人情社会"现象较突出

东北老工业基地"人情社会"现象较为突出，小到请客吃饭，大到读书就业，"托关系""走人情"都可见。这种现象可能导致一种不公平的环境，在这样的环境下，人才即使身怀本领，一身抱负，可能也无机会和用武之地，从而对工作感到失望，对未来发展缺乏信心，最终选择离开，去寻找公平的环境。

4.用人单位管理不力

用人单位的人才机制、分配机制和激励制度等在很大程度上影响人才的成长和流动。在现代社会，人们的需求是多种多样的，与20多年前相比，人们在择业时的价值取向愈发现实。东北地区国有企业较多，平均主义和"大锅饭"现象在一些地方依然存在，人才的引进、使用、培养、流动、激励等机制不够健全，人才的工资、福利、医疗保险等制度不够完善。在人才管理方面，法治因素欠缺，容易造成人才管理的混乱。另外，东北地区在技术人才培养和科研经费等方面的投入严重不足，一些用人单位注重眼前利益，忽视对人才的再培养，也不愿意为科研提供技术和经费支持，这也从一定程度上限制了人才的发展。

5.发达城市的吸引

除却东北地区自身的因素外，外部发达城市的吸引力和比较优势也是东北地区人才流失的一大重要原因。首先，一线城市就业机会多、发展前景良好、拥有相对公平的就业与竞争环境，而且大型民营企业众多，发展势头强劲，对人才需求旺盛的第三产业遍地开花，这些因素对于人才来说无疑具有巨大的吸引力。其次，相较于东北地区，东南沿海地区和中部一线城市的劳动力薪酬更高。薪酬是影响人才流动的根本原因之一，如果薪酬与人才的贡献价值不相匹配，则很难长期留住人才。

总之，在与一线城市的对比中，东北地区在经济发展状况、政策情况和教育情况方面都处于下风，如何发挥自身优势追平甚至赶超发达城市，促进人才的成长并成为人才聚集地，是未来东北地区发展进程中不可回避的问题。

资料来源　孟珊. 东北老工业基地人才流失问题及对策研究［J］. 中国集体经济，2020（1）：120-122.

问题：

1.东北地区的人才发展遇到了哪些问题？造成这些问题的原因是什么？

2.你认为这些问题可以通过哪些方式解决？

10.1 人才成长的外部环境与内部支持概述

虽然组织采取一系列培训活动有助于人才提升自身素质水平，但人才的发展并非只与直接培训活动相关，还受到培训之外的因素的影响。组织外部的环境因素以及组织提供除培训活动外的内部支持都能够直接影响人才参加培训活动提升自我的意愿和积极性。

10.1.1 外部环境与内部支持的概念

1.外部环境的概念

人才成长的外部环境是人才活动赖以生存和发展的外部条件的总和，是人才资源开发存在和发展不可或缺的条件，既有物质的、有形的，也有精神的、无形的。这些条件对人才成长的速度、方式、种类、层次产生了直接或间接、暂时或长久、渐进或突发的影响。具体来说，人才成长的外部环境主要包括以下几个方面：

（1）经济环境

人才成长的经济环境是指直接或间接影响和制约人才成长的具体经济条件的总和，主要包括三部分：一是宏观经济状况，包括经济总量、经济发展速度、人均 GDP、人均可支配收入等；二是对人才发展的资金投入情况，如科研投入、人才培养投入等；三是市场经济环境，尤其是人才资源配置的市场环境，主要体现为人才资源在地区、行业、组织、职业间的排列组合。总体来看，宏观经济发展水平较高的地区能够培育更多的人才，吸引人才资源流入，对科研资金投入较多的地区更容易培育出高层次人才。

（2）政策法律环境

政策法律环境是国家法律法规对人才的基本态度，对人才成长起导向和规范保障作用。政策法律环境对人才成长意义重大，有些国家和地区经济发展较快，科技投入较大，但缺乏法律保障和政策配套保障，尤其是无法保护人才的创造性成果，人才的发展就会受限。同时，人才政策也为人才培养机制的发展提供了指导，鼓励人才涌入紧需行业和重要地区，如中共中央印发的《关于深化人才发展体制机制改革的意见》，各地方政府实行的领军人才培养工程、专项人才激励政策、人才引进政策等。

（3）文化环境

文化环境是指直接或间接影响和作用于人才成长的规范、价值观念、技能、知识、思想、感情等因素的总和，例如创新文化理念、政府对人才发展的重视程度、社会对人才的尊重情况等。

（4）教育环境

良好的教育环境能够吸引外部人才。人才的发展离不开家庭，他们在个人发展的过程中也面临子女教育的问题，所以一个地区的教育环境在一定程度上影响人才的去留。同时，教育环境还在人才成长中发挥着输送功能，良好的教育环境能够促进个体的智力开发与素质的全面发展，为本地区培育人才提供条件。教育环境主要包括高校建设、继续教育、教育信息化、教学合作等方面。

（5）生活环境

生活环境是与人才生活密切相关的自然条件和生活条件的总和，是人才在工作生活中的直接感受。良好的生活环境能够为人才提供生活上的便利，缓解人才在工作中的压力，使其全身心投入到自我发展的过程中。生活环境的构成因素包括多个方面，如居住情况、地理位置、地区公共服务水平、福利保障水平等。

2.内部支持的概念

人才成长的内部支持是由组织内部提供的鼓励人才成长的环境和要素。内部支持形成了组织服务人才成长的基本氛围，主导着组织内部人才的理念和行为，体现了组织对人才的重视程度。内部支持一般包括以下几个方面：

（1）工作环境

职位往往决定了人才工作的基本任务和性质，因此与职位直接相关的工作环境也是影响人才成长的重要因素。工作环境是指组织能否提供与人才相匹配的工作条件，包括硬环境和软环境两部分，前者主要指硬件条件，如场地面积、办公设备、科研设施等，后者包括同事关系、上下级关系等。

（2）研究氛围

研究氛围是组织为人才发挥主观能动性、进行创造性活动提供的各种支持，包括资金投入、人员协调、成果奖励等。良好的研究氛围能够增强组织内部的创新活力，推动人才持续从事创造性活动，在实践中成长。

（3）组织文化

组织文化是由组织的价值观、信念、仪式、符号、处事方式等组成的特有的文化形象，表现在组织运行中的各个方面。对于人才成长来说，组织文化中的制度层面，如领导体制、规章制度，以及精神文化方面，如工作作风、价值观念尤为重要。

（4）人才服务

人才服务是指组织以服务的方式向人才提供多种形式的福利，从而改善雇佣关系，提高人才的忠诚度、工作质量和效率的一种手段。目前，大部分组织都对人才提供多种服务，包括餐饮服务、运动和娱乐活动等。

10.1.2　外部环境与内部支持的特点与功能

1.外部环境与内部支持的特点

（1）复杂性

人才成长环境的构成因素是多层次的，既有来源于组织外部的内容，又离不开组织内部的支持，既有自然的也有人为的，既有物质的也有意识的。同时，这些内容离不开政府、组织、个体三方的共同参与，从构成和主体上体现出了复杂性。

（2）协调性

人才成长的外部环境和内部支持是由不同因素构成的系统，各个因素之间能够相互协调，对某一因素的调整会引起联动的反应。外部环境和内部支持并不是割裂的，这种反应不仅体现在两种环境内部各因素之间的作用上，更体现在外部环境和内部支持的相互协调上。

（3）独立性

虽然人才成长的环境与更高层次的自然环境和社会环境有着紧密的联系，但它是一个独立存在的整体，并不是更高层次环境的直接转化，两者之间也没有严格的正相关关系。

（4）开放性

无论是人才成长的外部环境还是内部支持都不是封闭的，而是允许各种因素介入的开放系统。这种开放的特征为参与环境构建的各类主体留有空间，并且不断拓展与完善，从而达到优化人才成长环境的目的。

（5）动态性

人才成长环境中的各种构成因素不是一成不变的，而是会随着时间的推移、其他因素的影响而逐渐变化。同时，各个因素的变化速度和方向不尽相同，形成了一个动态变化的系统。

2.外部环境与内部支持的功能

（1）目标导向功能

人才成长的外部环境和内部支持对于组织中的人才发展具有导向作用，能够引导人才向政府和组织制定的目标与方向成长。这些环境不仅能够提供各项利于人才成长的条件，吸引人才向规划的目标发展，也能通过设置壁垒或消极反应的方式调整人才的发展路径。

（2）吸引集聚功能

优秀的人才成长环境能够吸引大量高素质人才流入一定区域或组织中，形成人才群体。这种高水平的人才群体会进一步成为改善外部环境的资本和提供内部支持的动力，吸引更多的人才到来，从而形成一个人才吸引和集聚的良性循环。

（3）激励催化功能

完善的成长环境可以更好地满足人才成长的需求，提高人才的满意度，增强人才的归属感，激励人才成长。同时，改善人才成长的环境也能够倒逼组织提供更加优质的培训内容，有利于形成人才投入产出的良性机制。

（4）竞争提升功能

人才成长环境的优劣直接影响人才的发展情况、流向、发挥作用的效率以及人才在科技发展、经济建设和社会进步中的地位与作用。人才是组织竞争力的来源，完善人才成长环境也是通过提高人才素质增强组织的综合竞争力的方法。

10.1.3   外部环境与内部支持的关系

人才成长的外部环境和内部支持是一个有机的整体。一方面，人才成长的外部环境是内部支持存在与发展的前提和基础（如图10-1所示）。具体来说，整体经济环境的改善为组织的发展提供了空间，使组织可以投入更多的资金改善工作环境、研发设备和研究环境；政策法律环境使得组织的支持活动有理可循、有法可依，为组织的行为提供了政策上的保障；完善的文化环境有助于组织形成尊重人才、鼓励人才发展的文化；良好的教育环境能为组织提供源源不断的人才储备和人才服务内容。可见，组织的内部支持在很大程度上取决于外部环境的发展水平。

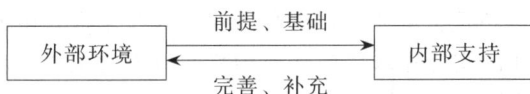

图10-1   外部环境与内部支持的关系

另一方面，内部支持是外部环境的完善和补充。仅仅拥有成熟的外部环境并不能完全满足人才成长的需要，组织的内部支持可以弥补外部环境对人才成长促进作用的不足。例如，员工在工作时直观感受到的是工作环境而非生活环境，因此提供完善的工作环境能够弥补生活环境的缺位。再如，外部的部分政策内容不能直接作用到人才个体身上，需要组织根据政策提供相应的服务和科研环境，保证政策的落实。

10.2 \ 构建人才成长的外部环境

人才的成功是环境与人才自身主观努力综合作用的结果，外部环境并不能完全决定人才的成长。然而，不可否认的是，优越的外部环境有利于人才的成长，当一个地区拥有更高的经济水平、政府提供更多的科研资助、社会更加尊重人才时，人才会更加专注于自身的发展。因此，构建良好的外部环境对于加快人才发展具有重要意义。

10.2.1   优化整体外部环境

从社会宏观的角度来看，人才成长的外部环境存在发展不均衡、缺乏体系化支持、对人才的重视程度不足等问题。政府作为外部环境的改善主体，应该采取以下措施对人才成长的整体外部环境进行优化：[1]

---

① 石伟，钱思. 创新人才成长环境研究现状及未来 [J]. 现代管理科学，2018（7）：93-95.

1.夯实经济基础，加大经济投入

经济发展能够直接带动人才的发展，在人才培养中，投入越多，人才整体发展的速度就越快，层次就越高，因此政府要加大科研投入力度，为专业人才提供有利的物质基础和宽松的经济条件，最终建立由企业、政府、金融机构等组成的多层次人才投入系统，建立健全人才的可持续发展通道。首先，要创新财政投入方式，增加科研投入、人才培养投入在财政总体支出中的比重，引导社会力量支持创新产业和人才的发展。其次，完善多样化的金融机构投入创新创业企业的机制。不同的金融机构应该加大对人才聚集组织的支持力度，强化创新产业园区的协同发展和引导作用，引进社会资本兴办产业加速器等机构；在各大创新产业聚集区、高新区等地区设立创新金融租赁公司等金融服务机构；加大对政企合作的专项项目的资金支持力度，为专业人才提供更多机会，在创新项目发展中培育人才。最后，政府要引导各企事业单位提高研发投入在总投入中的比重。企事业单位能够直接了解人才的实际需求，应该成为科研投入的主要推动力。

2.提供法律和政策环境支持

政策导向和法律制度为人才发展提供了软环境。首先，政府要完善自主知识产权法律保障体系，尊重知识产权，为人才的研究和工作成果提供法律保护。其次，完善人才的选拔及聘用制度，加大对优秀人才的支持力度，在项目和人才互相结合的模式下对人才进行分类培养。再次，完善创新人才的流动机制，鼓励国内外人才互相交流，通过培训讲座、合作投资、技术承包等多种方式加强人才的合作与沟通，促进成果产出。最后，在行政管理上，要简化创新人才项目申报等流程手续，提高办事效率，切实做到为创新人才发展提供便利。

3.营造尊重人才的氛围

文化宣传为人才发展提供了舆论引导。在具体实施上，首先要从各方面营造尊重人才的氛围。企事业单位及金融机构应增强为人才服务的意识，形成尊重人才的文化氛围，建立科学的激励机制，为不同知识背景的人才提供平等机会。其次，树立人才标杆，利用多种途径加强对人才政策的宣传，加大对人才的服务力度，树立创新精神和创业精神的典型，形成尊重劳动、知识、创新人才的良好风尚。最后，政府要打造多层次经济发展交流与合作平台，促进人才在面向未来的科学应用技术上发挥实际作用，通过不同途径为不同类型的企事业单位创新项目提供对接机制。

4.推动高等教育发展，促进官产学研结合

教育在人才成长中发挥输送功能。为了营造良好的教育环境，高等教育应该加强基础学科、应用学科建设，在人才培养上与国家政策主导及特色产业需求接轨；同时，要合理把握官、产、学、研的关系，兼顾涉及的各方相关利益，切实提升官产学研合作成效。政府部门应积极发挥引导作用，结合产业发展的需求及技术力量的分布情况，对企业和科研院所进行调研，探索合作创新点和利益契合点，促进建立稳定有效的合作关系，提高合作效率。

5.衔接好教育和人才市场

在某种意义上，人才市场的状况是由教育的状况决定的。为使教育与人才市场更好地衔接，教育主管部门和人才市场主管部门之间要建立沟通对话机制，定期就有关问题进行交流磋商。为适应产业结构发展对人才的需求，对人才资源的培养必须充分考虑经济发展不同阶段的需求。人才资源培养结构不合理是导致部分劳动力资源不能适应产业发展需求、造成结构性短缺与过剩同时并存的重要原因。为此，必须调整人才资源的培养结构，根据社会经济发展需求制定培养目标，以避免造成资源浪费、高端人才失业。

6.完善公共人才服务

目前来看，我国人才服务机构的数量和服务质量均有待提升，政府应着力推进公共人才服务主体的多元化与专业化。鉴于我国政府机构在人才公共服务的提供方面还处于垄断地位的情况，为进一步促进多元化供给主体的形成，可以借鉴国外人才公共服务的供给模式，建立以政府供给为主、其他主体（私营部门和第三部门）共同参与的"一主多元"的公共服务供给机制。此外，还要强化政府公共部门在满足人才公共需要、方便人才创业、提升人才工作和生活质量等方面的职能。对有利于人才成长的公共服务，要加大投入、积极发展，根据便民高效的原则，深入推行人事政务公开和电子政务，积极探索建立人事公共服务大厅和网上人事厅等人事公共服务新平台，建立健全人事信息咨询服务制度。

10.2.2　建设人才社区

有效改善外部环境是一个长期的过程，环境的参与主体越多，影响范围越广，就越难以在短时间内改变。为了达到快速构建有利于人才成长的环境的目标，由政府组织建设人才聚集的社区，在社区范围内构建满足人才需求的政策法规环境和生活环境，成为推动人才发展的有效手段。

1.人才社区概述

社区是若干社会群体或社会组织聚集在某一个领域里所形成的生活上相互关联的大集体，是社会有机体最基本的内容和宏观社会的缩影。人才社区以各行各业的人才为目标群体，为他们提供聚集的地区以及相应的配套服务。一般来说，人才社区包含产业园区、智能城区、休闲商区、艺术街区、居住社区等多种要素，服务来自不同地区、从事不同行业的人才，帮助其获得认同感、归属感、成就感。

在培养国际高端人才的目标指导下，人才社区的建设逐渐走向国际化，即以一定地域为基础，区域中的政府治理、生活环境、创新创业环境等趋向国际水准，并具有相应的国际化特色，聚集了一定数量的国际化组织和国际人才的社区。国际人才社区在保障国际人才拥有良好的生活环境的基础上，兼顾工作、创新创业环境，力求满足国际人才在社区内起居生活、休闲娱乐、子女教育、医疗养老、就业工作、科技研发、创新创业、社会交流、文化交往等多元化的需求，帮助国际人才达到工作生活平衡。

2.建设（国际）人才社区的举措

在部分发达国家，围绕科技研发中心建设（国际）人才社区已经成为一种成熟的外部环境改善方法，并得到了长期的应用，如美国的硅谷科技园区、英国的约克科学城、日本的筑波科学城等。现阶段，我国也开始布局人才社区的建设，以下经验和举措值得借鉴：①

（1）合理规划布局，制订国际人才社区建设方案

人才社区的建设是一项大型的系统工程，需要各类企事业单位参与、配合，因此，政府的宏观调控和引导是推进人才社区建设的重要保障。政府要在人才社区选址、规划建设、配套设备、管理服务、资金支持等问题上进行宏观布局与掌控，制订人才社区的建设方案与管理政策，组织、协调相关负责部门具体落实政策，并给予人才社区充分的自主管理权。

（2）构建高效的社区管理机制

政府应鼓励人才社区进行高效的市场化管理，将竞争机制引入社区服务机构，这将有利于提升社区服务的多样性、服务水平与服务质量；鼓励社区居民参与到社区管理过程中，社区负责部门可直接了解社区居民的需求，从而加强社区居民间的互动互助，培育社区居民的归属感和认同感；努力形成政府主导、社区机构主管、居民参与的社区管理制度。

（3）为社区居民提供人性化的生活相关政策保障

政府应就入住对象设定、房租定价、就医就学等问题制定具体可行的政策措施，引入高质量的医疗与教学资源，并规划建设社区周边的公共交通。政府在为人才营造创新创业环境的同时，也应考虑制定关于国际人才生活方面的扶持政策，为其在华生活减轻负担与扫除障碍，主要涉及社会保障政策、子女教育和配偶安置等内容。

（4）改善生活环境，提供公共设施与服务

人才社区的自然环境建设涉及社区内公共绿地、公园、水体等的自然规划，以及对社区环境的维护情况。人才社区建设应注重对绿化带的设计规划，营造绿色生态环境，建成后应注重对社区整洁环境的定期维护，并增强环保理念和意识。

在人才社区的公共设施与服务内容上，应该广泛考虑到居住、商业、文化、交通、安全、生活服务等各个方面。在居住方面，来自不同国家、地区的居民受原有生活习惯和方式的影响，居住偏好不同，因此（国际）人才社区应该提供多种类型和风格的居所。在社区安全方面，应注重社区的社会性与安全性的协调。居住空间带给人们的安全感决定了人们居住时间的长短。（国际）人才社区的建设应根据国际安全社区的标准采取相关安全防护措施，有效保障国际居民的人

---

① 徐芳，陈小平. 国际引智与国际人才社区治理研究［M］. 北京：首都经济贸易大学出版社，2017.

身、财产安全。在日常生活需求方面，（国际）人才社区应满足国际人才餐饮、休闲娱乐、购物、交通出行等方面的需求。不同国家和地区有着不同的饮食文化与习惯，为适应不同国家、民族人们的口味，社区内应开设具有多样化的餐馆，以及健身中心、游泳馆、球类场地等配套设施。在服务机构的建设方面，（国际）人才社区应建立国际学校、医疗机构、养老机构、中介服务机构等多种机构。人才的家庭成员往往会一同来到人才社区生活，因此子女教育是他们不得不考虑的问题。社区应建设涵盖幼儿园、小学、中学等的国际学校，并以优秀的师资力量保证教学质量。此外，高层次人才普遍对医疗机构较为重视，因此社区内不单要建立医院机构，还要设立国际化的体检中心，满足居民日常身体检查的需求。除此之外，社区内应设立派出所、银行、邮政通信机构、社保机构和中介机构等，方便社区居民办理出入境手续、银行事务、社会保障等事宜。

（5）搭建有利于人才创新发展的环境

搭建社区内部的创新成长环境需要政府和企业的共同努力。其中，政府的作用是建设创新创业的宏观环境，可以在政策条件、创新创业基础设施、平台服务、资金、人文环境等方面提供支持，例如实施创新创业优惠政策，鼓励企业在科技园区建设高层次人才创业孵化基地，对社区居民的创造性成果给予资金补贴，搭建创新信息服务平台等。企业则需要在社区附近建设创新平台，提供知识、技术等方面的前沿信息，举办技术交流活动吸引社区居民参与等。

10.2.3　推动区域人才共享

区域人才共享是在某一区域内塑造良好的经济、政策等环境，实现人才流动、鼓励人才成长的手段。相较于人才社区的建设，区域人才共享的受众群体更多，覆盖范围更广，但建设难度也更大，需要由政府主导采取多种措施，打造符合人才成长需要的区域环境。

1.区域人才共享概述

（1）区域人才共享的概念

人才共享是区域经济一体化推进过程中催生的一种新观念，反映出区域经济一体化发展的新要求。区域人才共享是指同一区域内各地方共同享有本区域人才及其开发所带来的经济和社会效益，构筑区域人才不求所有、但求所用的核心理念和实践模式。这一方面能够促进区域经济的高速发展，另一方面有助于人才的自由流动，通过应用不同地区的优势资源促进人才成长。

（2）区域人才共享的形式

人才共享是促进区域内人才高效利用和人才快速发展的方法之一，在其他国家的人才共享实践中，主要有以下几种方式：

① 项目式。项目式人才共享是指因技术开发或技术攻关的需要，不同地区、不同单位的人才资源形成研究团队、结成合作伙伴，实行项目共同研发、利益共同分享的运行机制。这种团队具有任务导向性，依靠成员的知识和技术解决问

题。在这一过程中，人才通过与其他成员的交流能够丰富自身的知识储备，攻克技术难题的经历也能够使其大大提升专业能力和增加实践经验。

②外包式。对于单个项目、临时性的技术项目或管理职能，如果组织自身没有相关人才能够完成，则可以将单项工作任务外包给区域内的科研院所、大学或专业机构，与其签订服务协议，明确完成某项工作或研究任务的数量、质量标准以及劳动报酬等，这就是一种外包式人才共享。外包不是针对某一个组织，而是满足于某一类服务的需求。外包式人才共享可使组织转移一些基础性工作，更多地关注组织核心竞争力和中心工作。对于人才来说，这种工作方式也能够锻炼其在不同组织环境中应用专业技能的能力。

③兼职式。兼职式人才共享是指组织各类人才在完成本职工作的同时，在不侵犯单位知识产权和经济利益、不泄露单位商业秘密、不损害社会和公众利益的前提下，采用兼职的方式开辟职业发展新路径。区域经济发展一体化带来的交通便利和政策环境一体化有效推动了兼职式人才共享的发展。通过这种方式，专业人才可以极大地丰富自身的实践经历，将成功经验迁移至其他组织中，还能够了解到不同组织处理问题的方式方法，以及自身所在领域的技术水平。

④候鸟式。候鸟式人才共享是一种新型的人才观，主要特点是人才为了工作不迁户口、不转关系，来去自由。在区域经济一体化的背景下，人们可以暂时离开生活的城市，前往区域内急需人才的地区工作，这可以有效缓解部分地区高级人才难求的矛盾，也有助于人才感受发达地区的良好外部环境，并在这种环境下自我发展。此外，海归人才是候鸟式人才的主要组成部分，通过回国做短期讲学、咨询和研究工作，或将资金转回国内投资，投身于国内企业和有关涉外机构，能够有效促进当地经济的发展、人才和文化的交流。

2.推动区域人才共享的举措

推动区域人才共享并不只是鼓励人才在各个城市之间自由流动，而是需要政府在一定区域内构建良好的经济环境，统一、宽松的政策环境，尊重人才的文化环境，从而使人才主动在区域内进行流动，选择合适的地区和工作单位自我成长。具体举措包括以下几方面：

（1）强化人才共享观念

实施区域人才共享，必须转变人才共享各方主体的思想观念，让地方政府、用人单位和人才个体充分认识到人才共享对于区域经济发展、用人单位发展和人才个体成长的积极意义和重要作用。政府部门要加大政策引导和观念宣传力度，不断消除地方政府、用人单位和个人的隐忧和顾虑，减少地方利益保护主义现象的发生，形成有利于区域人才共享乃至区域间人才共享的浓厚氛围。

（2）推进人才共享社会保障制度的完善

国际大都市圈的区域协调发展经验表明，区域经济一体化的实现要求有一体化的社会保障水平，这是人才资源在区域内自由流动的重要保障。由于发达国家的经济发展和社会保障水平较高，能够支撑人才资源的自由流动，因此人才资源的市场化程度较高。在我国人才区域共享的建设中，地方政府要在区域合作框架下进行合理干预，采用区域协同机制和一体化机制来处理户籍、社会保险等方面的问题。

（3）加强区域人才制度和政策的协调与衔接

如何加强区域人才制度和政策的协调与有效衔接，是实施区域人才共享需要解决的重要问题之一。通常来说，每个城市都有独立的人力资源政策，如本地就业政策、人才引进政策、人才服务政策等。随着区域人才资源流动的日益频繁和人才共享的有力推进，很多问题就被自然地推到了跨行政区的层面，这就要求政府将各城市的内部政策转变为区域公共政策，甚至建立区域人才联合管理机构，来制定区域内各项人才共享与合作的规章制度，统筹协调区域内城市间的人才交流与合作，平衡各地之间的利益并解决人才共享合作过程中产生的纠纷，确保政策的连续性和协调性。

（4）倡导区域合作理念下的人才资本投资

通常来说，在推进区域一体化的地区，经济发展水平总体较高，因此在建设区域内的经济环境时，要重视对人才资本的投资，使其与经济发展的水平相适应。这可以由政府牵头，加大对科研的资金投入，提升对人才工作成果的奖励水平，建立辐射整体区域的基础教育、职业教育机构和培训市场等。

（5）形成人才与产业发展的良性互动

人才对事业发展的追求是人才与产业发展互动的原动力。一个好的项目和产业是人才发展的关键平台，可以为人才的成长提供广阔的空间，使人才的作用得到充分发挥。在推动区域一体化建设时，政府应该引入重大项目，鼓励用人单位在区域内开展建设和研发活动，从而吸引人才涌入。随着项目的建设与产业的发展，人才的自身能力将得到提升，形成高级人才聚集区域，这转而又会吸引到更多的项目和产业，最终形成人才与项目、产业的良性互动。

（6）加强区域人才共享的信息建设

在信息化时代，经济社会发展的各个领域都离不开信息技术的支撑。当前，很多城市的人才信息平台和信息资源都是独立的，这在一定程度上制约了区域人才共享的深度推进。因此，进一步完善人才共享的信息平台，努力构建综合性、多元化、专业型的区域人才信息资源库，是推进区域人才共享的重要途径之一。政府一方面要在区域内开展人才资源信息库的分类工作，建立健全区域共享的科研人才、企业家人才、技能人才、党政人才等信息数据库，借助网络信息技术，健全以人才供求为核心的信息交换和发布机制；另一方面要着力培育和扶持人才中介机构，尤其是要重点扶持一批影响力大、辐射面广、运营状况好的中介服务机构，鼓励其提供区域人才共享服务项目，积极开展高级人才培训、猎头、人事咨询诊断和人才测评等方面的业务，提高人才服务的标准化和专业化水平，充分体现人才共享的市场配置功能。

10.3　提供人才成长的内部支持

人才发展不仅是人才个人的行为，也是组织的职责，受到组织环境的影响。事实上，组织在保护人才的职业情感、为人才提供工作保障以及鼓励人才成长上发挥直接的作用。人才的成长情况影响组织的发展，促进人才的职业发展、为人才提供各种保障服务和长期激励，既是培养人才的需要，也是组织成功的主要动力。

10.3.1　协助人才进行职业生涯开发

组织有义务最大限度地开发和利用人才的能力，为每一位人才提供不断成长、挖掘个人最大潜力和获得职业成功的机会。这就要求组织支持个体的职业规划和职业发展，换言之，就是强调为人才提供帮助和创造机会，使他们不仅能够确立较为现实的职业目标，而且能够实现这一目标。

1.职业生涯开发概述

职业生涯开发是指组织和员工个体对职业生涯进行设计、规划、执行、评估、反馈的综合管理过程，主要流程如图10-2所示。在这一过程中，组织和员工共同努力与合作，使得组织的发展目标与员工的职业生涯目标相一致，组织发展与员工发展相吻合。

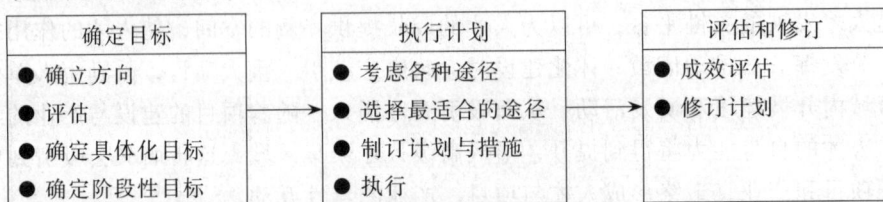

确定目标	执行计划	评估和修订
● 确立方向 ● 评估 ● 确定具体化目标 ● 确定阶段性目标	● 考虑各种途径 ● 选择最适合的途径 ● 制订计划与措施 ● 执行	● 成效评估 ● 修订计划

图10-2　职业生涯开发流程图

组织和人才之间并不是短期的雇佣关系，而是组织对人才进行长期培养并寻求其对组织进行反馈的互助关系。因此，组织有义务协助人才进行职业生涯开发，帮助其规划和设计职业发展的方向、高度和流程，为其提供通过知识积累、技能开发实现职业目标的机会。有效的职业生涯开发能够促使人才将自身的潜能、兴趣和价值观转化为现实的价值；相反，如果人才无法在组织内实现成长、发挥自身的价值，那么就很有可能离开去寻找新的发展空间。从组织的角度对人才的职业生涯进行管理与开发，集中表现为：帮助人才制定职业生涯规划；建立各种适合人才发展的职业通道；针对人才的职业发展需求进行适时的培训；给予人才必要的职业指导。

2.职业生涯开发的流程

（1）确定职业发展目标

确定职业发展目标是进行职业生涯开发的第一步。首先，组织要和人才共同讨论、仔细分析重要的主客观因素（主观因素包括理想、志向、价值观等，客观因素是实现理想的条件），使人才在正确认识自我和相关外部环境的基础上，确定大致的职业生涯发展方向。其次，人才需要对目标进行评估。一是自我评估，即人才对自身做进一步的分析，包括兴趣、特长、个性、学识、技能、智力、组织协调能力、社会活动能力、社会关系及家庭背景、家庭物质及经济条件等。二是对外部及组织环境进行评估，即组织发展战略、人力资源需求、晋升发展机会、组织经济环境等。如果评估不全面，则很可能导致职业生涯设计基础不牢，进而使职业选择失败。再次，组织带领人才逐步将目标具体化，以明确的词语将目标描述出来，便于将来在执行计划、评估职业生涯成效时有客观的依据。最后，确定阶段性目标。阶段性目标可以分为长期、中期与短期三种。长期目标一般为5～10年，中期目标一般为3～5年，短期目标可以灵活设置。在确定以上阶段性目标后，可再分出若干次目标，以便在执行中按部就班地达成。

（2）执行计划

在这一阶段，组织需要设置多种发展通道，提供不同的培训与发展机会，给予人才更多的选择。面对不同的发展途径，人才基于自身的需求和实际状况，一一评估其可行性，选择最合适的途径向职业生涯目标迈进。在确定途径后，要制订具体的行动计划和明确的措施，如在提高业务素质方面将采取怎样的措施，计划用多长时间达成目标。措施一般包括工作、训练、教育、轮岗等几个方面。随后，根据计划安排进度表，付诸实践。

（3）评估和修订

职业生涯规划是个人生活与职业的蓝图。虽然在制定规划的过程中，已经考虑到大量的内外部因素和主客观因素，但是随着时间的推移，这些因素会发生变化。因此，为了确保规划的可行性和有效性，必须随时对其内容和成效加以评估。同时，在实施规划的过程中，也会发现制定规划时未曾想到的缺点与执行后的困难。为保证效果，规划在实施一段时间后，有必要进行修订。修订的主要内容包括：修订目标，重新选择职业，重新考虑或调整实现目标的途径，变更、修正计划与措施。

10.3.2 提供多样化人才服务

对于人才的成长来说，以简单的物质奖惩作为管理激励的方法存在局限性，在到达一定阈值后，难以进一步提升人才的发展意愿。此时，激励人才发展的方式就应该从控制转变为服务。

1.组织人才服务概述

为了更好地支持内部人才的成长，缓解其工作压力，组织需要为人才提供一系列的服务内容，保证人才发展的持续性和主动性。人才服务并不等同于福利，它是现代组织为人才群体设置的一套系统的、长期的、稳定的支持项目，是对人才公共服务的补充。组织在设置人才服务的内容时，要了解人才的普遍需求，自下而上地构建服务体系。人才服务自下而上的内容分别是身心健康层次、工作环境与氛围层次、情感支持层次（如图10-3所示）。

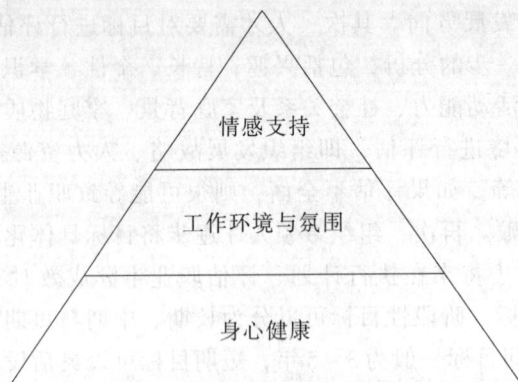

图10-3 人才服务内容的层次

2.提供多样化的人才服务措施

为组织内部的人才提供服务需要组织和管理者共同努力。组织要引领人才服务的制度建设，自上而下地营造尊重人才、保障人才发展的氛围，管理者则要切实执行有关人才服务的相关制度，在管理工作中体现出对人才的重视和关注。

（1）提供保障身心健康的服务内容

生理与心理的健康是保障人才成长最为基础的问题。人才在工作中往往追求高绩效和创造性成果，这种活动会为其带来较大的心理压力和工作压力，甚至可能引发身心疾病或极端行为，因此组织要关注人才的身心健康，提供相应的服务。

健康医疗福利是保障人才身体健康最直接的方式。组织可以设立健康管理相关机构，配备具有丰富服务经验的人员，提供专业的医疗报销服务。此外，组织也要为人才提供全方位且实用的健康补充福利，包括定制化的意外保障、补充医疗保障、住院补贴、大病救助及重大疾病保障等保障性福利，以及惠及配偶和子女的补充医疗保障，还可以为重要人才提供高端医疗保险或定制化的医疗保险经纪服务。这些医疗服务不仅可以保障人才的健康，还可以在一定程度上解决其配偶及子女的健康问题，使人才更加安心地投入工作、发展自我。

此外，为了更好地帮助人才预防心理健康问题，组织要积极宣传和推广职业心理健康知识，通过海报、职业心理健康手册、健康知识讲座、部门会议及组织内部电子布告等形式，增强员工对心理健康的正确认识。此外，组织也可以为人才提供相关的心理培训，开展关于自我压力管理、挫折管理、保持乐观情绪、人际交往等的一系列课程，帮助人才增强自身的抗压能力和素质，提升其对心理困境的自我应对能力。

（2）营造良好的工作环境与氛围

舒适的工作环境不仅能够最大限度地激发人才的潜能，还能够体现出组织的人文关怀，帮助人才更好地融入团队、融入组织。具体来说，在硬环境的改善上，组织应尽可能减少职业危害，消除噪声、高温、粉尘等影响身心健康的污染源，同时，要努力营造舒适、安静、赏心悦目的工作环境；秉承人体工程设计理念对人才的办公环境进行改进，配置可以自动调节的办公桌椅和柔和的灯光；绿化室内办公环境，为全封闭的办公空间增加供氧及加湿设备；增加可自主掌控的办公空间；增添购物超市方便日常消费；提供多样化的餐食，在工作场所设置茶水间、零食间；适度扩大文体活动场所面积，提供乒乓球、羽毛球等大众化体育运动场所，增加健身器材，使员工在工作之余能够放松身心。

除此以外，营造良好的沟通氛围是改善工作软环境的必要方式，要保证组织内部具备有效、通畅的沟通渠道。组织可以建立柔性的沟通机制，方便人才和管理者之间进行有效交流，如设置员工交流计划，定期组织各相关业务部门进行工作交流，充分了解需要协调解决的问题；建设绿色沟通通道，设立部门负责人和高层管理者的绿色通道邮箱，打通人才与上级沟通的渠道，让高层管理者也能充分了解基层人才的想法和信息，以便更好地决策。此外，管理者也要注重和人才的沟通频率和沟通方式，让人才在沟通中感受到自身的工作受到重视，发展得到指导。

（3）给予情感支持

对人才提供服务时，不能只考虑物质内容，还要考虑其内在诉求，建立人才与组织之间的情感纽带，这有助于建立一种特殊的忠诚和信任关系，从而鼓励人才自我成长，为组织贡献成果。这就需要组织中的管理者充分认识到情感关怀的重要意义，将人本理念融入日常的管理工作中，关心、支持和信任人才。在人才面对失误与失败时，管理者应给予人才更多的关心与勉励。同时，组织还可以通过倡导丰富的文体活动、鼓励家庭工作平衡等方式满足员工的情感需求，例如定期组织丰富的文体活动缓解工作带来的身心压力，组建员工俱乐部，鼓励人才与领导共同参与游戏活动，对生病的员工给予慰问等。

10.3.3 设置弹性福利计划

长期激励是保证人才持续成长的重要举措，它包括全方位、多样性、多元化的激励内容，而不只是经济上的激励。现阶段，弹性福利计划对于组织来说是最有效的长期激励方式，能够有效地满足人才的个性化需求，为其学习成长提供后勤保障。

1.弹性福利计划概述

弹性福利计划又称"自助餐式计划"，是指在固定的福利费用预算内，由员工自行选择福利项目的福利计划，通常由组织提供一份列有各种福利项目的菜单，员工可以根据自己的需求自由选择。传统的"一揽子"福利计划往往是组织提供什么，员工就要接受什么，忽视了个体的不同偏好，导致福利失去了应有的激励和支持效果。弹性福利计划则是在一定的成本预算内，员工需要什么组织就提供什么，能够有效地满足个体的需要，激励人才更加努力地工作与成长。弹性

福利计划一般包括以下四种类型：[①]

（1）核心外加型

核心外加型福利计划是由"核心福利"加"弹性选择福利"组成的。核心福利是每个员工都享有的基本福利，员工不能自由选择；弹性选择福利包括员工可以自由选择的项目，并附有价格，每个员工都有一个福利限额，在限额之内选择不同的项目，如果福利总值超过了这个限额，差额就要折为现金由员工支付。福利限额一般是在实施弹性福利计划前员工所享有的福利水平。

（2）附加型

这是最为常见的一种弹性福利计划，是在现有福利计划的基础上，提供一些不同的福利项目或提高原有福利项目的标准，由员工根据自己分配到的限额去认购所需要的额外福利。有些组织甚至还规定，员工如果未用完自己的限额，余额可折发现金，但要和其他所得合并，还要缴纳个人所得税。此外，如果员工购买的额外福利超过了限额，超过部分也可以从自己的税前工资中抵扣。

（3）套餐型

套餐型福利计划是指由组织同时推出不同的福利组合，每一个组合所包含的福利项目或优惠水平都不一样，员工只能选择其中的一个。

（4）弹性支用账户

这是一种比较特殊的弹性福利计划：员工每一年可从其税前总收入中拨取一定数额的款项作为自己的"支用账户"，并以此账户去选择购买组织所提供的各种福利项目，拨入支用账户的金额无须扣缴个人所得税，不过账户中的金额如未能在年度内用完，余额就归组织所有，既不可在下一个年度中使用，也不能够以现金的形式发放。

2.设置弹性福利计划的流程

弹性福利计划作为满足人才个性需求、调动人才积极性的工具，其设计与实施对专业性与精准性有极高的要求。以下介绍常用的附加型福利计划的设计步骤：[②]

（1）开展福利调查

开展福利调查的目的是了解人才的基本状况及对福利项目的需求。组织可以采用问卷和访谈的方式进行调查。由于人才的年龄、性别、家庭情况都不尽相同，问卷设计要尽量涵盖各种类型的福利项目以满足员工需求，并提出主观性的问题，如"你目前对哪项福利需求最大"，供员工自己填写。同时，组织可以针对重点人才进行访谈，了解其潜在的特殊需求。

（2）确定福利菜单

组织对人才的福利需求有初步了解后，结合组织的实际情况，将其列成清单。福利菜单包括各项福利内容、福利的点数等。福利内容应包括法定福利与自

① 邱功英，龙立荣. 弹性福利计划研究述评［J］. 管理评论，2013（11）：65-73.
② 任晓红. 弹性福利计划在我国企业的应用［J］. 山西财经大学学报，2015（S2）：71-72.

主福利两部分。法定福利是国家法律规定的，包括"五险一金"、法定节假日、带薪年休假等。自主福利是组织自主自愿给予员工的，一般包括教育培训、子女教育基金、住房补贴等。自主福利是弹性福利计划的主体，是根据人才的需求确定的。

（3）评定福利限额

福利限额是人才个体可以获得的福利点数。福利点数的确定与人才的资历、素质水平、绩效挂钩，并结合其家庭情况，按照一定的标准计算得出。为激励人才的成长，组织可以适当加大一些要素的比重，如经常参加培训的人才会获得更多点数。

（4）对福利产品定价

在确定人才所拥有的福利点数后，就要对福利进行"定价"，价格要适当地体现出其市场价值。随后，形成福利产品清单，列出人才所需的福利项目，以及每个福利项目的点数和定价，供人才购买。

人才思政堂

遵义会议——艰难环境下的伟大转折

第五次反"围剿"的失败和长征初期的严重损失，使党和中央红军陷入极端危险的境地，它宣告了博古、李德领导的破产。但是，博古、李德没有因此而改变错误领导。"黎平转兵"后，中央红军迅速进军，于1934年12月底占领乌江南岸的猴场，准备渡乌江北上黔北。这时，博古、李德再次主张前往湘西。为此，中共中央在猴场召开政治局会议，否定了他俩的意见。严酷的现实说明，博古、李德教条主义的思维和领导能力存在巨大缺陷，不仅不能突破危局、使红军摆脱危险，而且可能使红军遭受灭顶之灾，进而给中国革命造成全局性的灾难，他们已经担负不起领导全党和红军胜利前进的责任。部队中明显地增长了怀疑、不满和积极要求改变领导的情绪。

长征出发后，为使红军争取主动、寻机发展，毛泽东、彭德怀等曾多次建言献策，但遭到博古、李德拒绝。目睹错误领导将红军带入危局的严重情势，毛泽东、张闻天、王稼祥等不断向博古、李德的错误领导提出意见和批评。

其时，纠正错误领导、统一党内意志，以摆脱困境，是党和中央红军面临的最大问题和当务之急。为此，黎平会议决定到适当的地区召开会议，决定和审查黎平会议的决定、总结第五次反"围剿"以来军事指挥上的经验教训。

1935年1月15日至17日，遵义会议召开。与会者为中央政治局委员和政治局候补委员、红军高级将领，共产国际军事顾问李德及其翻译伍修权列席会议。

会议首先由博古做关于五次反"围剿"的总结报告（史称"正报告"），他在报告中强调第五次反"围剿"失败是由于敌人力量强大、党的各项工作没有做好等客观原因，而基本否认他和李德的军事指挥错误。周恩来接着在关于反对敌人第五次"围剿"的军事工作报告（史称"副报告"）中，实事求是地指出了反"围剿"战争中在战略战术方面存在的问题，诚恳地进行了自我批评，同时也批评了博古和李德。随后，张闻天根据会前和毛泽东、王稼祥讨论的意见，做批判"左"倾主义军事路线的报告（史称"反报告"），他尖锐地批评了博古、李德的"左"倾军事路线。

毛泽东接着发言，他运用事实驳斥了博古所讲的各种客观原因，认为红军具有粉碎敌人"围剿"的有利条件，并且就具体的战术问题和军事指挥问题，如对诱敌深入、集中优势兵力、运动战、游击战、战争的持久战和战役战斗的速决战、保持有生力量和保卫苏区领土的关系、战略转移与实行突围的问题等，做了深刻的论述。

会议最后决定：增选毛泽东为常委；指定洛甫起草决议，委托常委审查后，发到支部中去讨论；常委中再进行适当的分工；取消三人团，仍由最高军事首长朱德和周恩来为军事指挥者；一致决定改变黎平会议以黔北为中心来创造苏区根据地的决议，一致决定红军渡过长江在成都之西南或西北建立苏区根据地。

遵义会议是党在危急时刻召开的具有决定性意义的非常重要的会议，会议充分发扬党内民主，实事求是，开展积极的思想斗争，独立自主地解决了党面临的重大的、关系全局的问题。

遵义会议的最大功绩，是改变了中共中央的领导，结束了第三次"左"倾路线对全党的领导。更为重要的是，毛泽东进入党的领导核心，开始对全党的领导。确立毛泽东的领导地位，是遵义会议的最大成果，对长征胜利和中国革命胜利产生了深刻而深远的影响。这是历史已经证实了的，也是遵义会议彪炳史册的主要原因。

资料来源　李东朗.实现历史性转折的遵义会议［N］.学习时报，2016-09-22（A4）.

思考题

1.人才成长的外部环境有哪些？
2.建设人才社区的措施有哪些？
3.组织提供的人才服务包含哪些内容？

案例分析

谷歌的优越工作环境

谷歌公司（Google）成立于1998年，是一家总部位于美国加利福尼亚州的跨国高科技企业，致力于开发和提供基于互联网的产品与服务，核心业务集中于互联网搜索、移动操作系统、云计算、广告技术等领域。谷歌公司是最具代表性的互联网企业之一，其成功不只体现在2020年获得的403亿美元的利润上，更表现在公司提供的优越工作环境上，它曾连续7次在《财富》杂志公布的"全球最适宜工作的100家公司"榜单中夺魁。

　　为了让员工保持愉快的心情，谷歌公司为员工打造了极为舒适惬意的办公环境。开放式办公室内部设置了休息室、美食区、娱乐设施以及专业按摩等众多设施和服务。同时，谷歌公司还为员工提供户外运动中心和健身课程等。这些做法使得员工能够保持愉悦的工作状态。此外，谷歌公司定期邀请名人来公司举办演讲和讲座，为公司新晋成为父母的员工提供宽裕的假期，为员工提供完善的医疗保健服务（包括内部健康和医疗保健服务以及健身课程）、退休储蓄匹配计划、财务顾问和规划服务等福利，保证员工拥有健康的身体和良好的财务状况等。

　　同时，谷歌公司注重资源和知识的共享，努力打造企业内部的开源社区，实现信息的透明传递和资源的开放共享。例如，谷歌公司的代码库对于新进入公司的工程师也是开放的。此外，谷歌公司的产品路线图、产品上市计划、团队和员工的工作目标等信息都对员工开放。这有助于员工及时掌握公司、团队、同事、产品的相关信息和最新动态，保证了知识的有效传递，也促进了企业内部的知识交流和互动学习。谷歌公司透明与开放的内部文化还体现在公司决策上。谷歌公司每周召开 TGIF（"Thank God，It's Friday"，中文意思为"感谢上帝，今天是周五"）全员会议，全公司的员工参加会议（现场或者视频），每个员工都能够进行提问并参与讨论。任何问题都可以提，任何质疑都可以表达，经过全员投票之后，票数最高的问题和质疑也会得到公司的正面回答。此外，谷歌员工还可以通过各个部门的全体会议及圆桌会议广泛地参与到公司的决策和管理中来。

　　在工作时间安排上，谷歌公司推崇弹性的时间制度，最著名的就是它的20%时间制，即公司允许工程师拿出20%的时间来研究自己感兴趣的项目。这种时间管理制度也被称为70/20/10的谷歌原则——员工把70%的时间分配到钻研和完成本职工作中，把20%的时间投入和本职工作相关的事项中，而剩余10%的时间则根据个人的兴趣爱好自主分配到与本职工作不相关但有助于更好地开展本职工作或推动公司创新的领域中。20%时间制被认为是谷歌公司保持持续创新能力的一项重要制度，Google新闻、Gmail、谷歌地图服务、语音服务等业务均出自这20%的时间。事实上，20%的时间制强调了员工对于时间的自由支配。这种弹性时间制度旨在鼓励员工不断进行新的尝试和新的学习，强化公司员工之间的接触、沟通和协作，与此同时，鼓励员工投入到与公司发展相关的个人兴趣中，以此激发员工创新创效，进而推动公司整体创新能力的提升。

资料来源　李浩澜. 谷歌：为人才"赋能"［J］. 国家电网，2017（12）：52-55.

　　问题：

　　1.谷歌公司提供了哪些优越的工作环境？

　　2.你认为这些工作环境是如何促进员工发展的？

主要参考文献

［1］圣吉. 第五项修炼：学习型组织的艺术与实践①［M］. 张成林，译. 北京：中信出版社，2018.

［2］陈国海. 员工培训与开发［M］. 2版. 北京：清华大学出版社，2016.

［3］陈琦，刘儒德. 当代教育心理学［M］. 3版. 北京：北京师范大学出版社，2019.

［4］陈孝彬，高洪源. 教育管理学［M］. 4版. 北京：北京师范大学出版社，2008.

［5］葛玉辉，荣鹏飞. 员工培训与开发［M］. 北京：清华大学出版社，2014.

［6］郭庆松，等. 人才发展：突出问题及对策研究［M］. 北京：人民出版社，2018.

［7］黄健. 培训师（管理师）［M］. 北京：中国劳动社会保障出版社，2007.

［8］德斯勒. 人力资源管理［M］. 刘昕，译. 14版. 北京：中国人民大学出版社，2017.

［9］蓝海林，等. 企业战略管理［M］. 3版·数字教材版. 北京：科学出版社，2021.

［10］诺伊. 雇员培训与开发［M］. 徐芳，邵晨，译. 6版. 北京：中国人民大学出版社，2015.

［11］梁裕楷，袁兆亿. 人才资源管理学［M］. 北京：高等教育出版社，2006.

［12］刘云. 创新型人才培养与成长研究报告［M］. 北京：科学出版社，2013.

［13］罗德红，李志厚. 课堂教学与管理艺术［M］. 北京：中国言实出版社，2014.

［14］彭剑锋. 人力资源管理概论［M］. 3版. 上海：复旦大学出版社，2018.

［15］石金涛，颜世富. 培训与开发［M］. 4版. 北京：中国人民大学出版社，2019.

［16］石伟. 人员培训与招聘实务 M. 2版. 北京：国家开放大学出版社，2019.

［17］徐斌，王一江，李萌．人力资源管理导论［M］．北京：人民邮电出版社，2020.

［18］徐芳，陈小平．国际引智与国际人才社区治理研究［M］．北京：首都经济贸易大学出版社，2017.

［19］徐芳．培训与开发理论及技术［M］．2版．上海：复旦大学出版社，2019.

［20］杨河清，徐斌，丁雪峰．人才开发概论［M］．北京：中国人事出版社，2014.

［21］杨明海，薛靖，李贞，等．工作分析与岗位评价［M］．3版．北京：电子工业出版社，2018.

［22］赵耀．员工培训与开发［M］．北京：首都经济贸易大学出版社，2012.

［23］朱勇国．工作分析［M］．3版．北京：高等教育出版社，2021.

［24］陈佳．九洲公司Z培训项目沟通管理研究［D］．成都：电子科技大学，2015.

［25］陈时见．西方课堂行为管理的主要理论简析［J］．教育理论与实践，1998（6）.

［26］高强．如何选择满意的培训讲师［J］．人才资源开发，2005（3）.

［27］高中伟．应对重大挑战更需要马克思主义的理论指导［J］．人民论坛，2019（20）.

［28］黄崴．20世纪西方教育管理理论及其模式的发展［J］．华东师范大学学报（教育科学版），2001（1）.

［29］刘中林．人才盘点在人才发展战略中的运用［J］．山东人力资源和社会保障，2019（7）.

［30］马金凤．罗杰斯的人本主义学习理论对教育教学的启示［J］．大众科技，2010（3）.

［31］孟珊．东北老工业基地人才流失问题及对策研究［J］．中国集体经济，2020（1）.

［32］缪煜．企业培训成果转化的影响因素研究［D］．上海：华东师范大学，2016.

［33］潘柳燕．复合型人才及其培养模式刍议［J］．广西高教研究，2001（6）.

［34］潘天君，欧阳忠明．人工智能时代的工作与职业培训：发展趋势与应对思考——基于《工作与职业培训的未来》及"云劳动"的解读［J］．远程教育杂志，2018（1）.

［35］史定军，陈岑．利用学习地图构建卓越培训体系［J］．人力资源管理，2014（4）.

［36］宋福娟．基于建构主义理论的本科课堂教学模式探索［J］．通化师范学院学报，2014（4）．

［37］王昊．继承与发展：人才管理与人力资源管理的关系浅析［J］．时代经贸，2012（16）．

［38］王澜霖．企业员工培训的沟通研究［D］．重庆：西南大学，2011．

［39］王路璐．企业创新型科技人才成长环境研究［D］．哈尔滨：哈尔滨工程大学，2010．

［40］王一江，徐斌．如何做好人才服务"最后一公里"［J］．合作经济与科技，2021（3）．

［41］邢赛鹏，赵琛徽．西方发达国家关于人才管理的研究述评与展望［J］．当代经济管理，2020（3）．

［42］杨光永，靳娟．如何培养管理内部培训师［J］．当代通信，2006（11）．

［43］李晶，席升阳．德国双轨制教育对我国高等教育的启示［J］．企业导报，2011（15）．

［44］石伟，钱思．创新人才成长环境研究现状及未来［J］．现代管理科学，2018（7）．

［45］孙劲飚，孙文．我国企业国际化人才培养模式探讨［J］．中国电力教育，2019（1）．

［46］曾志元．企业内部培训师队伍建设探析［J］．商场现代化，2012（13）．

［47］邱功英，龙立荣．弹性福利计划研究述评［J］．管理评论，2013（11）．

［48］翟淑萌，杨乃定，郭晓．创新型人才成长环境评价研究［J］．科技和产业，2015（5）．

［49］任晓红．弹性福利计划在我国企业的应用［J］．山西财经大学学报，2015（S2）．

［50］张缤．员工培训转化效果的影响因素分析［J］．经营与管理，2021（8）．

［51］张婉青．德国双轨制教学模式解读［J］．中国教育技术装备，2015（24）．

［52］张卫．教育与培训概念的梳理［J］．国际关系学院学报，2004（5）．

［53］赵亚会．墨子的人才思想对当代人力资源开发的启示［J］．高等继续教育学报，2016（3）．

［54］BALDWIN T T，FORD J K.Transfer of training：A review and directions for future research［J］．Personnel Psychology，1988，41（1）：63-105．